对外经济贸易大学国际贸易教材编写组

经济管理类课程教材·国际贸易系列

国际技术与服务贸易

第三版

李 军 主编

U0923512

中国人民大学出版社

·北京·

图书在版编目（CIP）数据

国际技术与服务贸易/李军主编．—3 版．—北京：中国人民大学出版社，2018.8
经济管理类课程教材．国际贸易系列
ISBN 978-7-300-24679-6

Ⅰ.①国… Ⅱ.①李… Ⅲ.①国际贸易-技术贸易-高等学校-教材 ②国际贸易-服务贸易-高等学校-教材 Ⅳ.①F746.17②F740.47

中国版本图书馆 CIP 数据核字（2017）第 167771 号

对外经济贸易大学国际贸易教材编写组
经济管理类课程教材·国际贸易系列
国际技术与服务贸易（第三版）
李　军　主编
Guoji Jishu yu Fuwu Maoyi

出版发行	中国人民大学出版社		
社　　址	北京中关村大街 31 号	邮政编码	100080
电　　话	010－62511242（总编室）		010－62511770（质管部）
	010－82501766（邮购部）		010－62514148（门市部）
	010－62515195（发行公司）		010－62515275（盗版举报）
网　　址	http://www.crup.com.cn		
经　　销	新华书店		
印　　刷	北京鑫丰华彩印有限公司	版　　次	2008 年 5 月第 1 版
规　　格	185 mm×260 mm　16 开本		2018 年 8 月第 3 版
印　　张	16	印　　次	2020 年 1 月第 2 次印刷
字　　数	366 000	定　　价	39.00 元

版权所有　侵权必究　　　印装差错　负责调换

总　序

在经济全球化的大背景之下，尽快培养出我国国际贸易的专业化、国际化人才，已经成为当前市场经济发展迫在眉睫的任务。

本着加强国际贸易学科建设、努力培养适应社会需要的贸易人才的理念，由对外经济贸易大学牵头，中国人民大学等校鼎力合作，联合攻关，编写了这套力图适应新时期教学需要的国际贸易教材。

综观本套教材，其特点主要有三：

第一，内容前瞻新颖。本套教材立足于市场经济发展的前沿，借鉴了国际领先水平的贸易工作经验，展现了新结构、新内容、新观点、新方法，紧跟时代发展的步伐。

第二，知识丰富实用。本套教材对国际贸易工作从理论到操作的方方面面作了介绍，它以实务为中心，将应掌握的知识和技能贯穿于每一个案例中，使学生明确在工作中应做什么，怎样才能做好，怎样不断提高工作效率。

第三，架构系统全面。该系列是由每本教材组成的相互关联、衔接有序的动态系统，囊括了国际贸易的全部内容。

总之，我们在教材的先进性、实用性、规范性等方面做了集思广益的工作。真诚地期待广大师生和其他读者提出宝贵的意见和建议。

对外经济贸易大学国际贸易教材编写组

前 言

20世纪60年代以来，科技革命日新月异，国际分工进一步向广度和深度发展，世界经济一体化趋势不断加强，推动了国际技术贸易规模日益增长。国际技术贸易是世界各国，特别是发展中国家提升本国科技发展水平、追赶技术先进的经济发达国家和促进国民经济快速发展的积极而有效的途径。20世纪80年代后，在全球产业结构加快调整和经济全球化空前发展的大力推动下，全球服务业步入快速发展的轨道，国际服务贸易在世界经济中的地位持续攀升，服务业正日益成为新一轮全球经济发展的动力和引擎。

中国经过40年的改革开放，中国制造业的国际竞争能力大幅提高，中国对外贸易额排名世界第一。目前，中国在加入WTO以及经济飞速发展的新形势下，为全面贯彻落实科学发展观、构建和谐社会、促进国民经济可持续发展，仍需要大力引进高新技术，促进中国产业技术进步，提高企业的自主创新能力和核心竞争力；大力发展服务业和服务贸易，优化外贸结构，转变外贸增长方式，以实现从"贸易大国"向"贸易强国"的历史性转变。全面和系统地掌握国际技术贸易与服务贸易的理论、政策和实务知识是培养国际经济与贸易方面的专业人才所必不可少的。

本书主要是作为高等院校国际经济与贸易专业本科生教材，同时也可作为其他经济类专业的本科生、研究生以及企事业部门有关人员学习、培训的参考用书。

本教材共12章，分为国际技术贸易和国际服务贸易两部分。第一部分论述了国际技术贸易的基本概念，国际技术贸易相关理论，国际技术贸易的内容、合同条款、交易程序、价格与支付，国际技术贸易法规与惯例等内容。第二部分主要介绍了国际服务贸易的基本范畴、相关理论、《服务贸易总协定》的内容以及中国服务贸易的发展，主要的国际服务贸易产业等内容。

本书是集体合作的产物，由李军主编。参加编写的人员及分工如下：第一、三章由李军编写，第二、六章由沈琪编写，第四、五章由白学清编写，第七、八章由刘春生编写，第九、十、十一章由王友韦编写，第十二章由沈琪、刘春生、王友韦编写，附录由沈琪编写（附录请见 http://www.crup.com.cn）。全书由李军负责总纂和完稿。

在本书的编写过程中，曾参阅了大量国内外有关著述和文献资料，具体参考名录将在书中列出，在此对作者表示衷心感谢。由于编写者水平有限，书中难免有错误与疏漏之处，敬请读者批评指正。

李　军
中央财经大学

目　录

第一部分　国际技术贸易

第二部分　国际服务贸易

第一部分

国际技术贸易

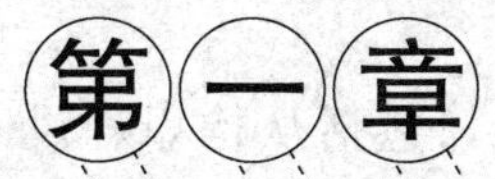

第一章 国际技术贸易概述

学习目标

- 掌握技术及技术贸易的含义与特点；
- 熟悉技术贸易的类型与方式；
- 了解当代技术贸易迅速发展的原因及作用。

第一节 国际技术贸易概述

一、技术的含义与特点

技术是技术贸易的重要对象，目前国际上对于“技术”一词尚无明确、统一的定义。世界知识产权组织（WIPO）在1977年版的《供发展中国家使用的许可证贸易手册》中给技术下的定义是：“技术是为制造某种产品、采用某种工艺过程或提供一项服务，为设计、安装、开办、维修、管理某个工厂和某个工商企业或提供其他协助所需要的系统知识。”这是迄今为止国际上给技术所下的最为全面和完整的定义。实际上世界知识产权组织把世界上所有能带来经济效应的科学知识都定义为技术。技术不仅可供技术发明者自己使用，而且可以转让、传授、交流，供其他人使用。

技术作为技术贸易的对象具有以下特点：

1. 技术是无形的知识

相对于物质产品而言，技术是一种无形的、非物质的知识，与物质产品有着本质的区别。物质产品是有形的，看得见、摸得着，可以用具体的标准来衡量其质量的好坏与优劣；而技术这种无形的知识，只有应用于生产活动中，与一定的物质条件相结合，才能转化为生产力，制造出有形的产品。

2. 技术是整套的系统知识

技术是人们在长期生产实践中不断积累起来的一整套系统化知识，包括从构思、设计、具体生产实施到市场营销各个阶段的全部知识，如原理、结构、设计、生产、操作、安装、维修、服务、管理等各个环节的知识、经验、流程和技艺。

3. 技术具有商品的属性

技术是人类智慧的产物，它既可以供发明技术的所有者使用，也可以通过传授、转让、出售供其他人使用，并获取相应的报酬。因此，技术具有商品的属性，既有使用价值，也有交换价值。

二、国际技术贸易的含义与特点

国际技术贸易又称为有偿的技术转让。技术转让是指拥有技术的一方通过某种方式把一项技术转让给另一方的活动。技术转让分为无偿转让和有偿转让两种。无偿的技术转让主要是以政府援助、学术交流、技术考察和交换技术情报等方式进行的技术转让；而有偿的技术转让则是通过贸易的途径，以企业为主体进行的具有商业性质的技术转让。

国际技术贸易就是不同国家的工商企业、经济组织或个人之间，按照一般商业条件，将其技术使用权授予、出售或购买的一种贸易行为。这是商品经济条件下国际技术转让的最主要的方式。

与国际商品贸易相比，国际技术贸易有以下几个特点：

1. 国际技术贸易的标的是无形的知识

技术贸易的标的不同于商品贸易。一般商品贸易是以有形的物质产品作为交易的标的，可以用一定的规格、尺寸或具体标准来检验其质量的好坏与优劣。而技术贸易的标的是某种特定的、无形的技术知识和经验，如新产品或工程的设计、制造工艺、材料配方、测试技术和计算机软件等。在实践中，技术贸易往往把技术知识的买卖和机器设备的买卖结合在一起，前者称为“软件”，后者称为“硬件”。但是要构成技术贸易，必须包含“软件”的买卖，否则，只是一般的货物买卖，不属于技术贸易。

2. 国际技术贸易一般只限于技术使用权的转让

由于技术贸易的标的可以不经“再生产”而多次出售（转让），因此技术贸易的标的在转让后，标的的所有者（卖方）并没有丧失其所有权。技术贸易转让的仅仅是技术的使用权和相应产品的制造权、经销权等，即技术的买方只拥有在规定期限内对该技术的使用权及相应的产品制造、销售的许可。而一般商品贸易中的标的（商品）一经出售，买方即失去了对该商品的所有权，无权继续使用和支配该商品，也不可能将同一商品出售给多个买方。买方对所购进的商品享有完全的所有权，享有对该商品占有、使用、转售、出租、赠送等任何权利。

3. 国际技术贸易的当事人是合作与竞争的关系

技术贸易的当事人一般是同行，一方面，在技术知识的传授、使用和消化吸收过程中，双方当事人之间保持较长时间的合作关系；另一方面，双方又存在竞争关系。因为技术受方希望从供方那里获取最先进的技术，以尽快提高自己的生产能力和技术水平；而技术供方既想通过技术转让获取更多利润，又不希望受方成为自己的竞争对手，所以总是千方百计地对技术受方转让使用技术施加种种限制。从这个意义上来说，技术贸易双方是竞争的关系。而在一般商品贸易中不存在上述性质的竞争与合作的双重关系。

4. 国际技术贸易的价格确定复杂

技术贸易中技术的价格不像商品价格那样主要取决于商品的成本，而且，技术转让后，技术输出方并没有失去对该项技术的所有权，他仍可以继续使用该项技术或进行多次转让，以获取经济上的利益。另外，构成技术价格的主要因素之一是引进方使用该项技术后所能获得的经济效益，而引进方所获得的经济效益在谈判和签订合同时往往是难以准确预测的，这就构成了确定技术贸易价格的复杂性。

5. 国际技术贸易涉及的问题多、难度大、时间长

技术贸易涉及的问题，除了技术转让双方的权利、义务、技术使用费的确定外，还涉及对工业产权的保护、对技术秘密的保守、限制与反限制、技术风险的防范等特殊而复杂的问题。国际技术合同的有效期一般长达几年，甚至十几年，技术使用费的支付也要延续若干年。此外，技术贸易所涉及的法律也比一般商品贸易复杂，除合同法外，还有工业产权法、税法、投资法、技术转让法等等。

第二节　国际技术贸易的方式

在国际技术贸易中，一般转让的只是技术的使用权，而非所有权。由于技术项目的复杂性，技术贸易合同条款涉及技术、法律、商务等诸多问题，贸易合同的执行期限较长，所以技术转让的形式十分复杂、灵活且多种多样。目前国际技术贸易的方式主要有许可贸易、国际技术咨询服务、国际合作生产与合作开发、国际工程承包、补偿贸易、特许经营和国际 BOT 等交易方式。

一、许可贸易

（一）许可贸易的概念和特点

许可贸易（licensing trade）是指交易双方通过签订许可协议来实现技术转让的一种方式。具体地讲，许可贸易是指技术许可方（供方）允许被许可方（受方）取得其拥有的专利、商标或专有技术的使用权以及制造、销售该技术项下产品的权利，并由被许可方支付一定数额的报酬。

许可贸易与其他贸易方式相比，具有以下几个特点：

（1）许可贸易中所转让的技术通常比普通商品耗费更多的资金、人力、物力和时间，许可方不仅想通过出让技术使用权收回其投资并获得一定利润，同时也希望在出让技术使用权后，最大限度地使自己仍处于技术上的垄断地位，以防被许可方获得技术使用权后获得竞争优势，从而威胁到许可方的经济利益。

（2）许可贸易涉及的法律比较广。

（3）技术贸易不仅仅是交易标的的买卖，还包括技术的传授、吸收和实践并转化为生产力的整个过程。

（4）许可贸易比一般的有形商品贸易复杂。

（二）许可贸易的基本形式

许可贸易根据许可标的的不同，分为以下几种基本类型：专利许可、商标许可、专有技术许可和计算机软件技术的许可。许可贸易是国际技术贸易中普遍采用的方式，它可以是只涉及专利、商标、专有技术或计算机软件技术等知识产权的单纯的许可贸易，也可以是与机器设备买卖、投资、工程承包等混合起来的一揽子综合性业务。

二、国际技术咨询服务

（一）国际技术咨询服务的概念和特点

技术咨询（technology consulting）是指咨询方根据委托方对某一技术课题的要求，利用自身的信息优势，为委托方提供技术选用的建议和解决方案。技术咨询是对特定技术项目提供可行性论证、经济技术预测、专题调查、分析评价等咨询报告，它是技术市场的主要经营方式和范围。

技术咨询服务是通过签订技术咨询合同进行的，提出合同标的要求并付款的一方为委托方，提供特定技术项目成果的一方为被委托方，即顾问方。技术咨询合同标的内容广泛，包括有关科学技术与经济、社会发展的软科学研究项目及专业性技术项目。在技术咨询合同履行过程中，委托方要向顾问方提供技术资料、工作条件；顾问方以其专门的知识、信息、技能、经验，运用科学方法和先进手段，通过调查研究，写出技术咨询合同，提出建议和最佳的或可供选择的几种方案，供委托方决策时参考。通常，提供技术咨询的顾问方为科研机构、大专院校，而委托方通常是国家有关机构、职能部门和生产企业。

技术咨询具有以下特点：

（1）技术咨询的内容很广泛。技术咨询的内容有项目的可行性研究、效益分析、工程设计、施工、监督、设备的订购、竣工验收等。

（2）技术咨询有利于技术落后的国家找到性价比较高的技术。一些技术比较落后的国家，由于科技力量不足或对解决某些技术课题缺少经验，聘请外国工程咨询公司提供咨询服务，可以避免走弯路或浪费资金。这是因为咨询公司掌握丰富的知识、经验和技术情报，可以帮助委托方选择先进适用的技术，找到可靠的技术出让方，用比较合理的价格购买到较高质量的机器设备等。

委托方接受技术咨询要支付咨询费，但由于咨询而节约的资金远远超过支付的咨询费，因而总的来说，技术咨询对委托方仍然是有利的。

（3）技术咨询的专业化程度比较高。在国际上，技术咨询大多由行业团体进行。目前，在发达国家大都有咨询工程师协会或联合会等，在许多发展中国家也有相当数量的咨询公司。

（二）国际技术咨询服务的基本形式

技术咨询的内容主要包括政策咨询、管理决策咨询、工程咨询、专业咨询和信息咨询五种类型。技术咨询的形式有技术传授、技能交流、技术规划、技术评估、技术培训等，它是技术贸易活动中的一个基本形式。

技术咨询服务通常包括技术内容、技术存在形态和咨询服务方法三个基本要素。技术内容主要指产品工艺、材料、设备和系统；技术存在形态指专利、专有技术、软件技术等；咨询服务方法包括技术预测、技术选择、经济信息分析、经济效益分析、项目可行性研究和管理咨询等。

三、国际合作生产

（一）国际合作生产的概念和特点

国际合作生产（co-production）是指不同国家的企业之间根据所签订的协议，在某项或几项产品的生产、销售上采取联合行动，即双方共同研究，共同生产，互相提供生产中所需的零部件，共同进行产品的销售并由双方共负盈亏的方式。

国际合作生产具有以下特点：

（1）合作生产所涉及的当事人是多方的；

（2）合作生产各方当事人的权利、义务关系主要表现在交换技术、提供劳务和生产成果上；

（3）合作生产是双方生产或多方生产，分别核算。

（二）国际合作生产的基本形式

国际合作生产的基本形式有：

（1）当事人双方分别生产不同的部件，由一方或双方装配成完整的成品出售。

（2）由技术较强的一方提供关键部件和图纸，在其指导下，由较弱的一方生产次要部件，并组装成完整产品，在本国市场或国际市场销售。

（3）由一方提供生产或设备，按各自的专业分工制造某种零部件、配套件或生产某种产品。在这种合作方式下，技术与设备按技术转让办法和买卖关系处理。

四、国际合作开发

（一）国际合作开发的概念

国际合作开发（development cooperation）是指不同国家的两个以上的自然人、法人或其他组织，为完成一定的研发工作，如新技术、新产品、新工艺或者新材料及其系统的研发，由当事人各方共同投资、共同参与研发活动、共同承担研发风险并共同分享研发成果。

国际合作开发具有以下特点：

（1）共同投资是合作开发的一个重要特征；

（2）合作开发的合作各方既可以约定共同进行全部的研发工作，也可以按照合同约定进行分工研发；

（3）由于合作开发方式是由当事人共同投资、共同参与研发工作，所以合作各方必须积极协作，配合研发工作的顺利展开，最终实现合同的预定目标。

（二）国际合作开发的技术成果的归属和分享

技术成果的归属是指因技术成果所产生的专利申请权、专利权、非专利技术成果的使用权和转让权归谁所有。而技术成果的分享，是指技术成果和上述知识产权由谁使用和转让，以及由此产生的利益在当事人之间如何分配。

合作开发的技术成果，是由合作开发人共同投资、共同研发的，在研发过程中，合同各方当事人共同承担研发风险。

除了发明创造获得的专利权外，在技术研发中还存在许多专有技术。专有技术也是一种无形的财产权，可以为持有人带来经济效益，可以转让，具有商业价值。

五、国际工程承包

（一）国际工程承包的概念

国际工程承包（international engineering contracting）是指通过国际劳务市场上的某一方式，比如投标或直接接受委托等，按照一定的条件承包某项工程建设的项目。这类项目包括：工程项目的设计、制定工程技术经济指标、编制方案和技术文件、预算；购买设备和材料；承担工程项目的建筑、设备的安装、调整和试车，使工程项目达到设计指标等。

国际工程承包是一项综合性的国际经济合作方式，其中包含大量的技术转让内容，如工程设计、土建施工、机器设备的安装调试等。特别是在项目承包建设的后期，承包方要培训委托方的技术人员，提供所需的技术知识和资料，包括专利技术和专有技术，所以这也是国际技术贸易的一种方式。

（二）国际工程承包的方式

国际工程承包的方式有单独承包、总承包和联合承包三种，其中总承包方式应用最普遍。

1. 单独承包

单独承包是指承包公司从外国业主那里独立承包某项工程。在这种方式下，承包公司对整个工程项目负责，工程竣工后，经业主验收合格才结束整个承包活动。工程建设所需的材料、设备、劳动力、临时设施等全部由承包公司负责。

2. 总承包

总承包是指一家承包公司总揽承包某一项工程，并对整个工程负全部责任。但是它可以将部分工程分包给其他承包商，该分承包商只对总承包公司负责，而不与业主直接发生关系。国际工程承包普遍采用总承包的方式。

3. 联合承包

联合承包是指几家承包公司根据各自所长，联合承包外国的一项工程。它们各自负责所承包的一部分建设任务，并各自独立向业主负责。

六、补偿贸易

（一）补偿贸易的概念

补偿贸易（compensation trade）是指交易的一方向另一方提供机器设备和技术等，另一方用价值相等的产品或劳务来分期偿还引进设备、技术的价款及利息。由于补偿贸易中买方在购买成套机器设备的同时，通常伴有专利或专有技术的引进，因此补偿贸易也是一种国际技术贸易的方式。

补偿贸易与一般贸易方式相比，具有以下两个基本特征：

（1）信贷是进行补偿贸易必不可少的前提条件。

（2）设备供应方必须同时承诺回购设备进口方的产品或劳务，这是补偿贸易的必备条件。

应当明确的是，在信贷基础上进行设备的进口并不一定构成补偿贸易，补偿贸易不仅要求设备供应方提供信贷，同时还要承诺回购对方的产品或劳务，以使对方用所得货款还贷款。这两个条件必须同时具备，缺一不可。此外，进行补偿贸易，双方须签订补偿贸易协议。最后应指出的是进行补偿贸易应注意以下问题：首先，要做好项目的可行性研究；其次，要合理计算贷款的成本和安排偿还期；再次，要正确处理补偿产品和正常出口的关系。

（二）补偿贸易的类型

补偿贸易的基本形式或种类很多，特别是在我国，补偿贸易的内涵更广，做法更灵活。

1. 返销（payback）

返销即直接产品补偿，指以引进的技术、设备生产出来的直接产品作为进口货款的补偿。这种做法有一定的局限性，它要求生产出来的直接产品及其质量必须是对方所需要的，或者在国际市场上是可销的，否则不易为对方所接受。

2. 回购（counter purchase）

回购也称互购或间接补偿，即进口方以某种双方协定的产品作为引进技术、设备的进口货款的补偿，这些产品是非直接相关的产品。

3. 综合补偿贸易

这是指进口方的补偿产品中，直接产品、间接产品、外汇等兼而有之，抵偿的商品可以直接给供方，也可以给供方事先指定的贸易商。此种补偿贸易方式是前两种方式的派生。

4. 劳务补偿贸易

这种做法常见于同来料加工或来件装配相结合的中小型补偿贸易中。按照这种做法，双方根据协议，往往由对方代买所需的技术、设备，货物由对方垫付，引进方按对方要求加工生产后，从应收的工缴费中分期扣还所欠技术、设备货款。

5. 其他形式

如双边补偿、多边补偿、卖方信贷补偿、买方信贷补偿、租赁补偿、全部补偿和部分补偿等等。

七、特许经营

特许经营（franchising）是指由一家已经取得商业成功的企业（特许方），将其商标、商号名称、专利、专有技术、服务标志和经营模式等授予另一家企业（被特许方）使用。被特许方用特许方的商业名称经营业务，遵循特许方制定的方针和程序。同时，特许方有义务持续地对被特许方的经营提供资金、技术、商业秘密、人员培训或管理等方面的援助和支持；而特许方从被特许方处得到连续提成费或其他形式的补偿，一般称为特许费。

（一）特许经营的概念和特点

厂商在生产商品之后，必须将这些能满足消费者欲望的商品分销出去，使消费者能在最方便的地方买到。营销的功能之一是如何有效地将商品分销出去，在分销过程中，如何选择中间商以最有效的方法，发挥空间、时间的效用来达成商品从制造商转移到消费者手上的目的，成为企业经营的重中之重。

在成本与效益的衡量中，特许经营被认为是一种低成本、高效率的流通方式。一般而言，特许经营有如下特点：

（1）特许经营是授予人（生产厂家或批发商）和很多独立商号（如批发商或零售商）之间经销商品的一种契约。

（2）特许经营是一种流通方式，特许经营权是由母公司授予个人或小公司在某一特定范围及某一段时期内，按其规定方式经营销售的一种特权。

（3）在特许经营权的存续期，提供一个经营权利的保证，并时时提供有关特许店在组织、培训、销售及管理方面的协助与辅导。

总之，特许经营强调的是一种特许经营权授予人与接受方永续的关系。在这种关系下，特许经营是一种有偿的传授或授予有形与无形资产如服务、商标、服务标志、形象设计或专业技巧的行为。特许店在母公司的辅导下应用其品牌，实际从事企业的营运。

（二）特许经营的基本形式

特许经营的形式按不同的划分方法，可以归纳为以下几种：

1. 按所需资金投入划分

按所需资金投入可分为工作型特许经营、业务型特许经营和投资型特许经营。工作型特许经营只要加盟者投入很少资金，有时甚至不需要营业场所。业务型特许经营一般需要购置商品、设备和营业场所，如冲印照片、洗衣、快餐外卖等，所以需要较大的投资。投资型特许经营需要更多的资金投资，如饭店等。

2. 按交易形式划分

按交易形式划分，可分为四种：制造商对批发商的特许经营，如可口可乐授权有关瓶装商（批发商）购买浓缩液，然后充碳酸气装瓶再分销给零售商；制造商对零售商的特许经营，如石油公司对加油站的特许经营；批发商对零售商的特许经营，如医药公司对医药零售店的特许经营；零售商之间的特许经营，如连锁集团利用这一形式招募特许店，扩大经营规模。

3. 按加盟者性质划分

按加盟者性质划分，可分为区域特许经营、单一特许经营和复合特许经营。区域特许经营是指加盟者获得一定区域的独占特许权，在该区域内可以独自经营，也可以再授权次加盟商。单一特许经营是指加盟商全身心地投入特许业务，不再从事其他业务。复合特许经营是指特许经营权被拥有多家加盟店的公司购买，但该公司本身并不参与加盟店的日常经营。

4. 按加盟业务划分

按加盟业务划分，可分为转换型特许经营和分支型特许经营。前者是加盟者将现有的业务转换成特许经营业务，特许商往往利用这种方式进入黄金地带。后者则是加盟商通过传统形式增加分店，当然需要花费更多的资金。

八、国际 BOT 方式

（一）BOT 方式的含义

BOT（build-operate-transfer）是政府吸引非官方资本参与基础设施建设的一种投资和融资方式。其运行特征是：政府与非官方资本签订项目特许权经营协议，将基础设施项目的建设和投产后一定时间内的经营权交给非官方资本组建的投资机构，由该投资机构自行筹集资金进行项目建设和经营，在特许经营期内非官方投资机构收回项目建设成本，并取得合理利润，经营期满后将该基础设施无偿移交给政府。

由于 BOT 方式在基础设施建设方面具有巨大的优越性，因而它在世界各国都得到了迅猛发展。

（二）BOT 方式的主要特点

BOT 方式是一国利用外资引进大型工业技术和进行基础设施建设的一种较新的、有效的国际经济技术合作方式。它是国际经济技术合作发展到一定阶段的产物。自 20 世纪 80 年代以来，世界上许多国家或地区特别是亚洲的发展中国家或地区都采用 BOT 方式来吸引外资，加快基础设施的建设，改善本国或本地区的投资环境，如泰国兴建的机场高速公路、中国香港兴建的海底隧道等等。BOT 方式之所以受到发展中国家或地区的青睐，是因为它具有以下几个特点：

（1）BOT 方式的一方是政府部门（项目方），另一方是外国私营部门；

（2）对于采用 BOT 方式的政府部门一方来说，该项目具有引进技术与利用外资相结合的特点；

（3）国际 BOT 方式与传统意义上的合资、独资等方式有一定的区别，这种区别还体现在经营管理主体、转让的对象、项目的复杂程度和成交方式上。

第三节 国际技术贸易的产生与发展

一、国际技术贸易的产生

国际技术贸易早在古代就出现了，如四大文明古国（古代中国、古埃及、古印度与古巴比伦）的技术发明通过贸易的开展和人员的交往传播到其他国家。我国古代的指南针、造纸术、火药和活字印刷术等，就是通过丝绸之路不断传到中亚、西亚和欧洲等世界各地。同样，德国的机械表制作技术经历了 100 多年才传入我国。不过，当时的人们不像近现代人那样具有知识产权的概念，不少技术通过人员交往无偿地传播到其他国家，那时的技术转移只是一种自然的技术传播，远非今天意义上的国际技术转让。

到了近代社会，随着以英国工业革命中蒸汽机为标志的一系列技术发明的产生，专利、商标的概念逐渐为人们所认识和强调，技术有偿转让开始出现。在 18 世纪的西欧最早出现将技术知识作为商品进行买卖。因为在当时的西欧，专利制度的形成和专利法的颁布使专利买卖得以产生，并逐步发展为现代的专利技术许可证贸易。此后，许可证贸易的内容由专利技术扩展到专有技术和商标。到了19世纪末20世纪初，随着大多数西方工业国家都建立了以鼓励发明创造和保护发明者权利为宗旨的专利制度，以许可证制度为主要形式的技术贸易在这些国家间迅速展开，这时国际技术贸易才开始发展起来。不过，直到第二次世界大战前，国际技术贸易量都不大。商业性技术转让真正形成规模并迅速扩大，成为国际贸易中的重要组成部分，则是第二次世界大战以后的事。

二、国际技术贸易的发展

第二次世界大战以后，在第三次科技革命的推动下，随着以信息技术、生物技术、新材料技术、新能源技术、空间技术、海洋开发技术等为代表的高新技术的迅猛发展，技术贸易快速发展，成为战后国际贸易的一个显著特征。据统计，1965年世界国际技术贸易额仅为27亿美元，1975年增加到110亿美元，1985年增加到约500亿美元，1989年达1 000亿美元。进入20世纪90年代以后，国际技术贸易的增长势头更加迅猛。1996年，国际技术贸易总额达到4 000亿美元，到1999年，达到5 400亿美元。自20世纪60年代以来，国际商品贸易年均增长10.5%，而同期国际技术贸易年均增长16.5%，其增长速度远远超过了国际商品贸易的增长速度。国际技术贸易在国际贸易中的比重迅速上升，由1965年的1%左右上升至20世纪末的10%左右。在国际技术贸易增长速度加快的同时，技术贸易中高新技术的出口比例也不断提高。

20世纪80年代以来特别是近年来，以信息为主导的新技术革命突飞猛进，全球经济进入一个全新的发展时期，各国之间的经济竞争，归根到底是技术水平和科技竞争力的较量。只有技术进步才能推动经济发展，各国纷纷积极扩大高新技术及其产品的出口。自20世纪70年代以来，发达国家的对外贸易开始向技术贸易方向发展。80年代中期，随着高技术产业的迅速发展，主要发达国家均加快了技术出口。1975—1985年10年间，这些发达国家的技术出口额年均增长73.1%，而1985—1993年8年间，技术出口额的年均增长速度达到了206.5%，其中日本、美国和法国的增长速度都达到了2倍以上。高新技术产业的发展促进了国际技术贸易的迅猛发展。

三、第二次世界大战后国际技术贸易迅速发展的原因

第二次世界大战后国际技术贸易迅速发展的原因主要有：

1. 科技成果的大量涌现，为技术贸易增长提供了丰富的技术资源

第二次世界大战后，由于受第三次科技革命的影响，各国政府十分重视科学技术的研究与开发，不惜投入大量资金，制定各种优惠政策，加大对科技人才的培养和国外优秀科技人才的吸引，从而产生了大量的科研成果。20世纪80年代，全世界共有先进技术和专利3 000多万件，仅美国一国有效专利就达100多万件，世界科技文献以每年6 000万页的速度增长。这些研究促进了信息技术、空间技术、生物技术、新材料技术、新能源技术、海洋技术等高新技术的产生和发展，高科技产品成为国际贸易中的重要内容。

2. 各国对技术的巨大需求，为国际技术贸易的发展提供了广阔的市场

随着科学技术的发展，国际政治、经济、军事形势的变化，技术对于一国的经济实

力、社会发展乃至国家安全的重要意义日益凸显。为了增强本国科技竞争力，各国在大力发展本国科学研究的基础上，积极引进更为先进的技术。特别是发展中国家依靠技术引进可以较快缩短与发达国家之间的技术差距，大力开展技术贸易也是发展中国家追赶经济发达国家、提升本国科技水平、促进经济增长的积极而有效的途径。

3. 技术更新周期缩短，刺激各国扩大技术进出口贸易

德国学者拜因豪尔（H. H. Belnhauer）和施马克（E. Schmacke）曾在《展望公元2000年的世界》（*The World in 2000 AD*）一书中考察了技术更新问题，指出随着技术不断进步与发展，技术开发与更新的周期趋向于不断缩短。例如，蒸汽机从研制到制成产品花了100年的时间（1680—1780年），蒸汽机车花了34年时间（1790—1824年），汽车花了27年时间（1868—1895年），喷气发动机花了14年时间（1929—1943年），晶体管仅花了5年时间（1955—1960年）。20世纪70年代产品技术更新的平均周期已经缩短到5～6年，80年代进一步减少到4～5年，90年代只有2年左右。由于技术更新周期缩短，技术开发费用提高，因此，开发者在一项新技术开发成功后，往往会立刻将该技术进行转让，以尽快收回研制费用。技术更新周期的缩短，极大地扩大了国际技术贸易的规模。

4. 国际保护主义的增强，为技术贸易的开展提供了新的动机

第二次世界大战后，关税与非关税贸易壁垒阻碍了普通商品贸易，助长了国际技术贸易的发展。随着关贸总协定主持的多边贸易谈判促使各国不断削减关税，通过非关税壁垒阻碍他国商品进入的措施逐渐增多，这种状况迫使不少国家政府特别是发达国家调整出口战略，以技术换市场，绕过贸易壁垒，扩大技术贸易，以占领出口市场。

5. 战后跨国公司的发展，为国际技术贸易的进行提供了重要载体

跨国公司的经营战略是市场全球化，跨国公司的垄断优势就是技术、资本和组织管理。跨国公司往往将技术与资本、技术和商品结合起来，通过资本输出和技术密集型商品贸易大量输出技术，不断增加其在国际市场的竞争力。同时，为了绕开贸易保护主义，不断开拓新的市场，跨国公司往往通过内部技术转让的方式，将自己的技术转移到子公司，以尽可能长期保持其技术垄断地位。

第四节　国际技术贸易的作用

20世纪90年代以来，国际技术贸易已经成为国际贸易中的重要内容，成为推动各国乃至世界经济发展的推动器，其在世界经济发展中的作用变得日益重要。国际技术贸易的作用主要体现在以下几方面：

1. 成为技术传播的重要途径

科学技术是第一生产力。自从18世纪以来，世界上发生了三次大的科学技术革命。第一次是18世纪中叶首先在英国发生的以蒸汽机和纺织机的出现为代表的产业革命；第二次始于19世纪末，主要标志是电和磁的应用；第三次则发生在20世纪初，以电子技术、原子能、空间技术为标志。现在世界上一场新的科学技术革命正席卷而来。信息技术、生物技术、新材料技术、新能源技术、空间技术、海洋开发技术等高新技术正在以历

次科学技术革命前所未有的规模和速度震撼着全世界，并且越来越深刻地影响着世界经济和社会发展的进程。每次科学技术革命都大大推动了社会生产力的发展。

同时，伴随科学技术的迅猛发展，技术贸易也得到了发展。这是因为在竞争激烈的国际市场中，只有掌握了高、精、尖技术，能自主开发并出口技术密集型产品的企业，才能在市场上占据优势地位。技术在这里成为企业市场竞争的重要手段之一，成为开拓市场的有力武器，成为企业成败的关键。换言之，谁拥有新技术，并能很好地加以利用，谁就可以在市场中立于不败之地。因此，追逐更新的技术成为大企业的战略目标，无论是引进新技术还是转让旧技术的国际技术贸易活动，都加速了科学技术突破一国界限，在世界范围内扩展、普及和提高。

2. 成为疏通商品贸易的手段

在世界市场上，各国为了保护本国弱势产业和就业，对商品的进出口都采取了一些限制性措施，例如关税壁垒、非关税壁垒（配额、补贴、反倾销、技术标准、卫生标准）。企业为了绕过有关国家的关税壁垒或非关税壁垒对商品进口的限制，将技术出口到那些国家，利用技术出口与投资相结合的技术贸易方式，直接投资设厂或与当地企业合资建厂，在当地进行商品生产，这样做可以避开当地的关税壁垒或非关税壁垒，达到扩大商品出口的目的。

企业为了获得稳定的原材料来源，经常采用直接投资或技术出口的办法，与当地企业合作，建立原材料供应基地，以保证重要原材料的稳定供应。

3. 加速了国际贸易方式多样化的进程

技术作为一种重要的生产要素，决定了商品各生产要素的配置和配置比例，技术的变革导致商品生产要素发生转移，从而使产品从劳动密集型向资本密集型、技术密集型、知识密集型转变，造成产业资本、人力资本和技术资本等各种生产要素的融合。技术贸易对这种融合起到了促进作用，也促使其与商品贸易结合的方式多样化，出现了商品贸易与技术转让的结合、商品贸易与技术服务咨询的结合、加工贸易与技术转让的结合、直接投资与技术转让的结合等等。

4. 改善了发展中国家的贸易条件

目前，发展中国家大多以出口初级产品或劳动密集型产品为主，或以出口凝结熟练劳动和生产经验等的低密集型技术产品为主。这种进出口商品结构大大恶化了发展中国家的贸易条件。而对于发达国家，其进出口商品结构主要以资本和技术密集型的机械设备或高附加值产品为主，这一状况容易造成发展中国家的贸易条件进一步恶化，造成发达国家和发展中国家利益的不平衡，抑制了发展中国家的经济发展。而一些新兴国家或地区，尤其是发展中国家纷纷引进国外的先进技术，调整产业结构，使得出口商品结构向高级化方向发展，从而改善了贸易条件，加强了本国经济实力，扭转了在国际市场中的不利地位。

5. 促进了各国经济和技术的发展

在世界科学技术突飞猛进的今天，技术贸易已经成为一国扩大对外经济合作与交流的重要组成部分。许多国家的经济发展实践充分说明，引进国外技术并使之本国化是提高本国生产水平、加速本国企业现代化、缩短与世界先进水平的差距、发展本国经济的有效途径。

科学技术推动着世界生产力的发展，新技术的发明与运用不仅推动了发明国的经济增长与社会发展，而且通过国家之间的技术合作、技术转让或贸易的方式，传播到其他国家，推动了他国的经济增长。进口国通过引进技术，节约了大量的研究费用和研制时间，有利于加快国民经济的发展步伐，缩短与技术先进国家之间的差距。技术输出国通过加快技术转让和技术更新，使得自己始终保持技术优势的地位，并且通过出售技术收回开发成本，弥补新技术开发中财力不足或成本费用过大的问题。显然，技术贸易使得进出口双方都能获利。

可见，国际技术贸易无论在加强国际科技合作、传播科学技术、提高各国科学技术水平，还是在促进国际贸易和各国经济的发展等方面都发挥着重要的作用。

6. 增强了国家的综合国力

技术贸易通过技术的输出输入互通有无、取长补短，使技术贸易的经济结构特别是技术结构和产业结构得到合理的调整，有利于增加产品品种，提高产品质量和档次，建立新产业，促使其优化发展。因为技术贸易是技术出口方与进口方激烈竞争的领域，在这里，一方面，技术出口方为使技术贸易成交，实现扩大再生产，总是竭力根据社会需求，以最快的速度生产出质量最好、最适合应用的、具有较强竞争能力的先进技术，供进口方选择；另一方面，通过技术输出，把国内不需要的、过时的产业转移出去，促进国内产业的优化。技术的出口方通过已有技术的转让与许可，为新技术的研制与开发提供了所需的资金与动力，而技术的不断更新和发展，增强了国家的综合国力。技术的进口方尽量利用技术贸易提供的技术选择机会，根据本国经济技术发展的需要和可能，选择能够促进本国产业结构优化的技术，从而促进本国经济技术的迅速发展，提高本国的综合国力。

专栏 1—1

技术贸易在中国

随着全球技术的不断进步，世界经济也得到了快速的发展，世界经济的发展反过来促进了技术在全球范围内更广泛的传播。在这种背景下，国际技术贸易应运而生，并且迅速发展。从已有的文献看，1955 年全球国际技术贸易额仅为 5 亿～6 亿美元，到 1995 年达到 2 600 亿美元，到 2002 年国际技术贸易额已达近万亿美元，平均不足 5 年翻一番，其速度不仅大大快于货物贸易，而且快于一般的服务贸易。国际技术贸易的快速增长，使其在整个世界经济增长和国际贸易中的地位不断提升，国际技术贸易额在国际贸易总额和国际服务贸易总额中的比重也持续增加。但由于各种原因，目前中国技术贸易发展还相对滞后。

（一）中国技术出口贸易的现状

1. 技术出口以“硬技术”为主

2009 年，全国共登记技术出口合同（即软技术出口合同）31 195 份，合同金额 111.5 亿美元。2009 年技术出口合同主要以计算机软件的出口、专有技术的许可与转让、技术咨询和技术服务等纯技术出口为主。但这一数字在包括高新技术产品出口在内的全部技术出口中的比重极低。2000 年，高新技术等“硬技术”出口比重占了 97%，而技术服务和技术许可等“软技术”出口仅占3%左右。2009年，高新技术产品出口额高达6 868亿美元，因而“软技术”出口的比重更不乐观。

2.“硬技术”产品出口中我国拥有自主知识产权和自主品牌的比重低

以高新技术产品为例，2008年，我国具有自主知识产权和自主品牌的高新技术产品出口额占高新技术产品出口总额的比重不足10%，外商投资企业和贴牌生产的比重高达90%以上。

3.“硬技术”产品中外资出口和加工出口的比重大

2008年外商投资企业高新技术产品的出口额占全国高新技术产品出口额的比重达到85.15%，其中外商独资企业出口占全部高技术产品的比重超过了67.6%。2008年，高新技术产品加工贸易（进料加工贸易和来料加工贸易）在出口额中所占比重为82.44%，比上年有所下降，但这一比重远远高于一般贸易的17.56%。

（二）中国技术进口贸易的现状

1. 技术引进快速增长，但与货物贸易、服务贸易相比仍相对缓慢

中国技术引进始于20世纪50年代，但一直发展缓慢。改革开放前，中国累计签订技术引进合同仅845项，合同金额仅119.7亿美元。改革开放后，技术引进迅速开展，1979—2008年，中国累计已签订技术引进合同112 541项，合同金额约3 000亿美元，合同金额是改革开放前30年的25倍，但这一增速显然低于服务贸易和货物贸易的增速。（货物贸易进出口额从1979年到2008年增长了近60倍；而服务贸易进出口总额从1982年至2008年仅26年就增长了近70倍。）

2. 技术引进逐步转为以“软技术”为主

中华人民共和国成立初期至20世纪90年代末期，主要以成套设备和关键设备引进为主。1990—1997年间，设备进口仍然占到全部技术引进合同金额的80%以上，而技术转让、技术许可、技术服务和技术咨询等“软技术”所占的比重不足20%。2001年以后这种情况开始明显改变，技术引进的质量逐年提高。到2008年，中国技术进口总额达到了271.3亿美元，其中，专利和专有技术引进占比达53.1%，成套设备和关键设备进口仅占7.8%。

3. 技术引进中，外资企业技术引进的比重在增大

2001年，我国技术引进合同金额的30%是在跨国公司内部进行的，2002年和2003年这一比重分别上升到45%和56.6%。到2009年1—5月，外资企业技术引进合同金额为56.8亿美元，较2008年同期有所下降，但占全国技术引进总额的比重达63.6%。

资料来源：温怀德．技术贸易在中国．对外经贸实务，2010（5）．

专栏1—2

中华人民共和国技术进出口管理条例

（2001年10月31日国务院第46次常务会议通过，2001年12月10日中华人民共和国国务院令第331号公布，自2002年1月1日起施行。）

第一章 总 则

第一条 为了规范技术进出口管理，维护技术进出口秩序，促进国民经济和社会发展，根据《中华人民共和国对外贸易法》（以下简称对外贸易法）及其他有关法律的有关规定，制定本条例。

第二条 本条例所称技术进出口，是指从中华人民共和国境外向中华人民共和国境内，或者从中华人民共和国境内向中华人民共和国境外，通过贸易、投资或者经济技术合作的方式转移技术的行为。

前款规定的行为包括专利权转让、专利申请权转让、专利实施许可、技术秘密转让、技术服务和其他方式的技术转移。

第三条 国家对技术进出口实行统一的管理制度，依法维护公平、自由的技术进出口秩序。

第四条 技术进出口应当符合国家的产业政策、科技政策和社会发展政策，有利于促进我国科技进步和对外经济技术合作的发展，有利于维护我国经济技术权益。

第五条 国家准许技术的自由进出口；但是，法律、行政法规另有规定的除外。

第六条 国务院对外经济贸易主管部门（以下简称国务院外经贸主管部门）依照对外贸易法和本条例的规定，负责全国的技术进出口管理工作。省、自治区、直辖市人民政府外经贸主管部门根据国务院外经贸主管部门的授权，负责本行政区域内的技术进出口管理工作。

国务院有关部门按照国务院的规定，履行技术进出口项目的有关管理职责。

第二章 技术进口管理

第七条 国家鼓励先进、适用的技术进口。

第八条 有对外贸易法第十六条、第十七条规定情形之一的技术，禁止或者限制进口。

国务院外经贸主管部门会同国务院有关部门，制定、调整并公布禁止或者限制进口的技术目录。

第九条 属于禁止进口的技术，不得进口。

第十条 属于限制进口的技术，实行许可证管理；未经许可，不得进口。

第十一条 进口属于限制进口的技术，应当向国务院外经贸主管部门提出技术进口申请并附有关文件。

技术进口项目需经有关部门批准的，还应当提交有关部门的批准文件。

第十二条 国务院外经贸主管部门收到技术进口申请后，应当会同国务院有关部门对申请进行审查，并自收到申请之日起30个工作日内作出批准或者不批准的决定。

第十三条 技术进口申请经批准的，由国务院外经贸主管部门发给技术进口许可意向书。

进口经营者取得技术进口许可意向书后，可以对外签订技术进口合同。

第十四条 进口经营者签订技术进口合同后，应当向国务院外经贸主管部门提交技术进口合同副本及有关文件，申请技术进口许可证。

国务院外经贸主管部门对技术进口合同的真实性进行审查，并自收到前款规定的文件之日起10个工作日内，对技术进口作出许可或者不许可的决定。

第十五条　申请人依照本条例第十一条的规定向国务院外经贸主管部门提出技术进口申请时，可以一并提交已经签订的技术进口合同副本。

国务院外经贸主管部门应当依照本条例第十二条和第十四条的规定对申请及其技术进口合同的真实性一并进行审查，并自收到前款规定的文件之日起40个工作日内，对技术进口作出许可或者不许可的决定。

第十六条　技术进口经许可的，由国务院外经贸主管部门颁发技术进口许可证。技术进口合同自技术进口许可证颁发之日起生效。

第十七条　对属于自由进口的技术，实行合同登记管理。

进口属于自由进口的技术，合同自依法成立时生效，不以登记为合同生效的条件。

第十八条　进口属于自由进口的技术，应当向国务院外经贸主管部门办理登记，并提交下列文件：

（一）技术进口合同登记申请书；

（二）技术进口合同副本；

（三）签约双方法律地位的证明文件。

第十九条　国务院外经贸主管部门应当自收到本条例第十八条规定的文件之日起3个工作日内，对技术进口合同进行登记，颁发技术进口合同登记证。

第二十条　申请人凭技术进口许可证或者技术进口合同登记证，办理外汇、银行、税务、海关等相关手续。

第二十一条　依照本条例的规定，经许可或者登记的技术进口合同，合同的主要内容发生变更的，应当重新办理许可或者登记手续。

经许可或者登记的技术进口合同终止的，应当及时向国务院外经贸主管部门备案。

第二十二条　设立外商投资企业，外方以技术作为投资的，该技术的进口，应当按照外商投资企业设立审批的程序进行审查或者办理登记。

第二十三条　国务院外经贸主管部门和有关部门及其工作人员在履行技术进口管理职责中，对所知悉的商业秘密负有保密义务。

第二十四条　技术进口合同的让与人应当保证自己是所提供技术的合法拥有者或者有权转让、许可者。

技术进口合同的受让人按照合同约定使用让与人提供的技术，被第三方指控侵权的，受让人应当立即通知让与人；让与人接到通知后，应当协助受让人排除妨碍。

技术进口合同的受让人按照合同约定使用让与人提供的技术，侵害他人合法权益的，由让与人承担责任。

第二十五条　技术进口合同的让与人应当保证所提供的技术完整、无误、有效，能够达到约定的技术目标。

第二十六条　技术进口合同的受让人、让与人应当在合同约定的保密范围和保密期限内，对让与人提供的技术中尚未公开的秘密部分承担保密义务。

在保密期限内，承担保密义务的一方在保密技术非因自己的原因被公开后，其承担的保密义务即予终止。

第二十七条　在技术进口合同有效期内，改进技术的成果属于改进方。

第二十八条　技术进口合同期满后，技术让与人和受让人可以依照公平合理的原则，就技术的继续使用进行协商。

第二十九条　技术进口合同中，不得含有下列限制性条款：

（一）要求受让人接受并非技术进口必不可少的附带条件，包括购买非必需的技术、原材料、产品、设备或者服务；

（二）要求受让人为专利权有效期限届满或者专利权被宣布无效的技术支付使用费或者承担相关义务；

（三）限制受让人改进让与人提供的技术或者限制受让人使用所改进的技术；

（四）限制受让人从其他来源获得与让与人提供的技术类似的技术或者与其竞争的技术；

（五）不合理地限制受让人购买原材料、零部件、产品或者设备的渠道或者来源；

（六）不合理地限制受让人产品的生产数量、品种或者销售价格；

（七）不合理地限制受让人利用进口的技术生产产品的出口渠道。

第三章　技术出口管理

第三十条　国家鼓励成熟的产业化技术出口。

第三十一条　有对外贸易法第十六条、第十七条规定情形之一的技术，禁止或者限制出口。

国务院外经贸主管部门会同国务院有关部门，制定、调整并公布禁止或者限制出口的技术目录。

第三十二条　属于禁止出口的技术，不得出口。

第三十三条　属于限制出口的技术，实行许可证管理；未经许可，不得出口。

第三十四条　出口属于限制出口的技术，应当向国务院外经贸主管部门提出申请。

第三十五条　国务院外经贸主管部门收到技术出口申请后，应当会同国务院科技管理部门对申请出口的技术进行审查，并自收到申请之日起30个工作日内作出批准或者不批准的决定。

限制出口的技术需经有关部门进行保密审查的，按照国家有关规定执行。

第三十六条　技术出口申请经批准的，由国务院外经贸主管部门发给技术出口许可意向书。

申请人取得技术出口许可意向书后，方可对外进行实质性谈判，签订技术出口合同。

第三十七条　申请人签订技术出口合同后，应当向国务院外经贸主管部门提交下列文件，申请技术出口许可证：

（一）技术出口许可意向书；

（二）技术出口合同副本；

（三）技术资料出口清单；

（四）签约双方法律地位的证明文件。

国务院外经贸主管部门对技术出口合同的真实性进行审查，并自收到前款规定的文件之日起15个工作日内，对技术出口作出许可或者不许可的决定。

第三十八条　技术出口经许可的，由国务院外经贸主管部门颁发技术出口许可证。技术出口合同自技术出口许可证颁发之日起生效。

第三十九条　对属于自由出口的技术，实行合同登记管理。

出口属于自由出口的技术，合同自依法成立时生效，不以登记为合同生效的条件。

第四十条　出口属于自由出口的技术，应当向国务院外经贸主管部门办理登记，并提交下列文件：

（一）技术出口合同登记申请书；

（二）技术出口合同副本；

（三）签约双方法律地位的证明文件。

第四十一条　国务院外经贸主管部门应当自收到本条例第四十条规定的文件之日起3个工作日内，对技术出口合同进行登记，颁发技术出口合同登记证。

第四十二条　申请人凭技术出口许可证或者技术出口合同登记证办理外汇、银行、税务、海关等相关手续。

第四十三条　依照本条例的规定，经许可或者登记的技术出口合同，合同的主要内容发生变更的，应当重新办理许可或者登记手续。

经许可或者登记的技术出口合同终止的，应当及时向国务院外经贸主管部门备案。

第四十四条　国务院外经贸主管部门和有关部门及其工作人员在履行技术出口管理职责中，对国家秘密和所知悉的商业秘密负有保密义务。

第四十五条　出口核技术、核两用品相关技术、监控化学品生产技术、军事技术等出口管制技术的，依照有关行政法规的规定办理。

第四章　法律责任

第四十六条　进口或者出口属于禁止进出口的技术的，或者未经许可擅自进口或者出口属于限制进出口的技术的，依照刑法关于走私罪、非法经营罪、泄露国家秘密罪或者其他罪的规定，依法追究刑事责任；尚不够刑事处罚的，区别不同情况，依照海关法的有关规定处罚，或者由国务院外经贸主管部门给予警告，没收违法所得，处违法所得1倍以上5倍以下的罚款；国务院外经贸主管部门并可以撤销其对外贸易经营许可。

第四十七条　擅自超出许可的范围进口或者出口属于限制进出口的技术的，依照刑法关于非法经营罪或者其他罪的规定，依法追究刑事责任；尚不够刑事处罚的，区别不同情况，依照海关法的有关规定处罚，或者由国务院外经贸主管部门给予警告，没收违法所得，处违法所得1倍以上3倍以下的罚款；国务院外经贸主管部门并可以暂停直至撤销其对外贸易经营许可。

第四十八条　伪造、变造或者买卖技术进出口许可证或者技术进出口合同登记证的，依照刑法关于非法经营罪或者伪造、变造、买卖国家机关公文、证件、印章罪的规定，依法追究刑事责任；尚不够刑事处罚的，依照海关法的有关规定处罚；国务院外经贸主管部门并可以撤销其对外贸易经营许可。

第四十九条　以欺骗或者其他不正当手段获取技术进出口许可的，由国务院外经贸主管部门吊销其技术进出口许可证，暂停直至撤销其对外贸易经营许可。

第五十条　以欺骗或者其他不正当手段获取技术进出口合同登记的，由国务院外经贸主管部门吊销其技术进出口合同登记证，暂停直至撤销其对外贸易经营许可。

第五十一条　技术进出口管理工作人员违反本条例的规定，泄露国家秘密或者所知悉的商业秘密的，依照刑法关于泄露国家秘密罪或者侵犯商业秘密罪的规定，依法追究刑事责任；尚不够刑事处罚的，依法给予行政处分。

第五十二条　技术进出口管理工作人员滥用职权、玩忽职守或者利用职务上的便利收受、索取他人财物的，依照刑法关于滥用职权罪、玩忽职守罪、受贿罪或者其他罪的规定，依法追究刑事责任；尚不够刑事处罚的，依法给予行政处分。

第五章　附　　则

第五十三条　对国务院外经贸主管部门作出的有关技术进出口的批准、许可、登记或者行政处罚决定不服的，可以依法申请行政复议，也可以依法向人民法院提起诉讼。

第五十四条　本条例公布前国务院制定的有关技术进出口管理的规定与本条例的规定不一致的，以本条例为准。

第五十五条　本条例自2002年1月1日起施行。1985年5月24日国务院发布的《中华人民共和国技术引进合同管理条例》和1987年12月30日国务院批准、1988年1月20日对外经济贸易部发布的《中华人民共和国技术引进合同管理条例施行细则》同时废止。

本章小结

国际技术贸易是不同国家的工商企业、经济组织或个人之间，按照一般商业条件，将其技术使用权授予、出售或购买的一种贸易行为，是商品经济条件下国际技术转让的最主要方式。国际技术贸易的方式多种多样，其中最重要的是技术许可贸易，目前国际技术转让主要是通过许可贸易进行的。此外还有国际技术咨询服务、合作生产与合作开发、国际工程承包和补偿贸易等交易方式。国际技术贸易早在古代就出现了，第二次世界大战以后，在第三次科技革命的推动下，随着以信息技术、生物技术、新材料技术、新能源技术、空间技术、海洋开发技术等为代表的高新技术的迅猛发展，技术贸易快速发展，成为战后国际贸易的一个显著特征。20世纪90年代以来，国际技术贸易已经成为国际贸易中的重要内容，成为推动各国乃至世界经济发展的助推器，其在世界经济发展中的作用变得日益重要。

本章关键术语

技术	国际技术贸易	技术转让	技术进出口
许可贸易	技术咨询服务	国际合作生产	国际合作开发
国际工程承包	补偿贸易	特许经营	BOT方式

本章思考题

1. 什么是技术贸易？
2. 技术贸易区别于商品贸易的特点有哪些？
3. 技术贸易有哪些类型和方式？
4. 简述第二次世界大战后国际技术贸易发展的原因。
5. 技术贸易在世界经济发展中有哪些作用？

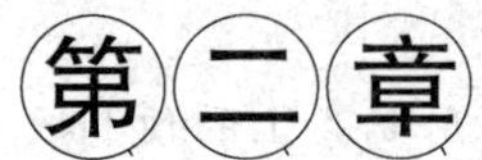

第二章 国际技术贸易相关理论

学习目标

- 熟悉国际技术贸易相关理论的发展历史；
- 掌握技术进步与经济增长模型、技术差距理论、产品生命周期理论、发展中国家技术选择理论、要素密集型变化理论、技术效用与博弈分析；
- 了解各种理论的特点及优缺点；
- 能运用国际技术贸易相关理论解释现实政策措施。

第一节　技术进步与经济增长模型

技术进步与经济增长的关系非常密切。众所周知，中国古代四大发明对中国封建经济的繁荣和发展起到过重要推动作用。在18世纪第一次工业革命开始以前，世界经济增长普遍非常缓慢。第一次和第二次工业革命、信息技术革命等技术进步和创新对经济发展和经济模式的形成起到了至关重要的作用。可以说，技术进步与经济增长之间是紧密联系的。技术进步可以显著促进经济增长；经济增长为技术进步提供更多的资源和更有利的条件。在当代经济中，技术进步已成为经济发展最重要的原动力和决定因素。

关于技术进步与经济增长之间理论关系的研究由来已久。古典经济学、马克思主义经济学、熊彼特经济学、内生增长理论以及演化经济学对技术进步与经济增长之间的关系均进行了论述和分析。

一、古典经济学

对经济增长与技术进步之间关系的思考和研究最初源于经济学家威廉·配第（William Petty）和大卫·休谟（David Hume）。正式论述经济增长和技术进步之间关系的经济学家是亚当·斯密（Adam Smith，1723—1790 年）。他是公认的经济学祖师，是古典经济学理论体系的创立者，是一位对伦理学、法理学和经济学都作出过贡献的大学者。亚当·斯密在其代表作《国民财富的性质和原因的研究》（*An Inquiry into the Nature and Causes of the Wealth of Nations*）中，对经济增长与技术进步关系的论述借鉴并吸收了前辈启蒙学者威廉·配第、重农主义者魁奈（Francois Quesnay）、杜尔哥（Anne-Robert-Jacques Turgot）以及大卫·休谟等人的研究①，但亚当·斯密对技术进步与经济增长关系的论述比前人更加深入和系统，形成了自己的经济增长思想。

亚当·斯密认为经济增长的原因有三方面：自由市场、劳动分工和新机器形式的技术进步，即“三大定理”②。自由市场作为“看不见的手”，可以有效分配资源，使社会福利达到最大；劳动分工受市场规模的限制，更大的市场规模可促进分工深化，提高劳动生产率；新机器形式同样可以提高生产效率。亚当·斯密认为三者对经济增长的贡献缺一不可。

亚当·斯密认为经济增长的源泉首先就是劳动生产率的提高，其次是参加生产性劳动的人数增加或比例提高。③ 他对技术进步与经济增长关系的论述为后人的研究提供了丰富的素材和思路，他的很多观点为后人研究技术进步及经济增长理论提供了重要的思想源泉。

亚当·斯密在国际贸易与经济增长问题上也作出了开创性贡献。他指出：贸易是双赢的，自由贸易可以扩大市场规模，促进劳动分工，提高劳动生产率，促进经济增长。因此，亚当·斯密倡导自由贸易，认为自由贸易可以有效地促进经济增长。

亚当·斯密之后的古典经济学家大卫·李嘉图（David Ricardo，1772—1823 年）以及马尔萨斯（Thomas Robert Malthus，1766—1834 年）对技术与经济增长的关系均进行了不同角度的阐述。

总体而言，古典经济增长理论认为劳动和资本是经济增长的重要源泉，技术外生于经济增长，忽略了技术对经济增长的直接作用。

二、马克思主义经济学

卡尔·马克思（Karl Marx，1818—1883 年）以自己独特的思路和体系解释了资本主义社会。在《资本论》中，马克思将资本主义的根本机制、经济增长、技术进步相关性的分析结合起来。马克思指出：“手推磨产生的是封建主为首的社会，蒸汽磨产生的是工业资本家为首的社会。”④ 这说明技术水平与生产关系状况紧密相连。“手推磨”的技术产生的是封建主义生产关系和经济增长模式，而以蒸汽机的发明为标志的工业革命所带来的是资本主义的生产关系。经济增长模式内生地取决于技术进步。

马克思指出：“随着大工业的发展，现实财富的创造较少地取决于劳动时间和已耗费的劳动量……相反地却取决于一般的科学水平和技术进步，或者说取决于科学在生产上的

① 岑远恒．技术进步与经济增长的相关性．集团经济研究，2005（22）．

② 汪安佑，潘鸿雁．创新经济学的构建：对经济增长原因的研究．技术经济，2002（1）．

③ 谢识予．斯密经济增长思想的理论内涵及现实意义．复旦学报（社会科学版），2005（3）．

④ 马克思，恩格斯．马克思恩格斯选集：第 1 卷．2 版．北京：人民出版社，1995：142.

应用。”①

弗里德里希·恩格斯（Friedrich Engels，1820—1895 年）在《英国工人阶级的状况》（*The Conditions of the Working Classes in England*）中，举了英国纺织业的一个具体案例来说明技术进步与经济增长的关系：纺织机的发明致使专业的织布者出现，进而带动了手工织布机的发明，进一步催生了机械化织布机及专业化的织布工厂和工人。从而手工劳动被机械劳动所取代，形成了新的资本主义生产关系。英国纺织业的案例说明，技术进步和发明创造带来的新生产工具与生产机器以及由此进一步带来的生产的专业化分工，形成了专门从事某种产业的产业工人，在具体的专业化生产过程中又进一步促进了生产工具的改进、发明和创造，从而最终导致了生产关系的巨大变革。著名经济学家约瑟夫·熊彼特（Joseph A. Schumpeter）在《资本主义、社会主义与民主》（*Capitalism，Socialism and Democracy*）一书中，对马克思理论的评价为：“大多数智力或想象的创作，经过一段时间，短的不过饭后一小时，长的达到一个世纪，就完全湮没无闻了。有些却不，它们遭受了晦蚀，但是又复活了，不是作为文化遗产中不可辨认的成分而复活，而是穿着自己的服装，带着人们看得见、摸得着的自己的瘢痕而复活了。这些创作，很可以称为伟大的创作。在我看来，伟大和生命力是联结在一起的。按这个意思来说，伟大这个词无疑适用于马克思的道理。”

马克思主义经济学研究经济增长问题时，总是倾向于将技术因素和制度因素结合在一起，将制度背景作为前提考察技术进步。马克思主义经济学认为：一定的技术只能在特定的制度背景下才可能发展起来并得到应用。同时，不同的制度将或者促进或者阻碍技术的进步。

三、熊彼特经济学

除了古典经济学、马克思主义经济学之外，著名经济学家约瑟夫·熊彼特在《经济发展理论》（*The Theory of Economic Development*）一书中，对技术进步与经济增长之间的关系也进行了专门的论述。

如果没有技术进步，由于经济中存在边际报酬递减规律，人均经济增长在长期将是不可持续的。阮青在《熊彼特的创新理论》中指出：熊彼特认为创新就是建立一种新的生产函数，把一种从来没有的关于生产要素和生产条件的“新组合”引进生产体系中去，以实现对生产要素或生产条件的“新组合”。“经济发展”就是指整个资本主义社会不断地实现这种“新组合”，或者说资本主义的经济发展就是这种不断创新的结果。具体而言，“创新”“新组合”或“经济发展”包括五种情况：引进新产品；引用新技术，即新的生产方法；开辟新市场；控制原材料的新供应来源；实现企业的新组织。熊彼特还强调，企业家的职能就是实现创新，引进新组合。创新导致了经济增长与发展。

自熊彼特提出创新理论以来，“创新”一词的界定和内涵成为许多学者长期探讨的问题。经济合作与发展组织（OECD）在《技术创新统计手册》中指出：“技术创新包括新产品和新工艺以及产品和工艺的显著变化。如果在市场上实现了创新（产品创新），或者在生产工艺中应用了创新（工艺创新），那么就说创新完成了。因此，创新包括了科学、

① 马克思，恩格斯．马克思恩格斯全集：第 46 卷（下册）．北京：人民出版社，1980：217.

技术、组织、金融和商业的一系列活动。”创新包括制度创新和技术创新。在熊彼特提出的创新的五项内容中，引进新产品，引用新技术，以及控制原材料的新供应来源属于技术创新，而其他两项属于制度创新。

熊彼特的理论强调了创新对经济增长的重要贡献，其中包含制度创新，更包含技术创新。

四、内生增长理论

古典经济学思潮之后的新古典经济学，发展了亚当·斯密关于市场竞争的论述，并将其规范化、理论化、系统化。新古典经济学以阿尔弗雷德·马歇尔（Alfred Marshall）所著的《经济学原理》（*Principles of Economics*）为代表。在新古典经济学中，经济的投入要素不再是古典经济学或马克思主义经济学中的一个投入要素（劳动），而是有多个投入要素。一般说来，假设生产某种产品的产量为 Q，产品产量取决于投入要素，不妨设为资本（K）和劳动（L）。生产函数表示为

$$Q=f(K,L) \tag{2—1}$$

对公式（2—1）求偏导数，得到：

$$\mathrm{d}(Q)=f'(K,L)\times \mathrm{d}K+f'(K,L)\times \mathrm{d}L \tag{2—2}$$

也就是说，产出的增加源于资本和劳动等要素的积累。

近代关于经济增长的理论研究从哈罗德-多马（Harrod-Domar）开始。哈罗德-多马经济增长模型理论建立在约翰·梅纳德·凯恩斯（John Maynard Keynes，1883—1946 年）的国民收入均衡理论的基础上，认为一国的经济增长率与该国的储蓄率成正比，与该国的资本—产出比率成反比。新古典经济增长模型修正了哈罗德-多马模型中关于资本和劳动不可替代及不存在技术进步的假设，如英国经济学家詹姆斯·米德（James E. Meade）的经济增长模型。

哈罗德-多马之后的伟大经济学家罗伯特·索洛（Robert M. Solow）在《经济增长理论：一种解说》(*Growth Theory*：*An Exposition*）中，明确指出了在资本和劳动等投入要素之外，技术进步对经济增长的贡献。侯荣华在《索洛模型中参数确定方法的改进》中对索洛模型进行了详细解说。罗伯特·索洛在生产函数的基础上，把技术进步作为生产投入要素的独立因子分离出来，表述为：

$$P=A(t)\times f(K,L) \tag{2—3}$$

式中，P 为劳动生产的成果即产出量；K 为生产资料（资本）的投入，即生产工具和生产对象，它由固定资本和流动资本中扣除活劳动占用后的剩余部分组成；L 为生产过程中的劳动投入；$f(K,L)$ 为投入要素资本 K 和劳动 L 的函数；$A(t)$为综合技术进步率，即表示某系统在 t 时刻的广义技术进步水平，按照索洛的说法，它是不能用 K、L 来解释产出 P 变化的因素。[①] 索洛模型假定经济中劳动增长率、技术进步率和储蓄率为外生变量，并且得出结论：“当经济达到均衡时，资本和总产出的增长率将等于劳动力增长率与技术进步率之和，人均产出和人均资本存量的增长率都等于知识进步率。”索洛首次用规范的方

① 柳卸林．技术创新经济学．北京：中国经济出版社，1993.

法测度了技术进步在经济增长中的贡献，提出了技术进步是经济增长最主要的推动力。① 索洛用他的模型来分析美国 1909—1949 年的经济增长，通过运用计量经济学的方法扣除资本和劳动力的贡献之后，他得到技术进步对美国这一期间经济增长的贡献为 87.5%。这一发现在经济学理论中正式确立了科学技术在经济增长中的地位，因此在经济理论研究中具有划时代的意义。丹尼尔逊等经济学家对索洛模型进行了进一步的完善和发展。索洛模型的缺陷在于，它假设技术进步是外生的，并认为储蓄率只有水平效应而没有增长效应，长期增长率由技术进步的速率唯一地决定。②

当代经济学家进一步发展了技术进步和经济增长理论，特别是在建模时考虑技术进步的内生性。肯尼思·约瑟夫·阿罗（Kenneth J. Arrow）在其 1962 年发表的一篇文章中指出，可以把技术进步看成是知识和经验积累的结果，即干中学（learning by doing），并指出在何种情况下，产出对劳动是报酬递增的。阿罗的干中学理论是内生经济增长理论的源头，为保罗·罗默（Paul Romer）等人提出专业化报酬递增理论奠定了基础。

罗默对阿罗模型作了重大的修正和扩展，建立了一个完全内生的知识外溢模型。在这个模型中，知识和技术作为一个独立的因素，不仅能形成自身的递增收益，而且能使资本和劳动等要素投入也产生递增收益，从而使整个经济的规模收益递增。这种递增的收益又成为技术进步的资金来源，同时，对知识的不断投资又使其外部效应累积并放大，最终导致了扩散式的增长。③ 罗默在其 1990 年发表的论文中又引入了一个专门生产新技术的研究部门来解释技术进步的内生性来源，从而进一步发展了技术与经济增长的相互关系，将技术内生性问题的原因、逻辑和影响等问题作了更深层次的探讨。④ 内生增长理论所揭示的规模效应、知识积累、人力资本和研发对经济增长的作用有助于在知识经济时代对经济增长进行更准确的分析。

五、演化经济学

演化经济学研究经济组织的内部结构，考察技术进步以及行业和产品的变迁，理解创新发生的过程，以便更好地了解技术进步以及经济增长的演化过程。

20 世纪 90 年代以来，演化经济学理论在有关技术创新的研究领域得到了广泛应用。学者们通过动力系统、演化均衡等诸多数理模型工具对学习、模仿等技术扩散过程，经验的渐进积累过程以及学习模式等问题构建了演化模型，并由此建立了演化经济学角度的技术创新理论和与之相关的经济增长理论。

在古典经济学中，最重要的投入要素是劳动。经济增长在很大程度上取决于劳动生产率的提高。市场规模促进了分工，产生了技术创新，从而提高了劳动生产率，进而促进了经济增长。在马克思主义经济学中，技术和制度不可分割，两者共同作用于生产和经济增长。技术创新能催生制度变革，促进经济增长；而不合宜的制度将阻碍技术创新，从而不

① 苗文龙，万杰．经济运行中的技术进步与选择——基于中国技术发展路径与经济增长、就业关系的实证分析．经济评论，2005（3）．

② 李勇坚．内生增长理论的历史渊源及其现代发展．中国社会科学院院报，2005－03－03．

③ 宋胜洲．经济增长的演化理论．当代财经，1999（10）．

④ 胡怀国．内生增长理论的产生、发展与争论．宁夏社会科学，2003（2）．

利于经济增长。熊彼特经济学对“创新”进行了明确界定和分析，并强调创新在经济增长过程中的重要地位。内生经济增长理论在数学建模中一改将技术作为外生变量的传统做法，将技术内生化，考察内生的技术进步与经济增长之间的相互关系，并进一步考察技术进步的动力、影响因素、效果等。学术界近期兴起的演化经济学从自身特点出发，运用演进及动力系统等方法将技术进步和经济增长从演进的角度进行考察，创造了新视角下的技术创新和经济增长理论。

第二节　技术差距理论

技术差距理论（technological gap theory），又称技术差距模型（technological gap model）。在古典经济学中，主要的生产要素为劳动、资本和土地，而在技术差距理论中，将技术①作为一种生产要素纳入模型中，研究技术创新、发展、模仿对国际贸易的影响。在技术差距理论中，将时间因素引进模型（技术随时间而改变）。技术差距理论经常被看成是对赫克歇尔-俄林（Heckscher-Ohlin）理论的动态扩展。

在经济学家欧文·克拉维斯（Irving B. Kravis）研究的基础上，美国经济学家波斯纳（M. V. Posner）在1961年发表了《国际贸易与技术变化》（International Trade and Technical Change）一文，在文章中他通过讨论工业化国家在技术上的差异来研究国际贸易，创建了技术差距理论。该理论认为，技术实际上是一种生产要素，并且实际的科技水平一直在提高，但是各个国家的科技发展水平不一样，这种技术上的差距可以使技术领先的国家具有技术上的比较优势，从而出口技术密集型产品。随着技术被进口国模仿，这种比较优势将消失，由此引起的贸易也就结束了。

波斯纳认为传统的赫克歇尔-俄林模型存在很多缺点：

（1）随着时间的推移，总有新产品问世。新产品并不总是在所有的国家同时产生，这势必改变国与国之间的比较优势以及贸易结构。

（2）即使没有新产品问世，也会发明新的生产技术和生产流程。这同样可以改变一个国家的比较优势。

（3）技术投资、创新以及生产技术的更新换代在国与国之间的速度不同。

这些都促使波斯纳试图在传统的赫克歇尔-俄林模型的基础上建立一个新的关于技术差距的理论。

波斯纳假设有两个国家：A国和B国。两国的资源禀赋相同，但B国在技术上领先于A国。A国如果要掌握B国的技术，需要一段时间的学习期。假设两国之间关税为零，两国消费者偏好相同，汇率不变，充分就业且交易成本为零。

在波斯纳的模型中，贸易源于创新速度和内容的差异。如果一个国家首先发明了一种技术，那么在其他国家模仿并完全掌握此项技术之前，该国家将在比较优势及贸易上占据

① 还包括管理、人力技能（或称人力资本）、信息等要素。林珏．国际技术贸易．上海：上海财经大学出版社，2006.

优势地位。

波斯纳的模型主要用来解释相似国家在类似行业中的贸易，即使两个国家的资源禀赋完全相同，由于技术差异也会产生贸易（这解释了以往赫克歇尔-俄林模型无法解释的贸易行为），同时，波斯纳在模型中融入了动态比较优势以及动态规模经济的概念。

技术差距理论认为，工业化国家之间的工业品贸易，有很大一部分实际上是以技术差距的存在为基础进行的。该理论通过引入模仿时滞（imitation lag）的概念来解释国家之间发生贸易的可能性。在创新国（innovation country）和模仿国（imitation country）的两国模型中，当创新国的一种新产品成功后，在模仿国掌握这种技术之前，创新国具有技术领先优势，可以向模仿国出口这种技术领先的产品。随着专利权的转让、技术合作、对外投资或国际贸易的发展，创新国的领先技术流传到国外，模仿国开始利用自己的低劳动成本优势，自行生产这种商品并减少进口。创新国逐渐失去了该产品的出口市场，因技术差距而产生的国际贸易量逐渐缩小，最终技术被模仿国掌握，技术差距消失，以技术差距为基础的贸易也随之消失。

波斯纳的理论文章还需要经过实证研究的进一步佐证。

1963 年，戈登·道格拉斯（Gordon Douglas）运用模仿时滞的概念解释了美国电影业的出口模式，即一旦某个国家在给定产品上处于技术领先的优势，该国将在相关产品上继续保持这种优势。1966 年，G. C. 胡佛鲍尔（G. C. Hufbauer）利用模仿时滞的概念解释了合成材料产业的贸易模式，即一个国家在合成材料出口市场的份额，可以用该国的模仿时滞和市场规模来解释。当他按照各国的模仿时滞对国家进行排序时发现，模仿时滞短的国家最先引进新合成材料技术，并开始生产，向模仿时滞长的国家出口，随着技术的传播，模仿时滞长的国家也逐步开始生产这种合成材料，并逐步取代模仿时滞短的国家的出口地位。对技术差距理论的经验研究支持了技术差距论的观点，即技术是解释国家贸易模式的最重要的因素。

波斯纳之后，许多经济学家继续致力于研究技术与贸易之间的关系。其中包括罗纳德·芬德利和格鲁伯特（Ronald Findlay and H. Grubert）的文章《要素密集度、技术进步和贸易条件》(Factor Intensities，Technological Progress，and the Terms of Trade)；罗纳德·琼斯（Ronald W. Jones）于 1965 年发表的《简单一般均衡模型框架》(The Structure of Simple General Equilibrium Models）和 1971 年发表的《三要素模型：理论、贸易和历史》(A Three-Factor Model in Theory，Trade，and History)；以及鲁迪格·多恩布什（Rudiger Dornbusch)、威尔逊（Wilson)、保罗·克鲁格曼（Paul Krugman）等人的研究。其中影响最大的是克鲁格曼于 1990 年出版的《国际贸易新理论》(*Rethinking International Trade*）一书。

克鲁格曼假设有两个国家，生产多种产品，且产品的技术含量不同。发达国家的技术进步拉大了发达国家和发展中国家之间的技术差距，生产高技术产品的国家获得福利，利润率提高，资本向获利高的国家（发达国家）流动。然而，如果考虑技术从发达国家向发展中国家转移之后，一部分得到技术的发展中国家用低成本劳动创造了较高的收益，资本因此开始向发展中国家流动，改善了发展中国家的贸易条件，缩小了与发达国家的差距。发展中国家的技术进步及技术模仿带来的技术差距缩小会缩小发达国家和发展中国家的福利差距。

在贸易实务中，技术差距理论可以解释发达国家之间的贸易：即使两个发达国家在技术开发方面具有相同的能力，所开发出的技术与产品仍会有差异，从而促使国际贸易产生。这一理论同时也可以解释发达国家和发展中国家因技术水平差异引起的贸易。

与前人的研究不同的是，波斯纳、克鲁格曼等经济学家将对技术的研究引入对国际贸易问题的分析中，这是对国际贸易理论研究的重要创新。国家间技术差距与技术变化对国际贸易的影响，已越来越受到国际经济政策制定者的关注。技术差距理论考察了不同国家技术水平的不同层次、各种产品的不同要素密集度，以及在此基础上不同国家的技术和产品特点。技术差距理论从动态分析角度研究了发达国家以及发展中国家的技术进步、发达国家的技术扩散、发展中国家的技术模仿等引发的国家间不同程度、不同形式的技术进步对国家间贸易条件、贸易流量、贸易结构以及福利水平的影响。

第三节 产品生命周期理论

在波斯纳等人对技术差距理论研究的基础上，1966 年雷蒙德·弗农（Raymond Vernon）以《产品周期中的国际投资与国际贸易》（International Investment and International Trade in the Product Cycle）一文奠定了国际产品周期理论的基础。产品生命周期理论是 20 世纪第二次世界大战之后，解释制成品贸易的著名理论。

弗农的产品生命周期理论源于世界各国的技术发展水平不同，并且各国科研能力及人力资本等要素禀赋的充裕程度存在差异。技术领先的国家在开发新产品上具有比较优势，容易开发出新产品并出口至国际市场。随着时间的推移，技术较先进的国家掌握了这种技术，成为新的出口国；技术较落后的国家随后才能掌握这种技术，直到最后才成为该产品的出口国。可见，产品生命周期概念从国内市场扩展到了国际市场，经过这一扩展，产品生命周期理论可以解释国际产业转移现象。

通过产品生命周期理论可以看出，像美国这样的发达国家，技术先进、科研能力强，具有产品创新的比较优势，往往可以研发出新产品。创新型产品的价格往往较高，同时美国消费者的收入相对较高，因此部分新产品可以满足美国本国消费者的需求。但同时，由于美国对新产品的生产技术具有垄断优势，因此在世界市场上美国产品也具有垄断性。在此条件下，美国生产者可以放眼国际市场，根据利润最大化原则在国际市场销售新产品，获取利润。[①]

新产品的利润往往会吸引潜在的模仿者。蕴涵在产品中的技术往往不能长期保有其垄断地位。美国新产品生产者的潜在竞争对手通过各种渠道学习和了解制造新产品所需要的技术，当德国、日本这类技术较发达的国家掌握了新产品的生产技术后，它们就开始着手生产并销售该种产品。技术较发达、拥有充裕工程师和熟练技术工人的国家能以更低的成本生产并在国际市场上销售该种产品，美国在生产该产品上的优势逐渐丧失。

① 唐任伍．国际产品生命周期与企业跨国经营——兼评弗农国际产品生命周期理论．经济管理，2002（23）．

技术不发达的国家（尤其是发展中国家）人力资本稀缺，人均收入相对较低，在新产品最初投放至市场时，不具备生产该产品的能力和消费能力。随着时间的推移，新产品越来越普及，价格随着规模的扩大逐渐下降，新技术的领先程度和模仿、学习难度逐渐降低，特别是当技术已固化在产品生产流程中时，技术不发达国家逐渐具备了生产该种产品的能力。拥有众多劳动力的国家往往能利用自身优势，一旦克服了产品生产中的技术难关，往往能以较低价格生产出该产品。在这种情况下，技术领先国家以及技术较发达国家不再具备生产该产品的比较优势，技术领先国家可充分利用自身的比较优势研发其他新产品，在其他新产品中再次获得比较优势。新开发出的产品也会依次经过技术领先国家的垄断、技术比较发达国家的模仿，到技术不发达国家的生产这些环节。

因此，产品生命周期理论认为，由于技术的创新和扩散，制成品和生物一样，也具有一个生命周期。制成品的生命周期大致可以划分为 5 个阶段：(1) 引入期（introduction）；(2) 成长期（expansion）；(3) 成熟期（maturity）；(4) 销售下降期（sales decline）；(5) 衰亡期（demise）。在产品生命周期的不同阶段，各国在国际贸易中的地位是不同的。

图 2—1 以电视机的生产为例说明了产品生命周期理论。电视机首先在美国被研制出来（美国具有科研创新的比较优势），经过一段时间的生产后，美国具备了出口能力，从 t_1 这一时间开始出口，对应着图中的第一阶段。此时，美国作为出口国，而进口国主要是德国等人均收入水平相对较高的发达国家。德国的技术水平比美国稍落后，在美国开始出口后，德国率先从美国进口电视机，国际贸易由于两国技术水平的差异而发生。中国的技术水平更落后，且人均收入水平较低，在电视机最初研制出口时不具备进口电视机的消费能力，因此在更晚的时间才可能产生对电视机的需求，并从美国进口电视机。随着时间的推移，德国国内企业掌握了电视机生产技术，开始生产这种产品，于是德国从美国的电视机进口量开始减少，部分电视机需求由国内生产的电视机来满足。当时间发展到 t_2 时，德国国内企业已经具备了电视机出口能力，德国是资本及熟练劳动力充裕的国家，虽然德国在研发创新方面不及美国，但通过学习和模仿，德国逐渐具备了生产电视机的比较优势，从电视机的进口国转变为出口国。与此同时，美国电视机产业已经不再是新兴产业，利润和比较优势逐渐丧失，部分企业可能退出该产业，去开发新的产品。美国电视机产业开始萎缩，电视机出口量开始减少。而此时中国国内对电视机的需求不断扩大，并且国内尚未掌握生产技术，国内需求完全靠进口来满足。这是国际市场产品生命周期的第一阶段。

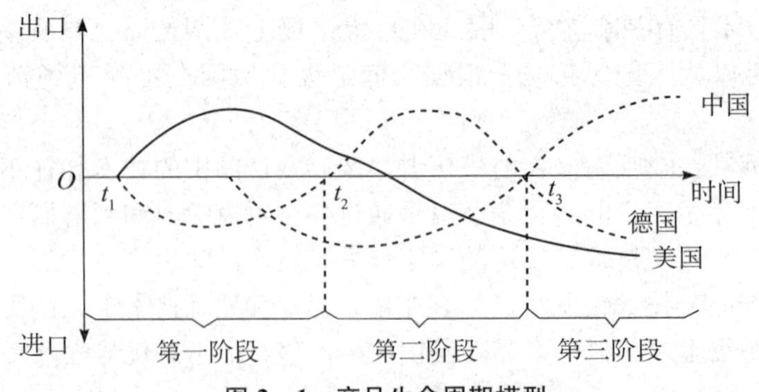

图 2—1　产品生命周期模型

在第二阶段，随着美国国内电视机产业的萎缩，资源转向了其他更新的产品的研究和生产，美国国内电视机的产量已经不能满足国内的需求，成为电视机的进口国。这时，德国后来居上，开始向世界其他国家出口电视机。也就是说，电视机产业生产的主力军已经从美国转移到了德国。在这一阶段，中国国内也掌握了电视机生产技术，开始自己生产，于是中国的电视机进口量逐渐减少。中国是一个非熟练劳动力充裕的国家，当电视机的生产技术不再是秘密，电视机的生产已经可以用固化的流水线来实现时，中国就具备了生产电视机的比较优势。随着中国的电视机产量不断增加，中国购买的从德国进口的电视机数量开始减少。这时德国也面临着与第一阶段中美国相似的情形：电视机产业开始萎缩，新的产业开始取代电视机产业。当时间发展到 t_3 时，德国不再出口电视机，中国成为电视机的出口国。也就是说，电视机生产产业已经从美国和德国转移到了中国。1987 年，中国电视机产量已达1 934万台，首次超过日本，成为世界上最大的电视机生产国。

在第三阶段，只有中国在出口电视机，美国和德国都成为电视机的进口国。但中国的出口不会持续增加，中国所面临的情况与前两个阶段中美国和德国的情况是一样的。随着技术进步，中国电视机的出口量也会减少。当电视机这个产业被其他新技术产业取代后，国家间的电视机贸易也就停止了，因为各国对电视机都不再有需求。此时，电视机这种产品的生命周期也就结束了。

产品生命周期理论是一种动态经济理论，能够在一定程度上揭示不同发展水平国家间的梯度分工格局。

弗农从国际产品生命周期中总结出国际贸易的经验模式。他认为，在发明创新上占有优势的国家或厂商，可以在新产品创新后的一段时期内，在贸易中占有优势，并成为这种产品的出口国。但在新产品进入国际市场若干时间后，会被仿制。由于模仿国具有廉价的劳动力要素以及相对丰富的资源，贸易的比较优势就会从创新国转移到模仿国，创新国的优势消失，并由出口国变为进口国。

弗农试图以此来解释和说明国际贸易和对外直接投资两种形式。而该理论则假定了两个基本条件：一是信息的跨国界流动是受限制的；二是在产品生命周期的各阶段，生产和营销特征的变化是可以确定的。

产品生命周期理论不仅可以分析制成品的贸易流向，也可以分析国际原料贸易，即原料贸易周期理论。① 自然资源、原材料禀赋充裕的国家（其中很多是发展中国家）具备生产原料的优势并出口到其他国家。发达国家具备生产合成原料的比较优势，在某些自然原料和合成原料可以替代的领域，发达国家利用自身的高科技优势，在合成原料领域成为生产和出口的主力军，部分取代以生产自然原料为主的国家的出口地位。②

产品生命周期模型不仅考察了产品生产及出口国随时间改变的规律，同时考察了技术在国家之间转移、扩散的过程。产品生命周期模型将国家的资源禀赋特点、产品的要素密集性特点以及技术在国家之间转移、扩散的过程结合起来，在解释现实国际制成品贸易和原材料贸易随时间的变化特点方面具有非常强的说服力。

---

① 参见马吉（S. P. Magee）和罗宾斯（N. T. Robins）的研究。

② 唐海燕．现代国际贸易的理论与政策．汕头：汕头大学出版社，1994.

第四节　发展中国家技术选择理论

当今世界，一国的技术水平、技术发展和创新能力对国家经济发展起到越来越关键的作用。发展中国家为了发展本国经济，增强国力，除了依靠自力更生开发、创新技术外，引进技术也是提高发展中国家技术水平的一个有效途径。

经济学研究重视区分流量和存量。一个国家的“技术能力”是一种存量，它是时间积累的结果。[①] 技术能力包含两方面的内容：一是有形的技术能力，表现为创新主体技术存量水平的增加；二是隐含的技术能力，表现为创新主体的成员所拥有的知识、技术技能以及组织经验等。

根据产品生命周期理论，不同国家在产品生命周期的不同阶段分别拥有比较优势。发展中国家通过引进、学习和吸收他国技术，可以提高自身技术能力，从而在国际分工和国际贸易中占有更有利的地位。

究竟什么样的技术是发展中国家最应该引进和吸收的？在此问题上存在两种比较成熟的理论。

一、中间技术论

这种观点的代表人物是舒马赫（E. F. Schumacher，1911—1977 年）。舒马赫不仅是知名的经济学者和企业家，还曾出任英国驻德管制委员会的经济顾问、英国国家煤炭局的局长以及斯科特·巴德公司的总裁。他于 1973 年出版了一系列题为《小的是美好的》（*Small Is Beautiful*）的著作。该书在 1973 年刚一推出便以其切中时弊和颇具争议的观点激起了读者的热烈反响，在 1973—1979 年的 6 年间再版 12 次，影响广泛。[②]

舒马赫批判了西方现代社会的产业观、技术观和商品消费观。他指出：“我们需要有一种可供选择的另外一种分析的标准，这种标准不应当建立在消耗能源的基础上，也不应当建立在越大越好的基础上。”因此提出了“小的是美好的”这一观点。[③]

对于发展中国家的技术选择战略，舒马赫认为，根据发展中国家资本禀赋和技术禀赋不充裕，而劳动力禀赋充裕的特点，发展中国家不应该引进发达国家那些资本密集型或技术密集型的技术，而应该引进那些“中间技术”。所谓中间技术，是指介于先进技术和传统技术之间的技术，大多是指劳动密集型技术。这种技术吸纳的非熟练劳动力较多，且不需要大量的技术工人和工程师，通常不需要复杂、高效的管理技术和精密设备。

舒马赫的“中间技术论”为第二次世界大战后发展中国家引进技术提供了可供借鉴的原则和标准。第二次世界大战后，很多发展中国家为了缩小与发达国家的经济发展和技术差距，纷纷采取“赶超战略”。为了追赶发达国家，这些发展中国家纷纷效仿、引进发达国家的某些先进程度高于本国的既成技术。在林钰编著的《国际技术贸易》一书中，作者

---

① 李平．论国际贸易与技术创新的关系．世界经济研究，2002（5）．

② 岳占仁．多小才算美．IT 经理世界，2007（3）．

③ 钱宁．以内源发展的观点看待农村社区能力建设——新农村建设中少数民族社区发展思考．中国农村发展网（www.jihe.org.cn），2007－09－27．

认为，发展中国家受“中间技术论”影响，对发达国家的技术实行“拿来主义”，这一策略存在如下缺点：

（1）外来引进的技术通常比本国技术的资本劳动比高，因此，外来引进的技术或多或少会降低本国劳动力的就业机会。

（2）实行“拿来主义”所引进的技术往往是单一的，很难系统地引进整个相关配套行业。比如，发展中国家可以从发达国家引进钢铁冶炼技术，但与钢铁冶炼相配套的其他上游、下游企业的技术还停留在本土水平。行业技术水平不配套，引进的技术“孤掌难鸣”，难以发挥应有的作用。

（3）引进技术的“本土化”问题。先进的技术如果不能被当地充分消化和吸收，技术的正外部性效果将大打折扣。

（4）购买技术需要资金和外汇投入。

在实践中，人为限定一个“中间技术”以及赶超发达国家的技术往往难以收到预期效果，甚至有学者认为，发展中国家引进“中间技术”往往会适得其反，进一步拉大了与发达国家之间的技术差距。因此，引进的技术只有“适合”发展中国家的情况才能对发展中国家有利，而不能一味地追求引进发达国家的某种技术。在此思维方式的影响下，有学者提出了“适用技术论”。

二、适用技术论

适用技术论（appropriate technologies）的核心思想与达尔文的进化论有类似之处。在生物进化中，只有适应环境的物种才能生存下来，而不是某种准则下“最强”的物种，即所谓的适者生存原理。类似地，国家在引进技术时，并不是越先进的技术越好，而是适合发展中国家的技术才是好的。

埃金森和斯蒂格利茨（Anthony B. Atkinson and Joseph E. Stiglitz）在《技术变化的一种新观点》（A New View of Technological Change）一文中，将“干中学”和本土化特点因素结合在一起进行了考察。正式提出适用技术论的是印度经济学家雷迪（Amulya K. N. Reddy）。他认为，只有当发展中国家引进的技术与本土生产要素和技术状态、市场规模、社会文化等因素最适应时，才能最大限度地发挥引进技术的效果和外部性。①

发展中国家不能盲目迷信高新技术，不顾自身特点进行技术赶超。林毅夫（2003）将发展战略大致分为两大类：（1）违背比较优势的发展战略，该战略试图鼓励企业在选择其产业和技术时，忽视现有的比较优势；（2）遵循比较优势的发展战略，该战略创造了必要的制度条件来引导企业按照经济中的现有比较优势选择产业和技术。

林毅夫认为，实行赶超战略的发展中国家的企业没有自生能力，只有真正符合发展中国家比较优势的技术，才能为发展中国家的经济发展作出有效贡献。

雷迪和林毅夫等人的观点为发展中国家的技术选择战略提供了很好的建议。发展中国家不能盲目相信发达国家的高技术，不顾发展中国家的现实情况，仅凭借热情进行技术引进和赶超。经济发展和技术引进必须立足自身情况，选择最适合自身特点的技术。

① 巴苏和威尔（Susanto Basu and David N. Weil）在《适用技术和增长》（Appropriate Technology and Growth）一文中，进一步发展了适用技术论。

第五节 要素密集型变化理论

一、要素密集度与赫克歇尔-俄林模型

要素密集度指生产某种产品所投入的两种生产要素的比率，是一个相对概念，与生产要素的绝对投入量无关。

比如，生产一单位飞机需要 1 000 单位劳动、2 000 单位资本，而生产一单位电视机需要 500 单位劳动、500 单位资本。

下面计算飞机和电视机生产中的资本劳动比，飞机为 2（=2 000/1 000），而电视机为 1（=500/500）。因为 2>1，在这种情况下，就称飞机为资本密集型产品，电视机为劳动密集型产品。这里需要注意的是：

（1）要素密集度是一个相对概念，而不是绝对概念。从飞机和电视机生产的实例可以看出，生产一单位飞机所需要的资本投入量和劳动投入量均高于电视机。但比较飞机和电视机的要素密集度时，要考虑两种产品的资本劳动比，而不是仅比较生产一单位飞机和电视机分别需要投入的资本和劳动的绝对数量。

（2）要素密集度是产品之间的一个相对概念。和飞机相比，电视机是劳动密集型产品。但相对于经济中的其他产品而言，该结论未必成立。也就是说，只能说电视机相对于飞机而言是一种劳动密集型产品。假设生产一单位大米需要 10 单位劳动、2 单位资本，那么大米生产中的资本劳动比为 0.2（=2/10）。而飞机和电视机的资本劳动比分别为 2 和 1。因为 2>1>0.2，所以相对于电视机或大米而言，飞机的生产是资本密集型的。相对于飞机而言，电视机的生产是劳动密集型的；而相对于大米而言，电视机的生产是资本密集型的。相对于飞机或电视机而言，大米的生产是劳动密集型的。经济中还有很多其他的产品，比如火箭。假设生产一单位火箭需要2 000单位劳动、20 000 单位资本，则火箭生产的资本劳动比为 10（=20 000/2 000）。因此相对于火箭生产而言，飞机的生产为劳动密集型的。

总之，要素密集度是一个相对概念，这不仅体现在产品要素密集度的计算过程中，也体现在确定一种产品属于何种要素密集型产品时。

与要素密集度相关的一个概念是一国的要素禀赋。

假设美国拥有 40 单位劳动、100 单位资本；日本拥有 10 单位劳动、20 单位资本。计算两国的资本劳动比。美国为 2.5（=100/40），日本为 2（=20/10）。因此美国为资本充裕的国家，日本为劳动充裕的国家。

国家资源禀赋的计算也是一个相对的概念。虽然日本的劳动力绝对数量小于美国，但美国的资本劳动比大于日本。因此，相对于美国，日本是劳动禀赋充裕的国家。假设新加坡全国拥有 1 单位劳动、1 单位资本，则新加坡的资本劳动比为 1（=1/1）。与美国相比，日本是劳动禀赋充裕的国家；与新加坡相比，日本则是资本禀赋充裕的国家。

在确定了两国要素禀赋的相对充裕程度以及两种产品的要素密集度后，可以得到著名的赫克歇尔-俄林模型。

二、里昂惕夫之谜与要素密集度逆转

美国资本拥有量相对丰富，按照赫克歇尔-俄林理论，它应该是资本密集型产品的出口国和劳动密集型产品的进口国。

战后，美国经济学家里昂惕夫根据赫克歇尔-俄林贸易理论，用他所创立的投入产出分析方法，对美国的进出口商品结构进行了验证，结果却得出了与赫克歇尔-俄林理论完全相反的结论，在西方引起了轰动，被称为“里昂惕夫之谜”。

按照赫克歇尔-俄林理论，美国应该出口资本密集型产品，进口劳动密集型产品。但实际验证的结果却正好与此相反，美国出口的是劳动密集型产品而进口的则是资本密集型产品。到底是谁错了呢？看来两者都没有错。这就成为一个不解之谜。为了揭开这一“谜底”，西方经济学家对此进行了广泛的研究，提出了各种不同的解释，其中之一即要素密集度逆转。要素密集度逆转是对里昂惕夫之谜的一种解释，其他的解释还包括人力资本说、需求偏好相似说、产业内贸易说等。

所谓要素密集度逆转，是指一种给定商品在劳动充裕的国家是劳动密集型产品，在资本充裕的国家是资本密集型产品。一旦发生要素密集度颠倒，则要素均等化定理便不再成立，因此，赫克歇尔-俄林理论也不再成立。

由于美国作为最发达国家与其他国家的要素相对价格存在较大差别，有可能出现在美国为资本密集型的产品在其他国家为劳动密集型产品的现象。因为里昂惕夫是根据美国的技术条件来测算进口商品在其他国家生产时的要素密度，因此可能会出现问题。

三、要素密集型变化理论

科技进步会使产品的要素密集度发生变化；即使在同一时期，一种商品在不同国家的要素密集度也会不同。

以电视机的生产为例，当电视机首先在美国发明出来的时候，属于创新阶段。在这一阶段，电视机属于高科技产品，其生产成本主要集中于研发和科研成本，因此电视机在创新阶段属于研发及高新科技密集型产品。像美国这种科研禀赋相对充裕的国家具有生产研发及高新科技密集型产品的比较优势。

随着时间的推移和技术的完善，电视机的生产技术通过各种渠道扩散开来。在技术扩散阶段，研发和技术专利本身不再具有决定作用，电视机的生产逐渐标准化，在其生产过程中主要消耗的是资本和熟练劳动。这个阶段的电视机就从研发及高新科技密集型产品转变为资本及熟练劳动密集型产品。德国、日本这类资本及熟练劳动禀赋相对充裕的国家，就拥有生产此阶段产品的比较优势。

在电视机行业的进一步发展中，电视机生产技术成为公开的知识，技术本身不再具有商业价值，技术沉淀在可购买的产品中，产品的生产主要使用非熟练劳动。电视机的生产进入技术停滞阶段。在这个阶段，像中国这样非熟练劳动禀赋相对充裕的国家，就具有生产非熟练劳动密集型产品的比较优势。

在实际经济中，电视机的生产和出口也的确符合这个规律。20 世纪 60 年代，美国是世界上最早生产并出口电视机的国家，后来日本和德国逐渐掌握了电视机生产技术并使之标准化，在 80 年代成为电视机的主要生产国和出口国。目前我国是电视机的生产和出口大国。

科技进步使产品的要素密集度发生了变化，随着时间的推移，原本不具有生产该产品比较优势的国家转而开始成为该产品的生产和出口大国，而一些原本的生产强国在该产品的生产中不再具有比较优势。

即使在同一时期，一种商品在不同国家的要素密集度也会不同。

以农业为例，在中国、印度这些劳动禀赋充裕的国家，农业大都是劳动密集型行业。而在美国这样的发达国家，农业往往是资本密集型行业。同样是农业，在不同要素禀赋的国家，其生产技术也不同，这主要是源于不同国家要素价格的差异。其结果就是同一产业在不同国家呈现出不同的要素密集度。

产业结构升级集中体现在投入的生产要素密集度的变化上。在现代经济增长理论中，土地及其他自然资源、非熟练劳动均被视为外生性生产要素，物质资本、科学技术、人力资本以及制度等被看作内生性生产要素。产业结构演进的一般路径是：从劳动密集型产业转向资本密集型产业，再向以技术知识密集型为主导的产业发展。显然，这种演进过程主要受到内生性要素积累状况的制约。①

第六节　技术效用与博弈分析

技术进步往往会带来外部性（externality）。所谓外部性，是指有些经济体的社会效应和企业效应之间存在差别，其结果无法在一个企业内部表现出来。如建设一座化工厂，从企业的角度看可能有较高的经济效益，但从社会效果来看，就会污染环境，损害生态（负外部性）；一个居民在自己的阳台上种植鲜花，不仅可以给自身带来愉悦，从社会效果来看，还可以给邻居和路过的人带来收益（正外部性）。

在生产和消费过程中，技术本身往往通过要素的移动渗漏出来，形成外部性，即所谓的技术外溢（technology spillover）。而技术外溢往往在产业集群（industrial cluster）的状态下产生。

一、技术溢出理论

现代经济学大师阿尔弗雷德·马歇尔在《经济学原理》一书中提出的内部经济与外部经济的分类是外部性概念的雏形，他还提出了产业集群现象。阿尔弗雷德·韦伯（Alfred Weber）认为，产业集群现象的产生源于相同产业内不同企业聚集在一起可以增加信息技术交流，有利于劳动力的组织以及形成一定的市场规模。罗纳德·科斯（Ronald H. Coase）在其经典文章《企业的性质》（The Nature of the Firm）中提出的交易成本（transaction costs）和产权（property rights），从交易费用的角度解释了产业集群现象的原因。保罗·克鲁格曼在新经济地理学（new economic geography）中，以不完全竞争和规模经济为模型假设前提，对产业集群现象进行了规范的经济学模型分析。

通常说来，技术外溢带来的是正外部性。技术外溢使发展中国家获得所需的技术，能提高劳动生产率。但技术外溢也可能带来负外部性。如信息技术的扩散和溢出在提高高新

① 江波．服务产业发展对经济增长方式转变的促进作用．光明日报，2007－08－24.

产业产值的同时，也带来了传统产业的萎缩和结构性失业。

二、技术定价和博弈分析

从20世纪70年代开始，博弈分析方法越来越多地被人们所使用。博弈论（game theory）以其独特的分析方法和强有力的现实解释力，不仅在经济领域而且在社会其他领域起着越来越重要的作用。1994年冯·诺伊曼和摩根斯顿（John von Neumann and Oskar Morgenstern）合著的《博弈论与经济行为》（*A Theory of Games and Economic Behavior*）奠定了博弈论的理论基础。著名经济学家、诺贝尔经济学奖得主约翰·纳什（John Forbes Nash）是一位博弈论大师，他是一名拥有传奇经历的数学家。博弈论又称对策论，是一种处于各学科之间的研究人类行为的独特方法。简单地说，博弈论是研究决策主体在给定信息结构下如何决策，以最大化自己的效用，以及达到不同决策主体之间决策的均衡。博弈论由三个基本要素组成：一是决策主体（player）；二是策略集；三是效用（utility）。三者构成了一个基本的博弈。

在对国际技术许可费的定量研究中，博弈论方法被证明是有效的。博弈论方法可以对不同市场结构下国际技术许可费的收费方式（如固定收费、提成收费等；拍卖和定价两种定价方式）进行模型分析，它为国际技术许可费的定量、模型化研究提供了一种全新的、有效的思路和方法。

专栏2—1

熊彼特简介

熊彼特，美籍奥地利人，是20世纪最受推崇的经济学家之一，他在经济学史上的卓越成就可以与亚当·斯密、马歇尔、凯恩斯等宗师相提并论。他并没有局限于经济学领域的研究，对社会学、历史学、财政学、民族学和文化史等均有广泛的涉猎，其知识之渊博，在近代经济学家中首屈一指。

1883年，熊彼特出生于奥匈帝国摩拉维亚省特里希镇的一个纺织品制造业者家庭。1901年，其作为优等生从贵族子弟学校毕业，进入维也纳大学。1906年从维也纳大学毕业，取得法学博士学位。

熊彼特1939年发表的《经济周期》和1942年发表的《资本主义、社会主义与民主》，都是不朽的传世之作。他的卓越贡献还包括他对经济史的研究，其著作《经济分析史》内容丰富、体系庞大，是熊彼特所有著作中最受西方经济学界赞誉的巨著，迄今为止，还没有类似著作可与之匹敌。

1937—1947年，他担任经济计量学会会长；1948—1949年，任美国经济学会会长；1949年，当代西方经济学界筹设国际经济学会，曾一致推举熊彼特担任第一任会长。

熊彼特的理论是经济学界的重要遗产，他首先提出了创新学说。他不但是知识经济的先驱者，其思想更是20世纪的主流思潮，到今天仍影响着人们。

资料来源：施建生．伟大的经济学家熊彼特．北京：中信出版社，2006.

专栏 2—2

罗伯特·索洛简介

罗伯特·索洛，1924 年 8 月出生于美国纽约的布鲁克林。1947 年毕业于哈佛大学，1949 年获哈佛大学硕士学位，1951 年获博士学位。1950 年起在麻省理工学院任教，1955 年起任教授。1961 年任经济计量学会会长，1980 年任美国经济学会会长。在肯尼迪总统任期内，任白宫首席经济顾问；在约翰逊总统任期内，任收入委员会主席。作为一名经济学家，索洛的研究成果主要集中在资本理论和经济增长理论上。1987 年，由于在研究经济增长与福利增加因素方面所作出的特殊贡献，索洛被瑞典皇家学院授予诺贝尔经济学奖。

索洛的主要著作有：《技术变化与总生产函数》（1957）、《经济增长理论：一种解说》（1969）、《线性规划与经济分析》（合著，1958）、《美国失业的性质与原因》（1964）、《增长理论评注》（1969）等。

资料来源：历届诺贝尔经济学奖得主简介——罗伯特·索洛．货币金融评论，2007（5）．

专栏 2—3

约翰·纳什简介

约翰·纳什于 1928 年出生在美国西弗吉尼亚州工业城布鲁菲尔德的一个富裕家庭。他的父亲是受过良好教育的电子工程师，母亲则是拉丁语教师。纳什从小性格就很孤僻，他宁愿钻在书堆里，也不愿出去和同龄的孩子玩耍。

纳什 21 岁博士毕业。1958 年，纳什因其在数学领域的优异工作，被美国《财富》杂志评为新一代天才数学家中最杰出的人物。

纳什最重要的理论就是现在广泛出现在经济学教科书中的“纳什均衡”。而“纳什均衡”最著名的一个例子就是“囚徒困境”。

纳什曾陷入精神分裂症的病痛，他曾至少三次被送进精神病院，在妻子及朋友的关怀下，他逐渐走出了疾病的梦魇。

1994 年，约翰·纳什获诺贝尔经济学奖。

资料来源：http://zhidao.baidu.com/question/1174702.html？fr=qrl3.

本章小结

本章介绍了技术进步与经济增长之间的关系。古典经济学和马克思主义经济学都将技术作为外生变量，内生增长模型将技术作为内生变量引入模型中，考察了技术进步和经济增长的相互作用，为理解技术在经济增长中的作用提供了有效的理论支持。技术差距理论考察了技术发明国和技术模仿国在收入、经济增长和福利方面的相互影响原理。将技术差距理论应用于生产和国际贸易领域，则产生了产品生命周期理论，产品生命周期理论能有效地解释当代国际贸易中某种新产品研究出来后，不同国家先后拥有生产该种产品比较优势的原因。发展中国家技术选择理论指出，发展中国家不能盲目追求发达国家的高新技术，而应该选择最适合自身特点的技术。要素密集型变化理论在解释里昂惕夫之谜的同时，考察了国家动态比较优势以及相同产品在不同要素充裕度国家内的不同生产技术特点。博弈分析的方法越来越广泛地应用于对技术许可费的定价领域。

本章关键术语

工业革命	信息技术革命	古典经济学	分工
劳动生产率	技术因素	制度因素	生产关系
创新	内生性	知识外溢	演化经济学
创新国	模仿国	时滞	产品生命周期
制成品贸易	原料贸易	中间技术论	拿来主义
本土化	赶超战略	适用技术论	自生能力
要素密集度	里昂惕夫之谜	要素密集度逆转	技术外溢
产业集群	博弈论		

本章思考题

1. 在技术进步与经济增长模型中，怎样将技术进步作为内生变量置于经济增长模型中？

2. 要素密集型变化理论对国际技术贸易的解释与传统的资源禀赋理论有哪些联系和区别？

本章练习题

1. 内生增长理论的主要贡献者及其观点包含哪些？

2. 波斯纳技术差距理论的主要内容有哪些？

3. 以电视机的生产、消费、出口为例，说明产品生命周期理论在解释国际贸易中的作用。

4. 发展中国家怎样才能选择最适合自身的国际技术？

5. 定量度量技术外部性有哪些难点？

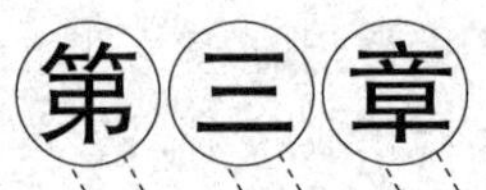

第三章 国际技术贸易的内容

学习目标

- 掌握专利、商标及专有技术的概念及特征；
- 了解专利与专有技术的联系与区别；
- 熟悉取得专利权、商标权的条件，以及专利、商标权的保护措施；
- 了解专有技术在国际贸易中的保护途径；
- 掌握知识产权的概念及其国际保护；
- 了解知识产权保护的国际公约和国际组织。

第一节 专利

一、专利及专利权的概念

专利（patent）通常指专利权，是指政府主管当局根据发明人的申请，经审核认定其发明符合法律规定的条件，而在一定期限内授予发明人的一种法定权益，即在法律规定的有效期内，专利所有人对其发明依法享有的制造、使用和销售的权利。

可见，一项技术成果经向国家有关部门申请、审查批准后，该项技术成果本身称为专利或专利技术，受到国家专利法保护；该专利技术的发明者获得一种法律上的地位，即获得对该专利技术的专利权；取得专利权的人称为专利权人（patentee），专利权人享有在一定期限内使用、制造、销售该专利技术或专利产品的权利。任何其他人要想实施其专利技术，都必须事先征得专利权人同意许可，并要支付一定的报酬。如果未经专利权人同意擅自使用其专利，就构成专利侵权行为，专利权人可向有关当局提出诉讼，要求制止其行为，并可请求赔偿损失和追究侵权人的法律责任。

二、专利的种类

1. 发明专利

发明（invention）是对一种技术问题的新解决方案，是人类在认识和掌握自然规律基础上的革新或创造，具有实用性和新颖性。发明有产品发明和方法发明两种表现形态。

产品发明可以是创造出来的一个全新的产品，也可以是一个产品的某一部件或组成部分。

方法发明主要指生产、操作应用上的发明，如新制造方法、测试方法、使用方法等。

2. 实用新型专利

实用新型（utility model）指对产品的形状、构造或两者的结合所提出的实用的新技术方案。实用新型必须是一种具有物理形状的、具体的产品，如仪器、设备、日用品等。虽然实用新型的创造性低于发明，但经济效益不一定低于发明。

3. 外观设计专利

外观设计（design）是指对产品的形状、图案、色彩或其结合所作出的富有美感并能在工业中加以应用的新设计。外观设计只涉及产品的外表，不涉及产品的制造和设计技术。

三、专利权的特征

专利权是一种具有财产性质的权利，是受到专利法保护的一种工业产权。从法律上讲，专利权具有以下四方面的特征：

1. 专有性

专有性也称独占性或排他性，是指同一发明在一定的地域范围内，其专利权只能授予一个发明者，作出同一发明的其他人不能获得同一发明内容的专利权。专利权人有权自己占有和使用其专利发明，也有权将其转让给他人，或将其使用权授予他人使用，从中收取使用费。除了专利权人外，其他任何人要想使用其专利，必须征得专利权人同意，否则属于侵权行为。

2. 地域性

专利权是一种有地域范围限制的权利。除了某些情况下依据保护知识产权国际公约，以及有些国家承认另一国批准的专利权有效外，通常技术发明在哪个国家申请专利，就由哪国授予专利权，而且只在专利授予国的范围内有效，对其他国家没有法律约束力。换句话说，任何国家都没有保护外国专利权的义务。因此，在一国已取得专利权的发明人，要想在其他国家维护其专利权，就必须再向有关国家提出申请，只有经过有关国家政府主管部门审查批准后，才能在其境内得到该国的法律保护。

3. 时间性

时间性是指各国专利法都规定有专利保护的期限，在法定期限届满后，专利权人所享有的独占权自动丧失，一般不能续展，此时其专利技术便成为社会的公共财富。目前，世界各国的专利法对专利的保护期限一般为10～20年，中国的专利法对发明专利的保护期限规定为20年，对实用新型专利和外观设计专利的保护期限规定为10年。另外，专利的保护期限是以专利权人履行交费义务为前提的。如果专利权人没有按规定履行交费义务，即使在法律规定的专利保护期限届满前，他也丧失了其专利权。

4. 实施性

对发明者所得到的专利权，大多数国家都要求专利权人在给予保护的国家内实施其专利，即利用其专利技术制造产品或转让其专利，让专利技术尽早产生经济效益和社会效益，实现其价值。

四、授予专利权的条件

专利权是受到专利法保护的一种工业产权，但并不是任何一项技术发明都能成为工业产权。一项技术发明要想获得专利权，除了必须按照一定的程序提出申请外，最主要的是该项技术发明必须具有新颖性、创造性和实用性。

1. 新颖性

新颖性是指一项发明在申请人提出申请前，没有同样的发明在国内外以任何形式公开发表或公开使用过。简言之，该项发明是一项新的发明。

2. 创造性

创造性又称先进性，是指申请专利的发明和实用新型与已有技术相比，其技术水平有显著的进步和独到之处。比如克服了现有技术的某些缺陷和不足，降低了能耗或提高了劳动生产率等等。

3. 实用性

实用性是指该项发明必须能够实施，应用于生产实际，并且能够产生积极的效果。

可见，一项技术发明在提出申请专利权时，经过有关部门审核后，符合上述三项条件，并且经公示后无人提出异议的，即授予专利权。

五、不授予专利的发明创造

为促进社会经济的发展，维护良好的社会秩序和公共道德，各国都对一些阻碍社会进步、有损社会公德的发明制造不授予专利。目前，世界上大多数国家都不对以下发明授予专利：

（1）科学发现，如不具有应用于工业的纯科学原理和理论；

（2）智力活动的规则与方法；

（3）疾病的诊断与治疗方法；

（4）化学物质；

（5）食品与药品；

（6）动植物品种；

（7）其他，如用原子核变换方法获得的物质。

第二节 商标

一、商标的概念及作用

商标（trade mark）是指生产者或经营者用以标明自己所生产或经营的商品与其他人

生产或经营的同类商品有所区别的标记。这种标志可以由文字、数字、字母、图形、颜色等组成，也可以是几种形式结合在一起组成。

商标是商品市场的产物，在现代经济生活中，它具有以下作用：(1) 商标是消费者识别商品的标志。商标可以区分商品的生产者、经营者、服务者、进货来源及产品质量，消费者可以通过商标来辨别商品的产地、经营者或生产者，以便消费者精心选购其心目中的名牌产品或有良好信誉的产品。(2) 商标是商品质量和服务质量的保证，有些著名的商标是以长期保持高质量和提供良好的售后服务而赢得的。(3) 商标是宣传商品和促进销售的重要手段。

二、商标的种类

商标的种类很多，归纳起来，可以划分为制造商标、销售商标和服务商标三种类别。

1. 制造商标

制造商标也称商品商标，是生产者贴在其生产的产品上的商标，用以区别其他生产者生产的同类产品或类似产品。如“联想”电脑、“丰田”汽车等。

2. 销售商标

销售商标也称商业商标，是经销商在其经销的商品上使用的商标，表明其销售的商品是经过认真监制或精心挑选的，经销商对其销售的商品负责。具有销售商标的一般是大型零售企业或连锁店，这样可以树立企业形象和进行广告宣传。如“家乐福”超市、“宜家”家居等。

3. 服务商标

服务商标是服务性行业对其提供的服务所使用的一种标志，常见于银行、保险、运输、旅游、通信等行业。如中国民航使用的“CAAC”商标，中国人民保险公司使用的“PICC”商标。

三、商标权及其内容

商标要想取得法律保护，必须向有关工商管理部门进行登记注册，并取得商标的专用权。商标权是商标的使用者向主管部门申请，经主管部门核准所授予的商标专用权，受各国商标法的保护。商标权是重要的工业产权之一，经注册核准的商标是商标所有人的财产。商标权是一个集合概念，它包含以下四方面内容：

1. 使用权

即只有商标注册人才是该注册商标的合法使用者。

2. 禁止权

即商标所有人有权向有关部门提起诉讼，请求停止他人的侵权行为，同时可要求侵权人赔偿其经济损失，严重的还可以追究侵权人的刑事责任。

3. 转让权

即商标所有人可以放弃对已注册商标拥有的一切权利，将商标及商标权以有偿或无偿的方式转让给他人。转让注册商标必须符合商标法的有关规定。首先，商标注册人对其在同一种或类似商品上注册的相同或近似的商标，必须一并办理转让注册，以防止发生商品出处混淆；其次，注册商标所有人如果已许可他人使用其注册商标，必须征得被许可人的同意，才能将注册商标转让给第三者，否则不能申请转让注册；第三，为了保护消费者的利益，注册商标的受让人必须承担保证商品质量的责任。

4. 许可使用权

即商标所有人可以将已注册的商标有偿或无偿转让他人使用。被许可人得到的只是注册商标的使用权，而不是其所有权。许可使用注册商标必须符合《商标法》的有关规定。首先，被许可人必须接受许可人的监督，保证使用许可人注册商标的商品的质量；其次，未经许可人的书面授权，被许可人不得将使用权转让给第三人；最后，必须在商品或者商品包装上标明被许可人的名称和商品产地。

四、商标的注册及商标权的确立原则

关于商标的注册，根据各国商标法的规定，必须由商标使用人提出书面申请，并缴纳申请费。商标申请主管部门批准后，才予以登记注册，授予商标权。

各国对商标权的确定，大致有如下三种原则：

1. 先使用原则

先使用原则是指按使用商标的先后来确定商标权的归属问题，即谁首先使用该商标，商标权就属于谁。即使该商标被其他人抢先注册，先使用人也可以对已注册人的商标提出异议，要求予以撤销。美国、英国等少数国家和地区采用这一原则。

2. 先注册原则

在采用这一原则的国家里，商标权属于首先注册的申请人。注册后取得的权利将压倒其他任何人的权利，包括商标的最先使用人。因此，首先使用但未申请注册的人，或被他人抢先注册该商标的人，则无法再取得该商标的所有权。目前，大多数国家均采用先注册原则，我国商标法也采用这一原则。

3. 无异议原则

这一原则实际上是上述两个原则的折中。按照这一原则，商标权原则上授予先注册人，但先使用人可以在规定期限内提出异议，请求撤销。如果超过规定期限无人提出异议，则商标权属于先注册人。如在规定的期限内，先使用人提出异议，并且异议成立，已经授予先注册人的商标权即被撤销，而授予先使用人。

五、商标权的特征

商标权也是一种受法律保护的无形资产，并且属于知识产权的范畴。它一般具有以下特征：

1. 独占性

商标的独占性又称专有性。它包括两方面的内容：一是商标权人在特定商品上享有独占使用权，未经所有人同意，其他人不得乱用或滥用；二是商标所有人享有禁止权，即其他人不得将与商标所有人的注册商标相同或相近的商标用于同一类或类似的商品上，否则就构成了商标的侵权。商标权只能授予一人，若其他人在一种或类似商品上再提出相同或相近的商标的使用申请，则不会得到国家主管机构的授权。

2. 地域性

与专利法一样，各国的商标法都是国内法，商标权人享有的专有权只在授予该项权利的国家领域内受到保护，在其他国家内不发生法律效力。如果需要得到其他国家的法律保护，必须按其他国家的法律规定在该国申请注册。

3. 时间性

商标权的保护有时间限制，一般是10～15年，中国为10年。但与专利权不同的是，在商标保护期届满后，可以申请续展，续展的时间大多与保护期相同，有的国家规定，续展的时间可以相当于原有效期的2倍。各国对续展的次数均不加以限制，商标权所有人只要按照规定办理续展手续，并缴纳规定的费用，就可以永远保持商标权的有效性。

六、商标权的法律保护

《中华人民共和国商标法》规定了侵犯商标权的表现形式以及处理方法。侵犯商标权的表现形式包括：(1) 未经注册商标所有人许可，在同一种商品或种类上使用与其注册商标相同或相似的商标；(2) 销售冒牌注册商标的商品；(3) 伪造、擅自制造他人商标标识或者销售伪造、擅自制造的注册商标标识；(4) 在同一种或者类似商品上使用与注册商标标识相似的文字、图形或装潢，足以造成混淆或误认的；(5) 故意为侵害注册商标专有权行为提供仓储、运输、邮寄、隐匿等便利条件；(6) 给他人的注册商标专用权造成其他损害的，如在商业活动中贬低或诋毁他人注册商标，损害注册商标的信誉。

对侵害注册商标专用权的行为人，工商行政管理机关和人民法院可以采取制止侵权行为、罚款、责令赔偿损失等措施，追究其行政责任和民事责任。对于情节严重的、已构成犯罪的商标侵权行为，应由司法机关处理，追究单位、直接责任人和其他有关人员的刑事责任。

第三节 专有技术

一、专有技术的概念

专有技术（know-how）是指那些未经公开、未申请专利、可以传授和转让、从事生产或经营管理所必需的技术知识、技能和经验。专有技术的表现形式，既可以是有形的实物，如尚未公开的图纸、配方、公式、操作指南、技术记录、实验报告、关键设备或产品的样品等，也可以是无形的操作演示或口头表述，如技术人员所掌握的、不形成书面的各种经验、知识和技巧，存在于少数专家头脑中的生产管理方法以及一些关键数据、配方等。

随着科学技术的发展，单纯的以一种形式表现出来的专有技术将会相对减少，越来越多的专有技术将同时以两种或两种以上的形式表现出来。

二、专有技术的特征

专有技术不像专利技术和商标那样经过法律的认可而得到保护，它是一种非法定的权利。因此，它具有以下一些特征：

1. 保密性

凡是众所周知的、业已公开的技术内容，都不属于专有技术。所谓专有技术，就是保密的技术，它是被技术所有人垄断的。专有技术的持有人千方百计地将技术内容保密，以求最大限度地保存其价值。在专有技术许可合同中，专有技术的许可方一般要向被许可方提出严格的保密条件，以保证对专有技术的所有权和技术所有人的垄断地位。

专有技术是不公开的、未经法律授权的秘密技术。因此，专有技术的所有者只能依靠自身的保护措施来维持其技术的专有权。如美国可口可乐公司研究出了可口可乐的配方后，并没有申请专利，而是将配方分为两部分，总经理和总工程师各持其中一部分，通过这一手段将可口可乐的配方从 1886 年保持至今。专有技术往往也会因保密措施不当而变为公开技术，从而丧失其商业价值。专有技术之所以没有取得专利权，主要有两方面的原因：一方面，它不具备取得专利权的条件；另一方面，专有技术虽然具备取得专利权的条件，但专有技术的所有者愿意自己保密而没有申请专利。因此，专有技术的范围比专利技术更广泛。

2. 经济性

专有技术是人类智慧的结晶，它也必须能应用于生产和服务等行业，当然也会产生经济效益，否则就称不上技术，也不会成为技术贸易的标的。专有技术的经济性在形态上，既可以是从产品的开发到最终形成制成品的总体系列技术，也可以是以一项或几项产品的配方、工艺或产品设计方案为主的单项技术。

3. 可传授性

专有技术作为一种技术，必须能以言传身教或以图纸、配方、数据等形式传授给他人，而不是依附于个人的天赋条件而存在的技术。

4. 历史性

任何专有技术都有一个研究、发展和形成的过程，也就是经验的积累过程，其内容随着生产时间的增多而不断丰富，或在出现更先进的研究成果时被淘汰，或由于保密不力，提前丧失其商业价值。所以，在签订专有技术许可合同时，首先要弄清专有技术的发展历史，是属于初期的、中期的，还是快要被淘汰的，也就是了解专有技术的历史性。只有了解清楚了专有技术的现状，技术引进方才能决定是否对此技术感兴趣，支付多少使用费才算合理。

三、专有技术与专利的联系和区别

专有技术与专利都是人类创造性思维活动的结晶，都属于知识产权的范畴，都具有技术价值和财产价值，都是国际技术转让的主要交易对象。但两者又有重大区别，主要表现在以下几个方面：

1. 法律地位不同

专利是经过法律程序授权并受到法律保护的技术，而专有技术是由于某种原因没有申请专利或不能取得专利，因此不受法律保护，而是靠自身的保护来维持其所有权的技术。

2. 技术内容的范围不同

专有技术内容的范围比专利技术宽。世界各国都对授予专利的技术领域做了限定，不是所有的技术都能申请专利。此外，技术的所有者在提出专利申请时，必须用文字对技术作出详细的介绍，这就等于公开了其技术，并往往容易被他人窃用。为此，专利的申请者一般只就技术中容易被别人仿造的部分申请专利，而把技术的核心部分进行自我保密。总之，专有技术的内容不仅包括各种能授予专利权的生产和服务等行业的技术，而且包括不能授予专利权的管理、经营等方面的技术。

3. 存在的时间不同

专利技术受法律保护的时间是有限的，一般最长为 20 年，而且不能续展。专有技术事实上的专有，没有时间的约束和失效，只会随着技术的发展被新技术所取代，或者逐步公开，自然淘汰，除此之外，专有技术可以长期有效。如可口可乐的配方作为专有技术已保密 100 多年了。

4. 保密性不同

专利要通过技术说明书公开技术内容；专有技术则必须保密才能得以存在，因此，所有者要设法保守秘密。

四、专有技术的保护

目前对专有技术的保护与对专利的保护不同，世界各国还没有制定保护专有技术的专门法律，专有技术只能援引有关法律进行保护。因此，对于专有技术的法律保护还不够充分，是一种不完全的保护，远不如专利技术保护那样明确而严谨，可以得到完全的保护。对于专有技术，可以通过以下途径予以保护：

1. 通过合同法加以保护

即通过雇佣合同和专有技术转让合同规定保密条款的方式，使专有技术得到保护。如果一方违反合同规定，雇佣或受方未经过对方同意使用或泄露秘密技术，对方可以以违反合同为由起诉，要求法院制止违约行为或判决违约方赔偿损失，法院根据合同法对违约方作出裁决。但是合同法保护存在的一个最大局限是：合同条款只对订约双方当事人具有约束力，对第三方没有约束力；如果一方违反合同的保密条款，将秘密技术泄露给第三方，受损失的一方只能依据合同向违约泄露的一方起诉，但不能依据合同对接受泄密方的第三者起诉，因为受损害的一方与第三方没有合同关系，第三方不受合同条款的约束。

2. 通过民事中的侵权行为规则加以保护

各国民法都规定，凡因过失、故意或以不法行为侵害他人权利，使他人遭受损害的，就构成侵权行为，侵权者必须承担赔偿责任。侵犯他人的秘密技术构成侵权行为，受损害的一方可以以侵权行为为由对侵权者起诉，原告只要证明第三者以非法手段取得或使用了他的秘密技术，就可以要求被告赔偿损失，而不需要以原告和被告之间存在合同关系为前提。法院将根据防止侵权行为法作出裁决，从而使专有技术得到保护。

3. 通过发布不正当竞争法加以保护

在西方国家的防止不正当竞争法中，有涉及专有技术的保护。其中以德国 1909 年制定的《防止不正当竞争法对技术秘密和工商秘密的保护规定》为典型。这项规定指明，要惩罚那些出于竞争或自私自利的目的，在业务交往中擅自滥用提供给他的保密样品或技术规范（特别是图纸、模型、样板、试样和配方等）或将其泄露给别人的人，其中也包括获取保密样品或技术规范并加以利用的人。专有技术所有人有权运用反不正当竞争法对侵害者提出指控；一旦指控成立，侵犯者除了要赔偿经济损失外，还可能要承担刑事责任。目前，瑞士、奥地利、丹麦、瑞典、挪威等国都有类似德国的制止不正当竞争的法律。

4. 通过刑法加以保护

对于专有技术的保护，各国一般以民事保护为主，但也有一些国家在刑事立法中对侵害专有技术的习惯行为作了惩罚性的规定，成为一种保护手段。因为在现代科学技术迅速发展的条件下，专有技术在竞争中的作用日益重要，它的泄露不仅使企业遭受损失，甚至使国家处于不利的境地。通过刑法对损害专有技术的行为予以制裁，加强了对专有技术的保护。

第四节　知识产权的国际保护

一、知识产权的概念

知识产权是指法律赋予人们对其智力成果享有专门利用的权利。按照 1967 年 7 月 14 日在瑞典斯德哥尔摩签订的《建立世界知识产权组织公约》的规定，知识产权包括有关下列客体的权利：(1) 文学、艺术和科学作品；(2) 表演艺术家的演出、录音制品和广播节目；(3) 人类在各领域的发明；(4) 科学发现；(5) 工业品外观设计；(6) 商标、服务标志和商业名称及标识；(7) 禁止不正当竞争，以及一切在工业、科学、文学或艺术领域由于智力活动而产生的其他权利。

人们通常将知识产权的保护客体分为两部分：工业产权和版权（包括著作权）。

工业产权是指工业、商业、农业和采掘业等领域的智力成果所有者对其成果所享有的一种专有权。工业产权一词中的“工业”二字应从最宽泛的意义上来理解，即不仅包括狭义的工业，而且包括商业、林业、采掘等各个产业部门，适用于一切制成品或天然产品，例如油类、谷类、花卉、烟草、机械设备等。因此，有人主张把“工业产权”称为“产业产权”。工业产权保护的客体，在《保护工业产权巴黎公约》中有比较具体的列举，包括：(1) 发明；(2) 实用新型；(3) 工业品外观设计；(4) 商标；(5) 服务标志；(6) 厂商名称；(7) 货源标记；(8) 原产地名称；(9) 制止不正当竞争。

著作权是指作者或得到作者许可的其他人依法所享有的权利。能够享受著作权保护的客体是作品，即创作者表现其思想、观点的，属于文学、艺术和科学技术领域内的智力劳动成果。

二、知识产权的特征

1. 专有性

知识产权的专有性是指权利人对其智力成果享有垄断性的专有权，未经权利人同意或法律规定，其他任何人均不得享有或使用该项权利，知识产权人以外的任何单位或个人都无权干预或妨碍知识产权人行使其权利。各国法律对权利人的这种独占或垄断的专有权都实行严格的保护，除了按依法规定的条件和程序通过“强制许可”才能对权利人的专有权加以变更外，任何侵犯专有权的行为均构成侵权。专有权是知识产权最基本的法律特征，也是知识产权制度存在的保证和发展的动力。

2. 时间性

知识产权的时间性是指知识产权仅在法律规定的期限内受到法律的保护，一旦超过了法律的有效期限，这一权利就自行消失，知识产权即进入公有领域，成为整个社会的共同财富，任何人都可以使用。这是知识产权与有形财产权的主要区别之一。知识产权的时间性协调了知识产权的专有性和知识产权的社会性之间的矛盾，既能鼓励权利人发明创造的积极性，同时又对其所享有的权利给予一定期限的限制，促使发明创造成果从个人的专有财产适时地变为人类社会的共同精神财富，根据各种制裁、知识产权的性质、特点及本国的实际情况，各国法律对知识产权的保护期有不同的规定。商标保护期经注册人申请可无限续展；版权的保护期为作者终身享有，再加上作者死后50年；发明专利的保护期一般为15～20年，实用新型和外观设计的保护期则更短，这主要是考虑了技术的发展及更新换代的速度。

3. 地域性

知识产权的地域性是指按照一国法律获得确认和保护的知识产权只在该国具有法律效力，除签有国际公约或双方互惠协定的情况外，知识产权无域外效力，其他国家对一国知识产权没有保护义务。19世纪后，随着国际技术贸易的范围和规模的扩大，地域性成为阻碍其发展的障碍之一，世界各国为了寻求在知识产权领域更广泛的合作，订立了许多双边或多边的国际公约或协定，以加强对知识产权的国际保护，试图打破这种地域性的限制。但应该可以看出，知识产权公约的出现，非但没有弱化知识产权的地域性，反而加强了知识产权的这一特点。

三、有关知识产权保护的国际公约和国际组织

（一）《保护工业产权巴黎公约》

《保护工业产权巴黎公约》（Paris Convention for the Protection of Industrial Property，简称《巴黎公约》）于1883年3月20日在巴黎缔结，1884年7月7日生效，先后进行过6次修改，最后一次于1967年7月14日在斯德哥尔摩修订。《巴黎公约》是一部开放性的公约，任何国家只要向其国际局提交加入书，均可无条件地成为公约成员国。我国于1985年3月19日加入该公约。

《巴黎公约》是世界上参加国最多和影响最大的一个保护知识产权的国际公约。它为世界各国在工业产权保护方面提供了一个基本准则，其主要原则有：

1. 国民待遇原则

国民待遇原则是指在工业产权保护方面，每一个成员国法律给予本国国民的权利，也同样给予其他成员国国民，并且在它们的权利遭受任何侵害时，得到同样的法律救济。国民待遇原则实施中的例外有：该原则不妨碍成员国的国内法给予外国国民以高于本国国民或公约最低标准的待遇；该原则不排除请求保护的成员国在司法、行政程序、管辖权以及

关于指定送达地址或委托代理人等方面对外国申请人提出某些特殊要求。

2. 优先权原则

优先权原则是《巴黎公约》给予成员国国民的一项基本权利。它是指在一个成员国提出专利或商标等申请的人，又在一定期限内向其他成员国提出同样的申请，可从申请日享受优先的权利。即以第一次申请的日期作为向其他成员实际申请的日期。但优先权需要在一定期限内行使，称为“优先权期间”。《巴黎公约》规定的优先权期间是：发明和实用新型为 12 个月，外观设计为 6 个月，商标为 6 个月。优先权期间从第一次提出申请之日起计算。

3. 独立性原则

即各成员国相互独立地以其本国法律决定对专利权的授予、拒绝或无效等事项，而不受其他成员国所提供的保护状况的影响。但是，优先权原则和按原商标保护原则除外。如果某一项商标在其本国获得注册，通常情况下，它在其他成员国的申请就不应被随意驳回。

4. 强制许可原则

公约规定，每一个成员国都可以采取立法的措施来规定在一定条件下核准强制许可。实施强制许可的理由，只能是专利权人采取不实施或不充分实施的行为。这种强制许可是非独占的强制许可，取得强制许可的人还会影响专利权人支付专利使用费。在颁发了强制许可后，专利权人仍无正当理由不实施或不充分实施的，专利机关可以撤销该专利。

(二)《商标国际注册马德里协定》

《商标国际注册马德里协定》(Madrid Agreement Concerning the International Registration of Marks) 于 1891 年 4 月 14 日签订，它是《巴黎公约》成员国之间签订的专门协定之一。我国于 1989 年 10 月 4 日参加了这一协定。根据协定，某成员国的国民或在成员国有居所或营业所的非成员国国民，在该国取得商标（包括服务商标）后，可向设在瑞士日内瓦的世界知识产权组织的知识产权国际局（简称“国际局”）申请国际商标注册，申请经国际局核准后，即予以公告，并通知申请人指定要求保护的成员国。成员国接到通知后 1 年内，如不声明不同意保护的理由，则这项国际注册就在该国生效，并且有与在本国注册同等的效力。通过《商标国际注册马德里协定》办理商标国际注册，可以简化手续，节约费用。国际注册经核准后，可以在指定成员国取得商标权保护，无须逐个向各国申请注册和缴纳申请注册费。

(三)《专利合作条约》

《专利合作条约》(Patent Cooperation Treaty，PCT) 于 1970 年在华盛顿签署，1978 年 1 月 24 日生效。其成员国必须首先成为《巴黎公约》的成员国。到目前为止，共有 60 多个国家参加了这一条约。我国于 1994 年 1 月 1 日正式成为其成员国。中国国家知识产权局成为《专利合作条约》规定的受理局、国际检索单位和国际初步审查单位。

《专利合作条约》是一个程序性的国际专利申请公约，其主要作用是简化了其成员国国民在成员国范围内申请专利权的手续，降低了在多国申请专利权的费用。该条约规定：凡旨在条约其他成员国获得专利保护的条约成员国国民或者居民，均可以向其本国专利局（受理局）提出专利的国际申请，并在申请中指明他希望在条约的哪个成员国取得专利权。

本国专利局对上述国际申请进行审查，然后将符合规定的申请案转送到世界知识产权组织国际局和条约成员国大会指定的任何一个国际检索单位，由受理转送申请案的国际检索单位比照有关现有技术的资料，对该发明进行新颖性检索，然后将检索报告再送交申请人和通过国际局送交申请人已申请专利的成员国的专利局，由后者在该申请首次提起国际申请日后的20个月起，按照各自国家专利法的规定对该申请进行专利审查。此时，专利申请人可以最终确定申请国，并缴纳各国的专利申请费以及在各国指定委托专利代理人，最后由被申请国专利局根据本国法律独立作出是否授予专利权的决定。世界知识产权组织国际局在自该申请的优先权日算起18个月后，公告该专利申请的内容。

(四)《商标注册用商品和服务国际分类尼斯协定》

《商标注册用商品和服务国际分类尼斯协定》(Nice Agreement Concerning the International Classification of Goods and Services for the Purpose of the Registration of Marks，简称《尼斯协定》)于1957年6月15日在法国尼斯签订，1961年4月8日生效。它确定的商品和服务的国际分类为申请人在国外注册商标提供了方便，受到了各国的欢迎。自生效以来，《尼斯协定》曾进行了几次修订，目前使用的《尼斯协定》是1990年10月底通过的第6版，该版于1992年1月1日生效。截至1994年底，《尼斯协定》共拥有36个成员，另外还有96个国家、地区及组织采用了《尼斯协定》所确定的分类。中国于1994年5月5日向世界知识产权组织递交了加入书，该协定于1994年8月9日在中国生效。

(五)《与贸易有关的知识产权协定》

《与贸易有关的知识产权协定》(Agreement on Trade-related Aspects of Intellectual Property Rights，TRIPs，简称《知识产权协定》)是关贸总协定乌拉圭回合中所签署的一揽子协议的一部分。将知识产权纳入关贸总协定的议题是1990年通过的。1994年4月15日，《与贸易有关的知识产权协定》等一揽子协议在摩洛哥的马拉喀什签署。中国政府代表也在协议上签了字。《知识产权协定》主要包括以下内容：

1. 知识产权的范围

《知识产权协定》规定，知识产权包括：版权以及邻接权、商标权、地理标志权、工业品外观设计权、专利权、集成电路设计权、未披露的信息保护权(商业秘密保护权)、对许可合同中限制性商业条款的限制。

2. 基本原则

《知识产权协定》规定，所有缔约国应遵守《巴黎公约》《专利合作条约》《商标国际注册马德里协定》，并继续承担对《伯尔尼公约》《罗马公约》《有关保护集成电路知识产权的华盛顿公约》的义务：所有缔约方在保护知识产权方面除了要遵守世界知识产权组织确定的原则外，还必须遵守规定的国民待遇和最惠国待遇原则；知识产权的保护和实施应有利于促进技术的更新，有利于增强国际技术交流，使科学技术的发明者和使用者都能从中受益。

3. 知识产权的生效、范围及用途的标准

《知识产权协定》指出，成员必须把计算机程序作为《伯尔尼公约》1971年文本中所指的“文字作品”予以保护，包括源码或目标码、数据、方法以及相关的说明资料。其保护期限不应少于50年。《知识产权协定》同时规定，要保护表演者、录音制作者和广播组织的权利，前两者的保护期为50年，后者的保护期为20年，并根据《伯尔尼公约》对他们实施追溯保护。对于专利，《知识产权协定》规定："专利应适用于所有技术领域的发明，不论是产品还是方法，只要是新颖的，具有发明高度，并有实用性。"专利的保护期至少为15年。该协定规定，由成员国内法律排除于专利保护对象之外的内容有：诊治人类或动物、植物的医疗方法；动物、植物以及生产动物、植物的主要生物方法。但对于植物新品种，成员应以专利等有效方式加以保护。这就把许多发展中国家不予保护的药品、化学物质等列入了专利保护对象之中。对于商标，《知识产权协定》增加服务标记作为受保护对象。对于商标的共同使用，协定作了强制性的禁止规定，这使许多发展中国家对涉外合资企业的商标使用所作的"共同使用"的规定变为无效。

4. 关于知识产权执行的规定

《知识产权协定》详细规定了实施知识产权保护的具体措施，如海关对侵权进出口货物进行合理扣留或销毁，争端的解决使用关贸总协定的争端解决机制，解决争议可采用交叉报复措施。也就是说，如果发展中国家侵犯发达国家的知识产权而得不到妥善解决，发达国家可以对与之没有联系的货物进行报复和制裁，如通常采用停止关税减征义务和提高关税的方法。此外，协定规定对知识产权进行追溯保护，包括工业产权和著作权。

《知识产权协定》对知识产权的行政与司法规定包括：防止侵权的有效救济与防止进一步侵权的救济。由于知识产权保护的复杂性和特殊性，除了一般的民事与刑事救济外，它还将包括某些临时性措施和边境措施。

5. 发展中国家享有过渡期

《知识产权协定》规定，所有缔约国应在协定生效1年后实施该协定，并使国内法与协定规定相一致。发展中国家或处于由计划经济向市场经济转型的国家还可推迟4年；最不发达国家可推迟10年，经申请批准，此期间还可以延长。但在过渡期内，享受宽限期的发展中国家，对尚未实施专利保护的医疗、化工产品、食物等，应给予专利权人或享有该专利销售许可权人5年的独占销售权；过渡期满后，还应依本国专利法对这些产品的专利剩余期给予保护。

（六）世界知识产权组织

世界知识产权组织（World Intellectual Property Organization，WIPO）是联合国系统下16个专门机构之一。它是按照1967年在斯德哥尔摩签订的《建立世界知识产权组织公约》（1979年修订）设立的。该公约于1970年生效。依据该公约，成立了世界知识产权组织，其常设机构"世界知识产权组织国际局"设在日内瓦。世界知识产权组织是一个政府间的国际组织，截至1994年1月，该组织成员已达143个。

世界知识产权组织的宗旨主要有两个：一是通过国家间的合作，以及与其他国际组织的协作，促进国际范围对知识产权的保护；二是保证各种知识产权公约所建立的联盟之间的行政合作。其职责主要有：鼓励缔结新的国际公约，协调各国立法，给发展中国家以法律、技术协助，帮助收集情报和传播情报，办理国际注册和促进成员之间的行政合作等。

在世界贸易组织成立之前，世界知识产权组织是唯一的在知识产权保护方面对各国影响最大的国际组织。它管理的20多个国际公约构成了知识产权国际保护的主要内容。但现在世界贸易组织的知识产权协议使知识产权的国际保护直接与国际贸易联系，并使国际贸易成为影响知识产权国际保护的重要因素。

专栏 3—1

霍尼韦尔公司诉霍尼威尔公司商标侵权、不正当竞争案

原告是世界知名企业，在全球500强企业中排名前200位。原告在中国申请注册的“霍尼韦尔”商标，经长期、广泛使用及各种媒体对该商标持续、广泛的宣传，具有很高的知名度。被告在其公司标牌、办公现场广告标语、产品的内外包装、对外签订的合同文本、产品宣传册、生产车间人员工作服上均突出使用了“霍尼威尔”标识，被告在其企业名称中也使用了“霍尼威尔”作为商号，足以使普通消费者混淆，并误认为被告与原告有着某种特定联系。法院依据原告的请求认定“霍尼韦尔”为驰名商标，并依法给予特殊保护，被告的行为构成商标侵权及不正当竞争，判令被告停止侵权、赔偿经济损失。

点评：原告作为世界知名企业，享有的“霍尼韦尔”中文商标，在国内市场上具有较高的知名度。被告利用原告的知名度，在其公司标牌、办公现场广告标语、产品的内外包装、对外签订的合同文本、产品宣传册上突出使用了与原告商标相近似的标识，并将与原告商标相近似的文字注册为企业商号，侵犯了原告的商标权，构成不正当竞争。本案提醒企业在核准登记名称时不要与相关的知名、著名商标近似，给消费者造成混淆。

资料来源：2005年沈阳市十大知识产权典型案例．科技成果纵横，2006（3）．

专栏 3—2

苹果商标权之争

经过漫长的诉讼较量，苹果与深圳唯冠公司围绕iPad商标所有权的争端终于尘埃落定，2012年7月2日，在广东省高级人民法院主持下，苹果支付6 000万美元与唯冠和解。

虽然深圳唯冠并未推出iPad产品，“iPad”这一品牌的市场价值是苹果公司一手创造的，但在现行知识产权制度下，深圳唯冠为此向苹果公司索偿，完全合法。中国企业在此前层出不穷的海外抢注中国商标事件中受害甚深，据国家工商总局2005年的不完全统计，当时国内就已有15%的知名商标在国外被抢注，五粮液在韩国、康佳在美国、科龙在新加坡相继被抢注。每年国外抢注我国商标案件超过100起，甚至西门子这样世界驰名的大公司也未能免俗，其抢注海信商标的行为令海信公司一度被拒于德国市场门外。所以，深圳唯冠此次从苹果手里拿下6 000万美元和解款，让许多人觉得解气。然而，深圳唯冠“不劳而获”，也暴露了现行知识产权制度的不合理之处。

建立知识产权制度的目的是激励创新，维护社会公平，进而推动社会经济全面进步。但实践证明，在存在严厉知识产权保护制度的环境中，为遏制竞争对手，企业有着强烈的

动机利用严厉的知识产权保护制度给竞争对手设置障碍，自己不从事创新，也不允许竞争对手从事创新而赢得对自己的竞争优势。特别是发达国家针对发展中国家提起的知识产权之争，常常被斥为“抽去发展中国家发展的梯子”。全球最大无菌包装设备巨头利乐公司更是多年打着“专利”旗号实施捆绑销售等一系列滥用市场地位的垄断行为，令后起企业无法打入其整个供应链，直到2007年才在新通过的《中华人民共和国反垄断法》的威慑下宣布放弃这些做法，中国的泉林纸业公司才得以走上发展快车道。

在新能源汽车等新兴产业领域，西方企业也开展了大面积的专利布局，试图将所有未来有前途的技术进步都定性为对其专利的侵犯，从而将自己暂时的技术优势铸造成永久的垄断优势。丰田2002年即在美国申请了“以磷酸铁锂作为正极材料的动力电池应用于混合动力汽车”的发明专利，换言之，只要在中国生产的混合动力汽车运用了以磷酸铁锂作为正极材料的动力电池，都有可能成为丰田相关专利的“被告方”，而磷酸铁锂电池在新能源汽车的应用方面占有绝对优势。正因为如此，国内锂电池产业蓬勃发展形势背后存在着巨大的专利隐患。至于海外层出不穷的抢注中国商标事件，其做法更是纯属讹诈。

偏颇的西方知识产权制度已经在西方国家催生了一批“专利海盗”，或曰“专利流氓”“专利蟑螂”“专利钓饵”“专利投资者”；这些机构自身并不是专利技术的发明者，而是专门从其他机构和个人手上购买专利所有权或使用权，然后打着“保护知识产权”的旗号发起讹诈性专利诉讼，牟取利润。这样的制度果真有利于激励技术创新吗?

当然，苹果与深圳唯冠的“iPad”商标之争暴露出了不合理之处，不等于我们就该单方面主动先行改造现行知识产权制度；中国只有与主要经济体一起调整更改相关法规，才不会因此而蒙受损失。中国企业吃大亏之后从洋人那里学来这一手，这起案件不是第一次，更不会是最后一次。

资料来源：梅新育．“唯冠咬苹果”引出的知识产权之感．广州日报，2012-07-04.

本章小结

国际技术贸易的基本内容，即国际技术贸易的标的是无形的技术知识，它一般包括受法律保护的工业产权，即专利权和商标权，以及不受法律保护的专有技术三项内容。

专利通常指专利权，是指政府主管当局根据发明人的申请，经审核认定其发明符合法律规定的条件，而在一定期限内授予发明人的一种法定权益，即在法律规定的有效期内专利所有人对其发明依法享有的制造、使用和销售的权利。专利的种类包括发明专利、实用新型专利和外观设计专利。专利权是一种具有财产性质的权利，是受到专利法保护的一种工业产权。从法律上说，专利权具有专有性、地域性、时间性和实施性的特征。一项技术发明要想获得专利权，除了必须按照一定的程序提出申请外，最主要的是该项技术发明必须具有新颖性、创造性和实用性。

商标是指生产者或经营者用以标明自己所生产或经营的商品与其他人生产或经营的同类商品有所区别的标记。这种标志可以由文字、数字、字母、图形、颜色等组成，也可以是几种形式结合在一起组成。商标的种类很多，归纳起来看，可以划分为制造商标、销售商标和服务商标三种类别。商标权是一个集合概念，它包含使用权、禁止权、转让权和许可使用权四方面内容。各国对商标权的确定，大致有三种不同原则。

专有技术是指那些未经公开、未申请专利、可以传授和转让、从事生产或经营管理所必需的技术知识、技能和经验。专有技术不像专利技术和商标那样经过法律的认可而得到保护，它是一种非法定的权利。知识产权是指法律赋予人们对其智力成果享有的专门利用的权利。人们通常将知识产权的保护客体分为工业产权和版权（包括著作权）两部分。

有关知识产权保护的国际公约主要有《保护工业产权巴黎公约》《商标国际注册马德里协定》《专利合作条约》《商标注册用商品和服务国际分类尼斯协定》和《与贸易有关的知识产权协定》等。有关知识产权保护的国际组织主要有世界知识产权组织等。

本章关键术语

专利	专利权	专利权人	发明专利
实用新型专利	外观设计专利	商标	制造商标
销售商标	服务商标	商标权	先使用原则
先注册原则	无异议原则	专有技术	知识产权
世界知识产权组织	国民待遇原则	优先权原则	独立性原则
强制许可原则			

本章思考题

1. 专利有哪些种类？
2. 简述专利权的特征。
3. 简述商标权的确立原则。
4. 简述专有技术与专利的联系与区别。
5. 有关知识产权保护的国际公约有哪些？

第四章 国际技术贸易合同条款及交易程序

学习目标

- 掌握技术许可合同的概念和种类；
- 熟悉国际技术许可合同的条款内容；
- 了解专利、商标及专有技术许可的特殊条款内容；
- 了解技术许可合同中的限制性条款问题；
- 了解国际技术贸易的交易程序。

第一节　技术许可合同的概念和种类

技术许可合同是国际技术贸易合同的主要和基本的形式。它是双方当事人为共同实现专利权、商标权和专有技术的使用权转让的特定目标而规定双方权利和义务的法律性文件。技术许可合同可以按不同的标准进行分类。通常根据授权性质和使用的地域范围，技术许可合同可划分为以下几种类型：

1. 普通许可合同

普通许可合同（simple license contract）又称非独占许可合同（non-exclusive license contract），是指在合同规定的时间和地域范围内，许可方在授予引进方使用某个商标，或者某种技术生产、制造和销售该技术项下产品的权利的同时，自己仍然保留继续使用该商标，以及使用该技术生产、制造和销售合同产品的权利，也可以将该技术再转让给第三方使用。

2. 排他许可合同

排他许可合同（sole license contract）也称全权许可合同，是指在合同规定的时间和地域范围内，许可方在授予引进方使用某个商标，或者某种技术生产、制造和销售该技术项下产品的权利的同时，自己仍然保留继续使用该商标，以及使用该技术生产、制造和销售合同产品的权利，但不再将该技术转让给第三方使用，即排除第三方使用的权利。这种许可合同在实际业务中并不多见，只有特定条件下才使用，如大学、研究所、实验室等科研机构，它们拥有技术，但没有制造条件，可以采用这种许可方式把技术转让出去，这样既可以获得一定的报酬，又可以使用这种技术继续进行科研开发。

3. 独占许可合同

独占许可合同（exclusive license contract）是指在合同规定的时间和地域范围内，许可方给予引进方使用某个商标，或者某种技术生产、制造和销售该技术项下产品的独占权利，自己不得在该地域内继续使用该商标，以及使用该技术生产、制造和销售合同产品，也不得将该技术再转让给第三方使用。

许可方授予引进方独占许可时，向引进方索取的技术使用费大大高于普通许可费。国际许可贸易工作协会公布的资料表明，独占许可合同的使用费要比普通许可合同的使用费高出60%～100%。

目前，独占许可的形式在日本、美国和西欧一些发达国家和地区使用得较为普遍，这些国家和地区的市场竞争十分激烈，引进方为垄断产品的销售市场，通常愿意出高价以独占的形式获得先进技术，从而获得高额利润。

4. 分许可合同

分许可合同（sub-license contract）也叫从属许可合同，是指在合同规定的时间和地域范围内，许可方允许引进方将其从许可方得到的权利再部分或全部转让给第三方。

出让这种分许可的企业多为跨国公司或垄断集团的子公司或其驻海外的机构。这些跨国公司或垄断集团由于某种原因不能直接出让许可给第三方，因而将技术先出让给其子公司或海外机构，然后再由它们与第三方签订这种分许可合同进行技术的出让。

5. 交叉许可合同

交叉许可合同（cross license contract）又称交换许可合同，是指许可方和引进方双方将各自拥有的技术使用权提供给对方使用，其实质就是双方均对对方的技术感兴趣，在互利互惠的基础上，相互交换技术的使用权和产品的销售权。交叉许可既可以是独占的，也可以是非独占的。

在国际技术贸易中，双方当事人究竟签订哪种类型的许可合同，要考虑多种因素。通常双方主要考虑销售市场和使用费的大小。一般来说，同一种技术的转让，采用独占许可的方式比排他许可或普通许可的方式价格要高，分许可的价格就更高了。如对供方而言，销售市场不大或由于种种原因难以在该市场制造和销售产品，但它又想多获得一定的使用费，这时它就愿意给受方以独占许可和分许可；而对受方，如无特别需要，就不会签订独占许可或分许可合同。如果销售市场大，供方也想在该市场销售其产品，或者受方无力垄断整个市场，为了少支付使用费，通常就签订普通许可合同。

第二节 国际技术许可合同的条款内容

国际技术许可合同条款分为两大部分，即合同的一般条款和合同的特殊条款。

一、合同的一般条款

（一）序文

序文包括合同的名称、编号、签约时间和地点、双方当事人以及“鉴于条款”。“鉴于条款”英文以“whereas”开头，用以说明当事人双方的背景，解释签约的理由，表明双方的目的、意图和愿望，陈述所转让技术的合法性。序文也是许可合同的重要内容，不可忽视。

（二）关键名词术语的定义

在国际技术贸易中，交易双方所在的国家不同，既有语言上的障碍，又有法律上的差异，各国对同一名词的解释也不完全一样。为了避免日后在执行合同中产生分歧或争议，许可合同中一般均列一条专门条款，对关键性的名词、术语规定符合合同标的的定义，例如什么是合同产品、专利、专有技术、技术资料、商标、质量指标、净销售价等。

（三）转让技术的内容和范围

转让技术的内容和范围是许可合同的核心内容和标的，是合同中所确定的当事人双方各项责任、权利和义务的基础。它主要对转让技术的具体内容以及技术受方对该项技术所享有的使用权、制造权和销售权的权利范围作出规定。其主要内容一般包括以下三个方面：

1. 基本技术的确定

主要规定技术转让的具体对象和技术要求。如果是专利许可，还应列明批准国别、批准日期、有效期、发明项目的名称和专利号等；如果是专有技术的许可，可用有关文件如图纸、设计、蓝图、图解、技术操作手册以及各项明细单一一加以说明。

2. 使用或活动的领域

主要规定技术受方可以把合同规定的技术用于何种目的及其应用的范围。如果一种技术有多种用途，应明确规定其应用的领域。例如，一种药品既可人用，也可兽用，则需明确其使用或活动的领域是哪一种或者两者都包括在内。

3. 制造和销售地区的规定

主要是规定技术受方进行生产和销售的地区，例如规定受方只能在指定地区或指定工厂使用许可项下的技术制造产品，并规定此种产品只能在某个国家或某些地区出售等。这种地区一经确定，在许可合同内就称为“商要地区”。这种地区可以是“独占地区”，也可以是“非独占地区”。适用前者的称为独占许可，适用后者的称为普通许可。在确定商要地区时，应说明它们是指制造地区或者销售地区，还是既包括制造地区又包括销售地区。

（四）技术的价格与支付

价格和支付问题是合同双方必须明确规定的最重要和最复杂的问题。该部分内容在本书第五章有详细论述，此处不再赘述。

（五）保证

保证条款主要是规定供方的保证：一是要对技术作出保证，即保证按合同规定及时交付资料，所交付的资料要完整、正确、清晰，保证达到合同规定的性能，能生产出合格的产品；二是要对供方转让技术的有效性和合法性加以保证，保证不受第三方对技术权利的控告。

（六）技术培训

为了使许可项下的技术能够顺利地付诸实施，在供方出售有关技术的同时，还应承担为受方培训技术人员的责任。在合同中要详细规定培训的形式、质量，受训人员的种类、资格和人数，培训的时间、期限、地点、次数和使用的语言，以及一切有关费用的负担等项目。

（七）税费

在许可贸易合同中，为了明确国内外涉及的各种税费究竟由哪一方负担，一般都必须规定税费条款。

在技术转让中所遇到的税收问题，主要是预提所得税的问题。所谓预提所得税，是指技术受方国家对技术转让费即软件费用要征收一定的所得税。所征收的所得税是从技术转让费中预先扣除，再将余额支付给技术供方，所以叫做“预提”。世界各国都这样做，我国也采取同样的办法。

在许可合同中，税费条款应明确规定，根据受方所在国现行税法，对供方课征的与执行本合同有关的一切税费由供方支付，对受方应课征的税费由受方支付；在受方所在国境外课征的与执行本合同有关的一切税费则需由供方支付。

（八）考核验收

考核验收是对转让技术所生产产品的性能进行检查。因此，合同中要对验收的内容、项目、标准、方法、步骤、地点以及双方的责任详加规定。尤其是对第一、二次考核不合格时，应当如何处理，要加以具体规定。

考核验收的办法一般在附件中规定。对产品的考核一般可允许进行1～3次，考核合格后，双方签署验收合格证书。如果考核不合格，双方应共同研究，找出原因，然后进行第二次考核试验（如有必要，再进行第三次）。若产品在第二次考核中未能合格，其责任在许可方，则许可方第二、三次派出技术人员的一切费用全由许可方自理；如产品不合格责任在引进方，则由引进方提供上述费用。若产品第三次考核时仍未通过，责任在许可方，引进方有权视情况要求许可方给予经济补偿（对许可方进行罚款或要求降低合同价格）或按许可方违约终止合同。若责任在引进方，而且引进方仍愿意继续完成合同，许可方则仍有义务协助引进方查出原因，继续调试，直至考核合格为止。

（九）附件及其他

合同附件是附在合同之后用以说明合同正文不便详细罗列的内容，其地位与合同正文是相等的。双方当事人有必要在合同中明确这一点，如：“本合同附件系合同不可分割的一部分，与合同正文同样有效”。

许可贸易合同的附件至少要有技术附件与产品附件。所有附件应与合同正文提到的附件相对应，并按前后顺序一一排列，不可任意颠倒。

其他条款，如索赔、仲裁、不可抗力等，和一般买卖合同差不多，不再一一介绍。

（十）尾部

合同的尾部主要是关于合同的生效、期限、终止以及双方的签字等条款。

二、合同的特殊条款

作为一种特殊的商品，技术贸易合同也有它的特殊性，除了具备上述的一般共同点之外，不同内容的技术转让合同都有其各自的特殊条款，下面将作进一步的解释。

（一）专利许可合同的特殊条款

1. 专利条款

鉴于专利问题的复杂性，在洽谈专利许可合同时，必须要求许可方把项目中所包括的专利内容一一列出，并标明专利号、专利申请国别、申请的时间和有效期限，目的是使引进方得以鉴别专利的真伪，有利于引进方选择适用的专利技术，比较准确地核算应支付的专利使用费。

2. 专利的保持有效条款

根据各国专利法的规定，专利申请后，专利权人应按期向主管部门缴纳一定的费用，称为专利年费。年费的缴纳金额通常采取累进制，即越接近专利期末，年费就越高。所以，为了保持专利的有效，合同中应规定，许可方应按期向专利主管部门缴纳年费，以保持专利在合同有效期内的有效性。这样做对于当事人双方，特别是引进方是有利的，否则，合同有效期尚未届满，专利却可能因未缴纳年费而失去法律的保护，当第三者利用该专利时，当事人均无法援引法律，要求法院或专利局追究第三者的法律和经济责任，而且当事人之间亦会因此而发生纠纷。此外，供方为了维护自身的利益，往往要求在合同中订立供方对许可项下的专利权不负担保责任的条款，这显然对受方不利。受方为了维护自身的利益，则要求供方对专利权的有效性承担责任，并在合同中作出相应的规定。例如，当申请专利遭到拒绝或专利权被宣告无效时，受方有权终止许可合同，并有权收回预付的报酬。

3. 侵权的处理

关于许可项下的专利权被第三者侵犯，或被第三者提出异议或指控时，在法律上称为侵权行为。但是，是否真正构成侵权行为，要通过一定的司法程序由法院判决。为此，在合同中也必须加以明确规定。一般规定包括：

（1）通知的义务。受方如发现上述情况，应及时通知供方，以便其采取相应对策。也可规定双方都有通知对方的义务。

（2）起诉或应诉的义务。一般规定，当专利权受到侵犯时，应由供方到法院对第三方提出控告；被第三方控告专利权非法时，通常也应由供方对第三方的控告出庭应诉。

（3）关于诉讼期间提成费的支付。一般规定，在专利诉讼期间，受方有权暂时停止支付提成费，或只按约定的百分比支付提成费。

（二）商标许可合同的特殊条款

1. 商标的内容和特征

要明确写明商标名称、图样及使用该商标的商品。

2. 商标权的合法性和有效性

为了表明商标权的合法性和有效性，合同中必须明确规定商标注册的国别、时间、有效期限和适用的区域范围。

3. 引进方使用商标的形式

引进方获得商标使用权许可的形式有多种，具体采用哪种形式要在合同中作出规定。一般有以下四种形式：

(1) 直接使用。即引进方对许可方的商标不加任何改动，就将商标直接标在自己生产的产品上。

(2) 联合使用。即引进方将自己拥有的商标与许可方许可的商标并列使用，如上海汽车制造厂引进德国大众汽车有限公司的技术和商标后，在上海汽车制造厂生产的汽车上使用“上海-Santana”作为商标。

(3) 联结使用。即选择引进方拥有的商标和许可方许可的商标这两者有代表性的部分，联结在一起，组成一个新商标。如我国福建某彩色胶片公司引进美国柯达公司的技术和商标使用权后，联结成“FUDA”商标。需要注意的是，联结商标的所有权应属于引进方。

(4) 注明许可使用。将许可方的商标与制造地点联系起来，即在使用许可方的商标时，注明×国×厂根据×许可方的许可制造。

在上述可供选择使用的形式中，一般多使用后三种，因为这涉及企业商标战略问题。引进方引进商标使用权的主要目的在于利用许可方商标的信誉，以利于产品的推销，并且希望以此逐步建立引进方自己产品的信誉。而第一种形式由于在合同期满后，引进方不得继续使用许可方的商标，这样就会大大影响将来产品的销路和市场。在引进制造技术时，也可以在合同中规定若干年内先用许可方商标，若干年后改用许可方、引进方的联合或联结商标，再过若干年后变为完全使用引进方的商标。

在一项商标许可或包含有商标许可的合同中，究竟采用何种方式，我国法律和政策都未作限制性规定。引进方应当有战略眼光，从企业的长远发展考虑，同时也要根据国际市场情况和产品的销售情况来决定具体采用哪种形式。

4. 商标许可的备案或注册

商标许可合同或包含有商标转让的许可合同，均应视情况向引进方国家商标管理机关办理备案或注册手续，从而使转让的商标在引进方国家受到法律保护。备案或注册可由引进方或共同委托商标注册代理人办理。

5. 关于产品的质量监督权

引进方在使用许可的商标时，许可方一般均要求对引进方生产产品的质量进行监督，即取得产品质量监督权，其目的在于维护商标的信誉。对于许可方的这一权利，各国法律大都予以承认。

(三) 专有技术许可合同的特殊条款

由于专有技术具有秘密性，所以专有技术许可合同一般都规定有保密条款。保密条款一般包括以下几方面：

1. 保密的内容

保密的内容是指究竟哪些技术需要保密。对此在合同中必须加以明确规定。在我国技术引进合同中一般规定为："在合同有效期内，受方保证不向任何第三方泄露本合同规定的技术秘密；如果发现本合同规定的技术秘密的部分或全部被供方或第三方公开泄露，并有充分的证据，受方不再负责保守已泄露的技术秘密。"也就是说，只有当供方继续保守秘密时，受方才承担保密义务，一旦供方或第三方已将其技术秘密公开，受方就没有义务再予保密。

2. 保密的范围

保密的范围是指究竟对谁保密。通常只有对第三方保密，即受方保证不向第三方泄露合同规定的保密内容，但受方有权让自己企业的有关人员知悉。同时受方应限定接触核心技术秘密的人员。如在合同中规定，在整个保密期内，引进方能够接触许可方提供的核心技术秘密的人员，仅限于某些具体执行该合同的技术人员。凡是接触技术资料的人，都要与引进方或许可方签订保密协议。另外，对于技术资料的保管人员的要求也应在合同中加以规定。

3. 保密的期限

保密的期限是指受方承担保密义务的截止日期。保密的期限一般应与合同的有效期限相一致。但供方有时要求合同期满后仍让受方继续承担保密义务，受方一般是不会接受供方的这种要求的。只有在少数情况下，如供方将继续提供改进技术，受方才承担超过合同期限的保密义务。

4. 泄密的责任

该条款通常包括承担违约责任的条件、方式、违约赔偿的范围以及违约金的数额等。

承担违约责任的办法包括：立即停止违约行为，将非法所得交给对方；按照对方的要求停止合同的继续执行，退还全部技术资料；赔偿对方损失等。

确定违约赔偿的范围是一个复杂的问题。为了避免一旦发生违约，在赔偿范围问题上纠缠不清，应尽可能在合同中对违反保密义务的赔偿范围及计算方法作出明确规定。

此外，由于在专有技术许可交易过程中，受方有时也将自己的某些技术秘密提供给供方，尤其是合同中规定了相互交换改进技术时，这样受方也要求供方承担保密义务。对此，有的合同也对供方的保密义务具体加以规定。

三、关于技术许可合同中的限制性条款问题

限制性条款也称限制性商业条款，是指在国际许可合同中，由技术许可方对技术引进方施加的、法律所禁止的、造成不合理限制的合同条款或做法。由于在转让交易中，输出方拥有技术，往往处于优势，而引进方却想获得这些技术，往往处于劣势。输出方为了防止引进方日后成为其竞争对手，总是千方百计地利用自己拥有技术的优势地位，迫使引进方在合同中接受某些限制性条款，以保持其技术垄断地位。

（一）在国际技术转让交易中经常遇到的限制性条款

（1）技术供方在技术转让时要求技术受方同时搭买它们所不需要的技术，或者原材料和设备等；

（2）限制技术受方发展和改进所引进的技术；

（3）限制技术受方取得类似或竞争技术的自由；

（4）单方面的回售条款，即要求技术受方将其改进技术单方面地或非对等、非互惠地提供给技术供方使用；

（5）限制产品的出口，如限制用引进技术制造的产品出口或限制出口的地区、数量或价格；

（6）限制技术受方在技术转让合同期满或终止后使用技术；

（7）强制技术受方使用特定的商标、服务标志或厂商名称；

（8）不争议条款，即规定技术受方对转让的专利或其他工业产权的效力不得提出任何争议。

在国际技术转让交易中，限制性商业条款已成为影响国际技术转让交易发展的一大障碍，受到各国企业界和贸易界的抨击和反对，各国亦通过立法对这些限制实行管制。

（二）《国际技术转让行动守则（草案）》中规定的禁止使用的限制性条款

在联合国于 1978 年 10 月拟订的《国际技术转让行动守则（草案）》中，共列举了 20 项限制性条款，由于发达国家和发展中国家利益不一致，观点各异，该草案虽然在 1981 年、1983 年、1985 年多次讨论修改，但迄今仍未正式通过。尽管联合国《国际技术转让行动守则（草案）》的正式生效尚需时日，但该守则对国际技术转让仍具有现实指导意义。

《国际技术转让行动守则（草案）》规定禁止使用的 20 种限制性条款如下：

（1）单方面的回售条款，即要求技术受方将其改进技术单方面地或非对等、非互惠地提供给技术供方使用。

（2）不争议条款，即规定技术受方对转让的专利或其他工业产权的效力不得提出任何争议。

（3）限制技术受方取得类似或竞争技术的自由。

（4）限制技术受方进行研究与开发活动。

（5）强制要求技术受方使用技术供方指定的人员或限制使用技术受方所在国的人员。

（6）限制技术受方对其用引进技术所生产的产品确定价格的自由。

（7）禁止技术受方修改引进技术或在引进技术的基础上进行创新。

（8）要求技术受方将独家销售权或独家代理权授予技术供方或它所指定的第三方。

（9）附带条件的安排。例如，规定或限制技术受方引进技术或采购商品的来源，要求技术受方接受它不愿意接受的技术、商品或服务。

（10）对出口的限制。例如，限制用引进技术制造的产品的出口或限制出口的地区、数量或价格。

（11）强制要求技术受方与技术供方共享专利或进行交叉许可交易，对地区、数量、价格、顾客、市场、技术发展进行限制，以垄断某一行业的市场，限制新技术的研究与开发。

（12）限制技术受方进行广告宣传。

（13）强制要求技术受方为业已期满、终止或无效的专利权和其他工业产权支付使用费。

（14）限制技术受方在技术转让合同期满或终止后使用技术。

（15）限制受方的生产范围、生产数量和生产能力。

（16）强制受方采用它不需要或不愿意采用的质量管理方法或质量标准（但如果是在使用供方商标的情况下，为了满足产品质量则不在此限）。

（17）强制技术受方使用特定的商标、服务标志或厂商名称。

（18）强制技术受方提供合股资本或允许供方参与企业管理，作为取得技术的条件。

（19）技术转让的协议期限过长，或根本不规定期限。

（20）限制传播和扩大使用已引进的技术。

我国在有关技术引进法规①中也规定了技术供方不得强迫技术受方接受不合理的限制性要求。因此，我们在技术引进工作中应按我国有关法律规定去做，维护我们的合法权益。

然而，对于限制性条款也不能一概拒绝，否则就无法获取所需技术。因此，在技术引进谈判中，对技术输出方提出的限制性条款，应该具体分析，区别对待。一般来说，限制性条款按其性质可划分为两类：一类是直接有损于技术受方国家的主权和经济利益的，技术受方国家的法律往往采取强制性规定，禁止任何企业接受。这类规定被称为强制性或“刚性条款”。另一类是技术受方国家的法律未作强制性规定，视技术引进后的情况而定。从宏观上看，若弊大于利，就禁止接受；若利大于弊，则同意接受。这类规定一般被称为非强制性规定或“弹性条款”。我国在制定技术进出口管理条例时在既能维护国家根本利益，又不违反国家法律和政策的前提下，为了及时引进我们所需技术，对某些限制性条款，经过分析和比较，可以作出适当让步。

第三节　国际技术贸易的交易程序

国际技术贸易是一项复杂的工作，其交易程序一般都要经过三个阶段：交易前的准备阶段、商务谈判阶段、合同的签订与履行阶段。

一、交易前的准备阶段

（一）交易前技术受方的准备

1. 机会研究

技术引进是一种投资行为，投资是需要获得收益的，所以，在选择项目投资前首先需要进行机会研究（opportunity study），即进行项目选择，确定投资方向。

在中国，企业引进技术项目需要编制项目建议书，建议书内应对技术引进项目的经济和社会效益作出初步评估。项目建议书批准之后，才能进行（或委托开展）项目可行性研究，开展对外工作。因此，企业在确定了投资方向后，需要作进一步的研究论证。

2. 初步可行性研究与项目建议书

初步可行性研究又称预可行性研究（pre-feasibility study）。大中型项目在提交项目建议书申请立项时，需附初步可行性研究报告。初步可行性研究报告的内容可以参照可行性

① 参见《中华人民共和国技术进出口管理条例》第29条，2001年12月10日颁布，2002年1月1日实施。

研究报告，采用比较简单的计算方法，精确度略低，一般误差率为±20%。初步可行性研究报告可委托有资格的规划、设计单位或工程咨询单位编制。已经列入国家专项计划、明确不需另行审批项目建议书的项目除外。

3. 可行性研究

项目建议书经业务主管部门同意、审批机关批准后，便被纳入部门的年度计划中。这时企业可以直接跟外商接洽，进行技术交流，出国考察，为可行性研究报告做好必要的准备工作，但此时还不能与外商签订任何有约束性的协议。在这个阶段，企业需要组织力量着手进行项目可行性研究，编制可行性研究报告。

可行性研究主要是对项目建设设计的有关问题，如市场、工厂生产能力、材料投入、建厂地区、厂址、工程规划、工厂组织、管理工程项目实施、财务、经济评估等进行更深入的调查研究、计算与调整，提出最佳可行性方案。预测市场对技术项目生产投入要素的可供性，对项目进行可行性研究，是提高决策水平和加强项目管理的关键环节。可行性研究需要采用精确数据，误差只能在±10%。进行可行性研究时，应作出多个方案，从多个方案的比较论证中选出最佳方案，尽量避免项目决策的失误。可行性研究报告是引进项目的决策依据，经批准之后，才能列入年度成交计划，对外签约。

在进行可行性研究和编写可行性报告过程中，应当注意以下几个问题：

第一，在选择与确定技术和设备进口前，应及时了解国家最新的政策法规和技术供方的相关法律。明确哪些产业和产品是国家重点鼓励发展的，哪些技术或产品是国家明文禁止或限制进出口的。

第二，引进的项目生产线（包括设备）和所生产产品应当符合国内相应品种规格的发展方向；采用的标准要有利于改善国内标准体系，标准技术水平要先进合理，其水平不得低于国内现行标准。

第三，在选定技术、产品生产能力、物料、厂址时，最好提供几个可供选择的议案进行比较与论证，并说明选定的理由。

可行性研究报告编制完成后，应由编制单位的行政、技术、经济负责人签字。项目主管部门应组织有关方面的专家，对可行性研究报告进行预审或评估。

4. 评估与决策

项目可行性研究完成后，需要委托专门的咨询机构对该项目的财务效应、经济效应和社会效应作出综合评估。

引进技术是一项政策性很强的业务，引进什么技术、从哪儿引进等涉及一国的产业政策和基本国情。20 世纪 80 年代，中国不少地区追求技术和设备的“大、高、新”；90 年代，有专家根据国情提出“中间技术”；其后更多的人提出“适用技术”。总之，进口技术的选定是否合理，一般应从技术性与经济性两个方面进行评估。

就技术性而言，根据 2002 年 1 月 1 日实施的《中华人民共和国技术进出口管理条例》，“国家鼓励先进、适用的技术进口”，并通过优惠政策加以引导。因此，引进的技术首先是先进的、适用的，此外，还应该是成熟的、可靠的。

就经济性而言，技术引进项目的评估不仅应该考察项目本身的财务效益，而且应该考察企业、行业长远的经济效益，以及国家和地区的社会效益。

总之，要求引进技术和设备应该是安全的、无污染的，不是重复引进的，是符合国家产业政策、环境保护政策、地区发展目标、行业技术更新换代要求的；项目不仅应该给企业带来收益，也应该给地区经济的发展注入活力，促进国民经济的发展。

5. 送交审批与合同登记

中国对限制进口的技术实行许可证管理，凡进口列入《中国禁止进口限制进口技术目录》中限制进口技术的，应履行进口许可手续。（凡列入《中国禁止进口限制进口技术目录》中禁止进口技术的，不得进口。[①]）

各省、自治区、直辖市商务主管部门（以下简称地方商务主管部门）是限制进口技术的审查机关，负责本行政区域内限制进口技术的许可工作。中央管理企业按属地原则到地方商务主管部门办理许可手续。

技术进口经营者进口限制进口技术时，应填写《中国限制进口技术申请书》，报送地方商务主管部门履行进口许可手续。地方商务主管部门自收到《中国限制进口技术申请书》之日 30 个工作日内，组织技术和贸易专家对申请进口的技术进行技术和贸易审查，并决定是否准予进口。进口申请获得批准后，由地方商务主管部门颁发由商务部统一印制和编号的《中华人民共和国技术进口许可意向书》（简称《技术进口许可意向书》）。《技术进口许可意向书》的有效期为 3 年。技术进口经营者取得《技术进口许可意向书》后，方可对外签订技术进口合同。

中国对自由进出口技术合同实行登记管理。详见本节“合同的签订与履行阶段”。

（二）交易前技术供方的准备

技术出口贸易在发达国家的出口贸易中占据十分重要的地位。贸易的方式主要包括许可贸易、技术咨询服务、合作生产、工程承包、国际租赁、与投资相结合的技术贸易、与设备相结合的技术转让等。我国技术出口起步较晚，但发展迅速，其中许可贸易、工程承包、与设备相结合或与投资相结合的技术转让以及软件出口增长迅速。不管采用哪种技术出口方式、出口何种技术，供方都需要进行一系列出口前的准备，包括市场行情的调查与研究、国内外政策的了解、适合技术项目的筛选、销售市场的选择、谈判策略的制定、价格的确定、经营方案的策划等。

1. 市场调研

市场调研是交易前技术供方首先要做的工作，其目的是筛选出适合技术出口的项目，以便在可行性研究的基础上制订出贸易计划。市场调研的范围包括国外与国内两个方面。

国外市场调研包括：（1）经济调研。了解世界经济与政治形势，了解技术受方国的经济状况、生产力发展水平、产业结构特点、国家宏观政策、消费水平和偏好、货币汇率制度、税收制度、相关法律法规、技术壁垒状况、存在的经济与政治风险等。宏观经济与政治状况的调研对于工程承包项目、与投资相结合的技术贸易项目而言尤为重要。（2）技术调研。了解国外市场技术供需状况、技术标准化要求，以及国外同行的技术水平、生产状况、产品性能、特点、成本、市场竞争与垄断程度。技术调研对于贸易与经营方案的确定十分重要。（3）客户调研。了解欲与之建立贸易关系的国外厂商（或可能发展成为客户）

① 参见《禁止进口限制进口技术管理办法》，商务部令 2009 年第 1 号，2009 年 2 月 1 日颁发。

的历史、资金规模、经营范围、组织状况、经营作风、合作诚意、信誉等级，以及其与世界各地其他客户和与技术供方所在国客户开展贸易的情况等。其中，对国外客户的资金和信誉状况必须有所了解，不可急于求成。客户调研对于选择确定贸易对象或合作对象十分重要。

国内市场调研包括：了解本国对外技术贸易的政策法规，国内同行的生产状况、技术水平和成本、技术产品性能和特点、市场竞争力与垄断程度、对外贸易状况。通过调研，选择出口项目、出口地区、技术与产品价格、生产规模等。

2. 筛选技术项目

在市场调研的基础上，筛选适合的技术出口项目。筛选中需要考虑两个标准：

（1）社会标准。所谓社会标准，就是法律、政策标准。中国《技术出口管理暂行办法》（1990 年）第 5 条规定，技术项目根据其对国家安全的影响、经济和社会效益、技术水平，分为禁止出口、控制出口和允许出口三类。

（2）技术标准。所谓技术标准，就是技术本身的状况，它包括技术研制程度、法律保护状况、市场规模、服务配套以及标准化状况。

《中华人民共和国技术进出口管理条例》第 30 条规定，国家鼓励成熟的产业化技术出口。因此，技术供方在筛选适合的技术出口项目时，最好选择国家鼓励出口的、成熟的、国内已经进行了大规模产业化生产的技术。因为这类技术的出口在项目审批、出口信贷、出口信用保险、海关检验通关等方面享有很大的便利和优惠待遇，在项目的研发上也享受政府一定的资金支持。

3. 可行性研究

技术出口项目选定后，应着手进行可行性研究分析。这是在市场调研的基础上，根据所选择的技术，寻找最有利的出口地区和合作伙伴。这需要对拟进口国的政策法规、投资环境、市场需求以及风险进行有目标性的研究分析；对技术受方或合作伙伴的经营状况进行具体研究，从而作出可行性分析。可行性研究对于国际工程承包项目、国际合作项目、与设备相结合的技术转让项目、与投资相结合的技术转让项目来说尤为重要。

4. 填写申请书

对于限制技术出口项目需要报请国家指定的审批机构审批。① 技术出口项目的单位或个人应根据有关规定填写技术出口项目申请书。审批机构将对技术出口项目进行贸易审查、技术审查和保密审查。

我国的技术出口项目实行分级管理、各司其职的制度：国务院对外经济贸易主管部门负责全国的技术进出口管理工作；省、自治区、直辖市人民政府外经贸主管部门根据国务院外经贸主管部门的授权，负责本行政区域内的技术进出口管理工作；国务院有关部门按照国务院的规定，履行技术进出口项目的有关管理职责。

国务院外经贸主管部门收到技术出口申请后，将会同国务院科技管理部门对申请出口的技术进行审查，并自收到申请之日起 30 个工作日内作出批准或者不批准的决定。技术出口申请一经批准，国务院外经贸主管部门便发给技术出口许可意向书。申请人只有在取

① 参见《禁止出口限制出口技术管理办法》，商务部令 2009 年第 2 号，2002 年 1 月 1 日施行。

得技术出口许可意向书后，方可对外进行实质性谈判，签订技术出口合同。[①]

对属于自由出口的技术，实行合同登记管理。

二、商务谈判阶段

（一）技术贸易谈判的特点与内容

1. 技术贸易谈判的特点

技术贸易谈判具有以下特点：

（1）谈判双方不是只追求单方成功的结局，还期望双赢的结果。技术贸易双方为了满足各自在经营活动方面的需要而进行技术转让活动，并期望能够彼此了解，寻求长期合作的可能性。因此，商务谈判的目的是寻找一个对方也能获利和满意的利益平衡点，也就是追求“双赢”的结果。昔日殖民国家那种通过强权、欺诈的方式，迫使、骗取或诱使对方接受不平等的贸易谈判结果，以及今天某些发达国家或跨国公司利用其在技术上的垄断地位，通过限制性商业惯例，漫天要价的做法，已经或正在为商界所唾弃，因为其完全违背了公平交易的商业道德与原则。

（2）谈判的结果可能是不公平的，但从形式上看却是公平的。由于谈判双方经济实力不同、技术依赖度不同、谈判策略与技巧运用各异，最终谈判结果可能一方获利更大，而另一方获利要小一些。但由于双方都拥有否决权，故只要一方认为无利可图，就可以完全不接受；在无人为压力的情况下，接受协议就意味着认可和确定，因此，从形式上看又表现为公平交易。

（3）谈判成功的标准不是以对方是否让利或让利多少来衡量，而是以双方能否继续保持良好的合作关系，能否推动转让或许可的技术产生高效益，各项指标均达到预期谈判的目标来衡量。否则，若是“一锤子”买卖，双方再也不想继续交往，或者看似捡了大便宜，但引进的技术难以达到预期效果，则不能说明这一谈判是成功的。

2. 技术贸易谈判的内容

从技术贸易谈判的内容看，可以分为商务谈判与技术谈判两个方面：

（1）商务谈判。主要是就技术的费用或价格、税费、支付方式、付款条件、设备的运输与保险、技术产品的销售与利润的分割等展开谈判。

（2）技术谈判。主要是就技术、设备、专利、专有技术、工程承包等方面的技术质量、技术标准、考核指标、技术先进性、技术更新、技术资料的提供、交付方式与时间、技术使用范围等领域进行谈判。

这两个方面的谈判涉及财务会计、法律、技术、工程、经贸等专业领域，因此，为了使谈判价格合理，谈判团（组）应该由涉足这些领域的熟悉业务并具有一定谈判经验的人员组成。[②] 根据有关规定，公司对外谈判应与项目单位联合进行。技术谈判应以项目单位为主，商务谈判应以公司为主。

（二）技术受方商务谈判前的准备

成功的谈判建立在充分准备的基础上。在准备工作方面，技术受方与技术供方关注的

① 参见《中华人民共和国技术进出口管理条例》第 6 条、第 35 条、第 36 条。

② 傅家政．国际经济技术合作．天津：天津大学出版社，1999：207－209.

角度和重点有所不同。下面首先考察技术受方的准备。

1. 选择贸易对象

选择贸易对象的途径很多，比如：通过互联网搜寻相关信息，了解技术供方的情况；通过我国驻外领事馆、商务机构、中国银行或外资银行的介绍；通过国际友好组织与协会、各国商业或工业民间组织、国际咨询公司的咨询；也可以从国内外报纸、杂志广告或行业名录、企业年鉴中了解和物色对象；还可以通过举办各种科技博览会、商品展销会、广交会结识外商。

2. 组织谈判团

技术引进项目涉及经济、技术与法律等问题，因此，谈判团（组）的成员组成应该包括这些人员。一般来说，成员包括项目负责人、项目技术负责人、项目经济负责人、法律顾问、翻译人员、标准化人员。

3. 准备资料

广泛搜集有关情报，包括该技术的国际价位，同类技术的竞争情况，技术供方的资信、财务、技术、设备等状况，技术供方的谈判风格与谈判人员的组成，本企业的情况介绍，有关法律和政策的规定等。

4. 拟订谈判方案

包括价位的确定、交付方式、付款条件、税费安排等。确定谈判的最高目标与底线，设想可能会遇到的问题，并拟订出几个方案，以便谈判中对原有目标进行修正。方案的拟订需要征求有关部门的意见。

5. 其他准备工作

如果谈判是在技术引进方进行的，就需要安排场所，准备谈判所需要的通信工具与办公用品，如电脑、投影仪、电话、传真机、话筒、白板、笔、纸、文件夹等，并准备好回赠的小礼品或纪念品。东西无须十分昂贵，但要有寓意，可以是印有企业标记的办公用品，也可以是企业自己生产的颇有特色的小产品，以备一旦供方馈赠礼品时可以回赠。

（三）技术供方商务谈判前的准备

对于技术供方来说，一旦出口申请书被批准，便可着手拟订出口方案。也就是根据国家有关的政策、法令与企业的经营目标，对技术出口项目作出业务计划安排，同时也为谈判做准备。

1. 拟订出口方案

在前期可行性研究的基础上，通过对国外市场供销状况、价格动态、政策法令措施和贸易习惯等方面情况的进一步调查研究，择优选出适当的目标市场，并根据该目标市场拟订出具体的出口方案。

2. 策划广告宣传

聘请专业广告公司对企业的形象进行策划和包装，以扩大企业在海外的知名度，为其后进入海外市场打下良好的舆论基础。

3. 挑选谈判对象

通过各种途径对客户的政治及文化背景、资信情况、经营范围、经营能力和经营作风等方面的情况进行了解和分析，从中选择出谈判对象。

4. 制订商务谈判方案

根据出口任务制定应达到的最高目标与最低目标，以及为实现最高目标所应采取的策略、步骤和做法。在谈判方案中，对需要谈判的问题，应分清主次，合理安排谈判的先后顺序，明确对每一个主要问题应当掌握的分寸和尺度，以及可能发生变化的应对措施，力争谈判成功，取得最佳效果。

5. 选择谈判人员

在谈判的过程中，买卖双方在确定价格和各种交易条件以及拟订合同条款方面，往往因为利害关系的不同而存在分歧和争论，有时这种分歧和争论甚至是十分激烈的。并且，在洽商过程中，还可能出现种种预先没有估计到的变化。为了保证洽商交易的顺利进行，事先选配精明能干并熟悉商务、技术、法律和财务方面的谈判人员，是非常重要的。这是能够善于应战、善于应变，并善于谋求一致、确保交易成功的关键。为此，作为技术供方，参加商务谈判的人员也需要具备多方面的基础知识，并善于综合运用各种知识。

6. 准备资料

由谈判团（组）成员分头负责准备谈判所需资料，包括技术说明书的撰写和有关法律法规文本的准备。事先的资料准备十分重要，准备得充分与否，将直接影响到谈判的效率与结果。

（四）技术贸易的对外询价

1. 询价的概念

无论是技术引进方还是技术输出方，在正式谈判前都需要就技术的交易条件向对方进行询问、了解、洽谈，以便寻找合适的交易者，并在谈判中有的放矢。

询价（enquiry or inquiry）是技术交易的一方向另一方提出技术条件与交易条件，包括技术转让价格、转让方式，并期望对方据此提出自己愿意接受的条件的一种初始交易的行为。

2. 询价书的内容

在国际技术贸易中，对外询价一般通过询价书的方式进行，通常由技术引进方发送给技术出口方。询价书的内容包括：

（1）技术引进方基本情况的介绍。包括企业名称、业务范围、资金规模、现有技术设备、技术水平、产品种类、工厂所在地、基础设施条件等。

（2）拟引进技术的技术要求。包括技术名称、技术标准、技术性能、产品应达到的规模、质量等级等。

（3）拟引进技术的商务要求。包括技术价格、支付方式、产品销售范围、人员培训要求等。

技术出口方收到询价书后，根据对方的要求，提出可以提供的技术和愿意交易的条件。通常技术引进方会选择几家公司发出询价书，以便比较报价，选出最适宜的交易对象。

（五）技术贸易的比价

1. 比价的概念

比较报价，简称比价，是指技术交易的一方在收到交易的另一方或多方报价后，将对方能够接受的条件与自己掌握的信息进行比较，或者将收到的几种报价进行比较，从中选择出谈判对象，实现最后成交的基础过程。

在国际技术贸易中，比价主要是比较技术价格、商务条件与技术效益。技术受方与技术供方在价格的确认上所处的角度不同，采用的方法也会不同。比如，在专利技术转让上，当技术供方专利权人不准备自己实施专利，希望将专利权尽快转让给他人，以便获得资金进行新的研发时，他在比较引进方所报价格时，首先关心的是转让费能否补偿他进行发明创造活动、申请专利以及为转让的交易活动所支出的全部或部分费用。他可能会采用最低收费评估法，比较技术受方的报价。而技术受方可能首先考虑的是这项技术引进后能否提高企业的生产率，能否给企业带来更多的利润。所以，他可能会采用经济效益比价法。

2. 常见的比价方法

（1）直观法。直观法一般用于有多家供方可以选择的情况下。这是将各技术供方的报价换算成统一的基础，然后进行比较，从中选择出条件较优者作为谈判对象的一种方法。

（2）类比法。类比法往往在没有多家供方可供技术引进方选择的情况下运用。假定只有一家供方报价，在判定其报价的合理性时，可以运用类比法。将技术项目分解成若干技术单元，要求对方分项报价，然后根据所掌握的资料与信息对各项进行比较，分析报价是否合理，就不合理部分进一步磋商，为最后的谈判做好准备。

对于大型的国际工程承包项目，也可以采用类比法。也就是将报价与以往类似的工程项目进行比较，看其是否合理。如果寻找不到一个可以在应用领域、环境和复杂度方面与目前工程相似的历史样本，则可以通过将目前整个工程的用工、用料，机器设备的单价，工程直接费、间接费，以及技术许可费等因子分解的类比法来解决。即将分解的因子分别与目前的市场价格及掌握的资料数据对照，评估对方所报价格是否有重复计算或存在高估因子；在扣除了高估部分后，总项目费用应该是多少，以此作为与工程承包商进一步磋商和谈判的依据。

（3）经济效益评估法。这是将报价中估计的经济效益与引进方估计的经济效益进行比较，来判断该报价是否合理的一种比价方法。① 该方法常用于专利许可贸易的比价上。

（4）计算机软件计算法。随着计算机技术在国际贸易实务中的运用，传统手工操作的比价和估算方式正在逐渐被专门的软件方式所替代。一些软件公司根据国际商务活动的需要，利用国际贸易和企业管理的理论与方法，开发出一套国际商务管理的通用软件，其中包括采购、成本核算、比质比价、经营决策、生产、销售等各个环节所需管理的子系统，每个系统都由不同的模块组成，它们既可单独使用，又可组合使用。比如，在比价部分，输入技术贸易方式、报价数据、相关信息或其他企业注重的要素，计算机就会自动选择最佳方法，立即将比较的结果显示出来，大大提高了工作效率。

（六）商务谈判的程序与技巧

1. 谈判的程序

正规的商务谈判（business negotiation）一般包括以下几个程序（这里借用商品交易

① 王玉清，赵承壁．国际技术贸易．北京：对外经济贸易大学出版社，1996：34－36.

中使用的几个术语)：

(1) 开局 (opening)。由谈判双方负责人各自介绍谈判小组成员的姓名与身份。如果有成员曾经在对方国家生活或学习过，则要突出介绍，以拉近彼此的亲切感，创造良好的谈判气氛。如果双方已经接触过多次，彼此熟悉，则需要相互寒暄一下，时间不宜过长。作为东道主，可以先简要说明这次谈判的议题和会后安排，其后便切入谈判的正题。

(2) 询盘 (inquiry/enquiry)。询盘原是商品交易中一方向另一方通过口头或书面的方式询问购买或出售某种商品或某几种商品的各项交易条件的方式。在谈判中，询盘是双方探测、摸底的阶段。为了弄清对方的价格底线和基本态度，在这个阶段，要尽可能地倾听对方的陈述和要求，不要过早地将自己的底线暴露出来；也不要急切地表现出希望引进或转让该项技术的心情，以免价格难以朝着自己希望的方向变动。

(3) 发盘 (offer)。在商品交易中发盘是指交易的一方向另一方提出购买或出售某种商品的各项交易条件，并表示愿意按这些条件与对方达成交易、订立合同的行为。在谈判中，发盘是双方报价的阶段，是针锋相对的阶段。在这个阶段，报价应该是确定、完整和坚定的，主要的交易条件应该明确表示，而不是使用含糊不清、模棱两可的词句。从这个阶段开始，谈判进入实质性阶段，应注意通过对方的报价，判断报价中哪些是不可能改动的，哪些是可以有协商余地的，哪些不过是试探性的报价。

(4) 还盘 (counter offer)。还盘是指受盘人收到发盘后，经过比价，对发盘的内容不同意或不完全同意，讨价还价的阶段。在谈判中，还盘是双方交锋的阶段，也是磋商阶段。这是最讲究谈判技巧的一个阶段，谈判的最后结果是成功地达成协议，还是陷入僵局、另开谈判，或者破裂、不欢而散，均取决于这一阶段谈判双方的诚意与灵活性。在这一阶段，应注意在坚持自己所求方向、说明自己理由、驳斥对方理由的同时，寻找出解决分歧的途径。

(5) 接受 (acceptance)。接受是指受盘人无条件地同意发盘人在发盘中提出的各项交易条件，并同意按照这些条件订立合同的一种肯定表示，在法律上称为承诺。在谈判中，接受是建立在让步或妥协的基础上的。经过讨价还价，最后双方作出让步，达成妥协；或者某方不再坚持己见，作出让步。当意见达成一致时，拍板成交。

(6) 签约 (signing a contract)。签约是谈判双方代表在协议书上签字的阶段。协议书需要事先准备好，谈判过程中对发生变动的内容，应当场进行修改，重新打印。其后，双方负责人在修改后的协议书上签字。

当然，并不是每次谈判都能当场拍板成交。在国际技术贸易中，不少交易需要多次谈判才能最后达成协议，一些则是无功而返。因此，当谈判双方在某个或某些要点上仍争论不休、坚持己见，不能达成协议时，可以暂停本次谈判，各自回去很好地思考一下对方的意见，并且就已经达成一致意见的部分写成书面小结，或者用签订备忘录的方式记录下来，以便下次在此基础上进一步谈判。

2. 谈判的策略与技巧

商务谈判是一场心理的、意志的、口才的、风度的、知识面的较量，具有很高的原则性和策略性，若运用得当，可以加快谈判的进程，否则会使谈判陷于僵局或“崩盘”。谈判的策略是指谈判者为了达到预期的效果而在谈判过程中运用的战术与谋略。下面简单地介绍几个策略：

（1）平等待人策略。这主要是针对那些自身实力大大超过谈判对手的公司而言的。平等待人不仅表现为在谈判时注意倾听对方的陈述，不轻易打断对方的发言，正确把握对方的思想，耐心交换意见、谈吐亲切随和，而且表现为事先认真准备材料，重视此次谈判的态度。这么做的好处显而易见：首先，使谈判对手感到该公司的热情亲切，对此次谈判的重视和交易的诚意，因此愿意促使此次谈判成功，在一些要点上作出让步。其次，对该公司充满好感，认为一个拥有优秀素质的员工队伍和良好商业道德的公司，是值得该公司长期交往的，因此愿意与该公司进行长期合作。此外，该公司良好的口碑很快会在商界传播开来，将有更多的公司愿意前来洽谈贸易。

（2）留有余地策略。谈判初始不要轻易亮出底牌，要有耐心，引而不发。要多探测对方的真实意图，注意观察。少说、多听、多想，在关键问题上提出见解与疑问。提出的条件和要求要留出让步和妥协的余地，不能一下子就到了底线。

（3）休会策略。谈判犹如在运动场上赛球，当对方不断进球，整个局势向着对方急剧逆转时，教练会立刻采取暂停的策略来打破这一局面。谈判也是如此。当对方一连串地对该公司报价分项目中的不合理提出疑问，而该公司一时不知如何应答；或者当双方在某个问题上争论不休、难以进展时，可以采用暂时休会的方式调整对策，其后再战。

（4）利用竞争策略。无论是技术引进还是技术输出，都应该尽可能寻找多个卖家或买家，利用它们相互之间的竞争和压价或抬价，选择较低价位的买进或较高价位的卖出；通过对它们报价中各因子的比价分析，在谈判桌上争取主动。

（5）折中妥协策略。在谈判中既需要坚持己方的立场，迫使对方让步的强硬策略，也需要在双方完全陷入僵局的情况下，寻找出路的策略，就是折中妥协策略。当出现僵局，而己方又希望尽快成交时，可以通过不断地提出建议来调和双方的意见；也可以通过提出各种假设条件，让对方作出选择，以实现最后的互惠贸易。[①]

谈判的技巧是指谈判人员通过灵活并适宜地运用语言、表情、神态、动作、业务知识等，使得对方在心理上朝着己方期望的目标变化的洽谈技能。谈判的技巧包括倾听的技巧、叙述的技巧、提问的技巧、回答问题的技巧、说服对手的技巧、使用沉默方式的技巧、转移话题的技巧、打破僵局的技巧等。所有这些技巧运用的目的，就是为了实现己方期望的目标。

三、合同的签订与履行阶段

（一）合同的订立与签订

经过艰苦的谈判，最后达成了一致意见，此时便可以签订合同了。合同草稿应该事先草拟好，其后根据谈判的最后结果进行修改。

合同的订立有书面形式、口头形式和其他形式。根据《中华人民共和国合同法》（1999 年）第 238 条、第 270 条、第 342 条的规定，以及《技术进出口合同登记管理办法》（2009 年）的要求，专利权转让合同、专利申请权转让合同、技术秘密转让合同、专利实

① 傅家政．国际经济技术合作．天津：天津大学出版社，1999：215－218．王玉清．国际技术贸易．北京：中国人民大学出版社，2001：81.

施许可合同、融资租赁合同、建设工程合同以及其他涉外技术贸易合同，都应当采用书面形式订立。

合同的内容由双方约定，一般包括以下条款：技术受方与供方的名称、地址；标的；数量；质量；价款或者报酬；履行期限、地点和方式；违约责任；解决争议的方法。贸易双方可以参照各类技术贸易合同的示范文本订立合同。

（二）合同的备案

1. 自由进出口技术合同的备案登记

2004年，国家颁布了新的《中华人民共和国对外贸易法》，该法第9条规定，除了法律、行政法规和国务院对外贸易主管部门规定不需要备案登记的以外，从事货物进出口或者技术进出口的对外贸易经营者应当向国务院对外贸易主管部门或者其委托的机构办理备案登记。未按照规定办理备案登记的，海关不予办理进出口货物的报关验放手续。

根据该法第15条、第19条的规定，进出口属于自由进出口的技术，应当向国务院对外贸易主管部门或者其委托的机构办理合同备案登记；对限制进口或出口的技术，实行许可证管理。

为了规范自由进出口技术合同的管理，建立技术进出口信息管理制度，促进技术进出口的发展，2009年，国家颁布了新的《技术进出口合同登记管理办法》。根据该管理办法，技术进出口合同包括专利权转让合同、专利申请权转让合同、专利实施许可合同、技术秘密许可合同、技术服务合同和含有技术进出口的其他合同，均实行登记管理制度。自由进出口技术合同实行网上在线登记管理。商务主管部门是技术进出口合同的登记管理部门。

中外合资企业、中外合作企业和外商独资企业成立时作为资本入股并作为合资章程附件的技术进口合同，按照外商投资企业的有关法律规定办理相关手续。

2. 合同的备案登记程序与事项

根据《技术进出口管理条例》第二章、第三章以及《技术进出口合同登记管理办法》的规定，属于自由进出口的技术，其合同的备案登记程序为：（1）网上登记；（2）内容核对；（3）颁发证书；（4）办理相关手续；（5）错误补正与修改；（6）合同变更；（7）合同终止。

3. 登记的主要内容与标准代码

自由进出口技术合同登记的主要内容包括：合同号、合同名称、技术供方、技术受方、技术使用方、合同概况、合同金额、支付方式、结汇方式、信贷方式。

国家对自由进出口技术合同号实行标准代码管理，要求编制技术进出口合同号应符合下列规则：

（1）合同号总长度为17位。

（2）前9位为固定号：第1～2位表示制定合同的年份（年代后2位），比如2005年，写作“05”；第3～4位表示进口或出口国别地区（国标2位代码）；第5～6位表示进出口企业所在地区（国标2位代码）；第7位表示技术进出口合同标识（进口为Y，出口为E）；第8～9位表示进出口技术的行业分类（国标2位代码）；后8位为企业自定义编号。①

① 参见《技术进出口合同登记管理办法》，该办法于2009年3月起施行；《中华人民共和国对外贸易法》第9条、第15条、第19条，该法于2004年4月6日修订，2004年7月1日起施行。

例如：01USBJE01 CNTIC001。01 表示 2001 年；US 表示美国；BJ 表示北京；E 表示出口；01 表示出口技术的行业分类，比如农业技术；CNTIC001 为企业自己定义的合同编号；01USBJE01 CNTIC001 为该合同的合同号。

（三）合同的生效、履行与终止

1. 合同的生效期

《中华人民共和国技术进出口管理条例》第 17 条、第 39 条，《禁止出口限制出口技术管理办法》第 15 条规定，自由进出口技术合同自依法成立时生效，不以登记为合同生效的条件；限制出口技术的技术出口合同自《技术出口许可证》颁发之日起生效。

2. 合同履行步骤

《中华人民共和国合同法》第四章规定，合同生效后，当事人应当按照约定全面履行自己的义务。当事人应当遵循诚实信用原则，根据合同的性质、目的和交易习惯，履行通知、协助、保密等义务。

在国际技术贸易中，技术受方与技术供方应该按照合同的规定，保质保量地按时履行合同。

3. 合同中未明确问题的解决

《中华人民共和国合同法》第 61 条、第 62 条规定，合同生效后，当事人就质量、价款或者报酬、履行地点等内容没有约定或者约定不明确的，可以协议补充；不能达成补充协议的，按照合同的有关条款或者交易习惯确定。如果仍不能确定，则按下列规定确定：

（1）质量要求不明确的，按照国家标准、行业标准履行；没有国家标准、行业标准的，按照通常标准或者符合合同目的的特定标准履行。

（2）价款或报酬不明确的，按照订立合同时履行地的市场价格履行；依法应当执行政府定价或者政府指导价的，按照规定履行。

（3）履行地点不明确，给付货币的，在接受货币一方所在地履行；交付不动产的，在不动产所在地履行；其他标的，在履行义务一方所在地履行。

（4）履行期限不明确的，债务人可以随时履行，债权人也可以随时要求履行，但应当给对方必要的准备时间。

（5）履行方式不明确的，按照有利于实现合同目的的方式履行。

（6）履行费用的负担不明确的，由履行义务一方负担。

《中华人民共和国合同法》第 76 条规定，合同生效后，当事人不得因姓名、名称的变更或者法定代表人、负责人、承办人的变动而不履行合同义务。

4. 合同的解除

有下列情形之一的，即刻终止合同的权利和义务：

（1）债务已经按照约定履行；

（2）合同解除；

（3）债务相互抵消；

（4）债务人依法将标的物提存；

（5）债权人免除债务；

（6）债权债务同归于一人；

(7) 法律规定或者当事人约定终止的其他情形。

合同的权利和义务终止后，当事人应当遵循诚实信用原则，根据交易习惯履行通知、协助、保密等义务。

有下列情形之一的，当事人可以解除合同：

(1) 因不可抗力致使不能实现合同目的；

(2) 在履行期限届满之前，当事人一方明确表示或者以自己的行为表明不履行主要债务；

(3) 当事人一方迟延履行主要债务，经催告后在合理期限内仍未履行；

(4) 当事人一方迟延履行债务或者有其他违约行为致使不能实现合同目的；

(5) 法律规定的其他情形；

(6) 当事人协商一致，不再继续履行合同。

法律规定或者当事人约定解除权的行使期限，期限届满当事人不行使的，该权利消灭。[①]

专栏 4—1

技术贸易合同样本

（以某一专有技术合同样本为例）

前　言

本合同于______年___月___日在______签订。

甲方为：中华人民共和国______公司及______厂。

乙方为：______国______州______公司。

鉴于乙方拥有设计、制造、使用的专有技术和实际生产经验。

鉴于乙方有权并愿意转让上述专有技术。

鉴于甲方希望利用乙方专有技术，以设计、制造和销售合同产品。

因此，双方通过协商按以下条款签订合同。

第一章　定　义

用于本合同的下列名词应具有所规定的含义：

1.1　“专有技术”指乙方对合同产品的制造、装配、操作、服务、保养和维修所拥有的最新设计、技术知识和经验（包括在附件 2、3 和 4 中所写的有关技术文件、培训、技术协助和咨询）。

1.2　“合同产品”指甲方通过使用这种专有技术制造出的产品，合同产品为______，尺寸和规格为______，详细说明见附件 1。

1.3　“考核产品”指在乙方工程技术人员的指导下，甲方制造出的第一台合同产品，并对该产品进行试验，以验证专有技术和技术文件的正确性和可靠性。

1.4　“技术文件”指在制造合同产品中使用的技术文献、全套可供生产用的图纸（包括总图、部件图、零件图、电气系统图、控制原理图）、有关设计计算资料、制造工艺

① 参见《中华人民共和国合同法》第六章，该法于 1999 年 3 月 15 日通过，1999 年 10 月 1 日起施行。

文件、维修使用说明书以及合同产品的外购件明细表、配套件明细表等，所有技术文件都用英文并采用公制，技术文件的内容见附件。

1.5 “培训”指就专有技术按照附件3的规定，对技术文件进行口头解释，现场指导制造、试验、组装、使用、保养和维修，按照学习和培训的需要，培训在乙方工程师的指导下，甲方受训人员亲身操作，培训在乙方工厂和其他场地进行，培训设备由乙方选择，所有培训都用英语。

1.6 “技术协助”指为了甲方的利益，乙方按照附件4用书面或口头方式提供评述、观察、指导、测量和现场验证、解释、建议及其他甲方工厂制造合同产品所需的协助，所有这些工作全部用英语。

第二章　合同的内容和范围

2.1 甲方同意从乙方购买，乙方同意向甲方转让设计、制造应用、试验、保养和维修合同产品的专有技术。合同产品的型号、规格和技术参数见本合同附件1。

2.2 乙方承认甲方有设计、制造和在中国国内以及下列国家销售合同产品的权利：印度、马来西亚、泰国、菲律宾、新加坡、越南、缅甸、巴基斯坦、伊朗、孟加拉国、匈牙利、罗马尼亚等。

2.3 乙方负责向甲方提供合同产品的设计和制造的全部有关的专有技术和技术资料，其具体内容和交付时间见本合同附件2。

2.4 乙方负责对甲方技术人员在乙方工厂及可能在乙方用户工厂进行培训，尽力使甲方人员熟悉并掌握合同产品的专有技术，具体要求见本合同附件3。

2.5 乙方负责派遣技术专家赴甲方进行技术协助，具体要求见附件4。

2.6 如甲方要求，乙方有义务在得到出口许可的条件下以优惠的价格条件向甲方提供生产合同产品需要的零部件或材料，届时双方另行协商签订合同。

2.7 在合同期间，乙方同意在甲方工厂生产的合同产品上采用甲方工厂和乙方工厂的联合商标，并用英文写明乙方工厂的全称，还要用中英文写明是甲方在乙方许可证项下制造的。

第三章　价格

3.1 按本合同第二章规定的合同内容和范围，甲方向乙方支付的全部合同费用分为两部分：

3.1.1 入门费为______美元（大写：______美元）。上述价格为固定价。

3.1.2 合同产品或者类似产品在考核并销售后，开始提成，提成费以甲方合同产品净销售价格为基础计算，提成率为3%（百分之叁）。

3.2 上述全部合同价格包括全部技术文件交付到目的地之前所发生的一切费用。

3.3 本章所述的价格只是购买专有技术的费用，不包括购买或运输任何硬件、设备或其他部件的费用。

第四章　支付和支付条件

4.1 本合同项下的一切费用，均以美元支付，甲方支付给乙方的款项通过北京中国银行支付给乙国银行。乙方支付给甲方的款项通过乙国银行支付给北京中国银行。

4.2 所有在中国发生的银行费用由甲方负担，在中国以外发生的银行费用由乙方负担。

4.3　本合同3.1.1条所规定的入门费按下述办法和比例由甲方付给乙方。

4.3.1　合同入门费的30%（百分之叁拾）计______美元（大写：______美元），在合同生效后甲方收到乙方下列单据之日起，不迟于___天，经核对无误后支付给乙方：

A. 乙方有关当局出具的有效出口许可证影印本一份，或同一当局出具的不需要出口许可证的证明文件一份。

B. 乙国银行出具的金额为______美元（大写：______美元），以甲方为受益人的不可撤销的保证函正副本各一份。保证函格式见本合同附件7。

C. 金额为合同总价的形式，发票一式三份。

D. 即期汇票正副本各一份。

甲方在支付上述款项的同时，向乙方提供由北京中国银行出具的金额为______美元（大写：______美元），以乙方为受益人的不可撤销的保证函正副本各一份。保证函格式见本合同附件9。

4.3.2　入门费30%（百分之叁拾）计______美元（大写：______美元），在甲方收到乙方按本合同附件2规定的全部技术资料后，不迟于甲方收到乙方提交下列单据之日起___天内，经核对无误后由甲方支付给乙方：

A. 商业发票一式四份；

B. 即期汇票正副本各一份；

C. 按本合同规定的全部资料交付的空运单影印件两份，及甲方说明全部资料已按本合同附件2的规定收到的证明书。

上述证明书应在空运单印戳日期后___天内寄交乙方。

4.3.3　入门费的25%（百分之贰拾伍）计______美元（大写：______美元），按本合同附件3完成培训工作，并在甲方收到下列单据___天内，经核对无误后由甲方支付给乙方：

A. 商业发票一式四份；

B. 即期汇票正副本各一份；

C. 由双方签署的说明培训已按本合同附件3要求完成的证明文件一份。

4.3.4　入门费15%（百分之拾伍）计______美元（大写：______美元），在甲方收到乙方下列单据后___天内，经核对无误后由甲方支付给乙方：

A. 商业发票一式四份；

B. 即期汇票正副本各一份；

C. 由双方按附件5的规定签署的考核产品检验、验收证明书的影印件一份。

4.4　根据本合同第七章的规定，在对考核产品进行检验和验收以后，按3.1.2节规定的提成费按下列方法支付：

4.4.1　每年12月31日以后15天内，甲方将上一年度的产品实际销售量及净销售价通知乙方，乙方有权自费指派查账人员校准总销售情况报告。

4.4.2　甲方收到乙方下列单据___天内，经核对无误后由甲方支付给乙方：

A. 该期提成费计算书一式四份；

B. 商业发票一式四份；

C. 即期汇票正副本各一份。

4.5　按本合同规定，如乙方按本合同第八章的规定需要向甲方支付罚款或赔偿时，甲方有权从上述任何次支付中扣除。

第五章　技术文件的支付

5.1　乙方应按本合同附件2规定的交付内容和时间，在北京机场交付技术文件，经CAAC交给（中国________公司，地址：中国北京________大街________号）收。

5.2　纽约机场空运单印戳日期为技术文件实际支付日期的凭证，甲方将带有到达日期印戳的空运单影印件一份寄给乙方。

5.3　在技术文件发运后48小时内，乙方应将合同号、空运提单号、项号、件数、重量、班机号和预计抵达日期用电报或电传通知甲方。同时将空运提单和技术文件详细清单一式两份航寄给甲方。

5.4　如技术文件在空运中丢失损坏，乙方应在收到甲方书面通知后不超过30天内，补寄给甲方有关文件。

5.5　交付技术文件应具有适合于长途运输、多次搬运、防雨、防潮的坚固包装。

5.6　每包技术文件的包装封面上，应以英文标明下述内容：

A. 合同号；

B. 收货人；

C. 目的地；

D. 重量（公斤）；

E. 箱号件号；

F. 收货人代号。

5.7　包装箱内附有详细技术文件清单两份，标明下述内容：

A. 项目编号；

B. 项目名称；

C. 页数和总页数；

D. 所包括的图号。

第六章　改编修改和改进

6.1　改编。

6.1.1　如果乙方提供的技术文件不适用于甲方实际的生产条件（如设计标准、材料、设备的生产条件及其他条件等），乙方将协助甲方对技术文件进行改编，以适应甲方的生产条件，并由乙方以书面形式予以确认。但这种改编必须从技术的角度看是可以接受的，且不降低合同产品质量。

6.1.2　为了协助甲方所需的改编，乙方提供最多为______个工程师的协助，在甲方工厂工作。

6.2　在合同有效期内，双方在合同规定范围内的任何改进和发展，在两个月内相互免费将改进和发展的技术文件提供给对方。另一方有免费使用这种改进和发展了的资料的权利。

6.3　合同产品的改进和发展的技术所有权属于改进和发展了这种技术的一方，对方如果要求申请专利或转让给第三方，应征得所有权方的同意。

第七章　考核和验收

7.1　双方同意在甲方按照乙方提供的技术文件制造出合同产品后，将对合同产品进行联合验证，其试验方法见附件5。

7.2　如合同产品的考核试验表明其性能与附件1中所述的性能一致，考核试验即为合格。双方签署验收证明书一式四份，每方各持两份。

7.3　如合同产品在考核试验中，其性能、技术参数与规定的不一致，双方将通过友好协商，共同研究，分析其原因，找出消除故障的方法，然后进行第二次考核试验，在试验表明产品性能合格后，双方将按7.2条所述签署验收证明书。

7.4　如产品在第一次和第二次考核中未能合格，其责任在乙方，则乙方第二、三次派出技术人员的一切费用由乙方自理，如产品不合格的责任在甲方，则甲方提供上述全部费用。

7.5　如产品在第三次考核时仍未通过，并且责任在乙方，处理方法按8.7.1条执行。如责任在甲方，双方将协商如何继续执行合同。

7.6　甲方在自己工厂内对考核产品进行试验时，应自备必要的公用设施和材料。

第八章　保证与索赔

8.1　乙方保证所提供的技术文件，是乙方实际使用的最新技术并保证在合同有效期内向甲方提供有关合同产品所有改进了的技术资料。

8.2　乙方保证所提供的技术是完整的、正确的和清晰的，并保证按时交付。

8.3　如果乙方提供的技术文件不符合8.2条所规定的要求，乙方必须在收到甲方的书面通知后，在____天内免费将所缺的技术文件或清晰正确的技术文件寄给甲方。

8.4　如乙方对技术文件不能按合同附件2和8.3条规定的时间交付，乙方应按每迟交一周罚款入门费的____比例支付给甲方。以上罚款不超过合同入门费总价的____。

8.5　按8.4条规定，乙方支付罚款给甲方时，将不解除乙方继续交付技术文件的义务。

8.6　无论何时，除了不可抗力外，乙方如果迟交技术文件超过规定日期6个月，甲方有权按8.7.1条处理。

8.7　产品经3次试验仍不合格时，则按以下办法处理：

8.7.1　若产品不合格以致甲方不能正常投产，只能终止合同时，乙方退还甲方已经付给乙方的全部金额并加上年利率8%的利息。

第九章　侵权与保密

9.1　乙方保证拥有本合同规定提供给甲方的专有技术的所有权，并在得到出口许可后，在法律上有权向甲方转让此专有技术，如果第三方指控侵权，由乙方负责与第三方交涉并承担由此而产生的法律和经济上的全部责任。

9.2　本合同期满后，甲方仍有权使用乙方提供的专有技术，即甲方有权在中国境内和外国设计、制造、使用和销售合同产品。

9.3　甲方同意在合同有效期内，对乙方按本合同的规定提供给甲方的技术文件予以保密。如果上述技术文件的一部分或几部分已被乙方或第三方公布，则甲方不再对公布部分承担保密义务。

第十章　税费

10.1　凡因履行本合同而发生在甲方国家以外的一切税费，均由乙方承担。

10.2　中国政府根据现行税法对甲方课征的有关履行本合同的各项税费，由甲方支付。

10.3　中国政府根据现行《中华人民共和国外国企业所得税法》和《中华人民共和国个人所得税法》对乙方课征的有关执行本合同的一切税费，由乙方负责支付。

上述所得税将由甲方从本合同第四章规定的支付中予以扣除，并代向税务当局缴纳。甲方应向乙方提供税务当局出具的税收单据一份。

第十一章　仲裁

11.1　因执行本合同所发生的争议或与本合同有关的一切争议，均由双方通过友好协商解决。

11.2　如通过协商仍不能达成协议，则应提交仲裁解决。仲裁地点位于斯德哥尔摩，由斯德哥尔摩商会仲裁法庭根据仲裁规定进行。

11.3　仲裁裁决是最终裁决，对双方均有约束力。

11.4　仲裁费用由败诉方负担。

11.5　除了在仲裁过程中进行仲裁的部分外，其余部分应继续执行。

第十二章　不可抗力

12.1　签约双方中的任何一方，由于战争、严重火灾、水灾、台风和地震或任何一方不能控制的经双方同意的类似事件而影响合同执行时，则延长履行合同期限，延长期相当于事故所影响的时间。

12.2　责任方应尽快将发生不可抗力事故的情况以电传或电报方式通知对方，并于14天内以航空挂号信将有关当局的证明文件提交给另一方确认。

12.3　如不可抗力事故延续120天以上，双方应通过友好协商尽快解决本合同继续执行的问题。

第十三章　合同生效终止及其他

13.1　本合同由双方代表于____年____月____日签字。由双方分别向本国政府当局申请批准，以最后一方的批准日期为本合同生效日期，双方应尽最大努力在____天内获得批准，用电传通知对方，并用信件确认。如果本合同自签字之日起6个月仍不能生效，则任何一方都有权取消合同。

13.2　制造与销售合同产品的合同有效期，从13.1条所述合同生效日算起共8年，有效期满合同自动失效。

13.3　不论合同在任何一种方式下终止，双方之间存在的债务及有关的权利和义务均不受任何影响。在合同终止后，欠债人应承担义务，直至欠债人向债主付清全部欠款为止。

13.4　本合同有中英文两种文本，一式四份，双方各持两份，两种文本具有同等效力。

13.5　本合同附件 1 至附件 9 为本合同不可分割的组成部分，与合同正文具有同等效力。

13.6　对本合同条款的任何修改和补充，经双方代表协商同意后签署书面文件，作为本合同的组成部分，具有同等效力。

13.7　在合同有效期内，双方通信用英文进行；正式通信应以书面形式，用挂号信邮寄一式两份。

第十四章　法定地址

甲方：

1. 中国______公司

地址：中国北京____大街____号

电传：

2. ______厂

地址：中国____省____市

电传：

3. 联系人：

乙方：

1. ____国____公司

地址：____国____州____街____号

2. 联系人：

电传：

甲方代表签字：

1. 中国____公司

（签字）

2. ______厂

（签字）

乙方代表签字：

____国____公司

（签字）

（附件省略）

专栏 4—2

各国管制限制性条款的立法概况

由于国际技术贸易合同中的限制性条款破坏了国际经济新秩序的建立和国际经济的良好运行，严重影响了国际技术贸易的发展，因此，许多国家都通过制定国内法或通过缔结国际条约的形式对某些限制性条款予以管制。

（一）发达国家的立法

1. 美国的反托拉斯法。1890 年的《谢尔曼法》、1914 年的《克莱顿法》和《联邦贸易委员会法》至今仍是美国反托拉斯法的基础。其中《克莱顿法》唯一提到专利和版权的一般性规定，至于技术贸易中的某一限制性条款是否触犯反托拉斯法，还要由法院根据

“本身违法原则”和“合理规则”来确定。从20世纪80年代起，美国司法部及政府认为：技术许可应根据合理原则加以分析评价；被指控的有关专利或技术秘密违反反托拉斯法的案件，应根据合理规则而不是在本身的基础上加以裁决。并且，如果确实发现有违反反托拉斯法的行为，也不应像现在一样将损害增加到原来的三倍。1995年4月6日，美国司法部和联邦贸易委员会联合发布的《知识产权许可的反托拉斯指南》列出了适用于专利、版权和商业秘密的许可行为，该指南提出了3条重要原则：(1) 就反托拉斯分析而言，执法机关把知识产权基本上视同其他类型的财产；(2) 执法机关不推定知识产权创造了反托拉斯背景下的市场力量；(3) 执法机关认为知识产权许可是促使企业联合互补的生产要素，并且一般来说是促进竞争的。这三项原则与20世纪80年代以来美国司法界缩小知识产权许可中应用限制性条款的范围相适应。

2. 欧共体的竞争法。欧共体的竞争法集中于《罗马条约》第85条和第86条。此外，1996年欧洲委员会根据《罗马条约》第85条第三项制定了240号新规章（EC No. 240/96）——《技术转让条款豁免条例》，该条例采取一般禁止与豁免程序相结合、单独豁免和集体豁免相结合的体制来控制知识产权许可方面和其他方面的反竞争行为，有其明显的优点。首先，它可以在保持一定灵活性的同时增强法律的确定性，使当事人、执法机关和法院能清楚地知道法律许可、禁止和豁免何种行为，由此也增强了法律的可操作性和可执行性，简化了执法程序，降低了执法成本。其次，该规章将技术许可合同条款分为基本豁免条款、白色条款、黑色条款和灰色条款，这种定性分类、区别对待的处理方式，可以提高许可合同当事人对其法律行为后果的可预见性，有利于推动技术贸易及经济发展。

（二）发展中国家的立法

发展中国家特殊的历史遭遇和由此所造成的特殊的社会经济状况，决定了发展中国家对限制性条款的管制具有与西方发达国家不同的特点。其一，发展中国家主要通过制定专门的技术转让法来管制限制性条款，如许多发展中国家对国际许可协议采取审批制，在符合规定条件时才予以批准。其二，在立法技巧上，发展中国家大多使用列举的方法明确每一个禁止性条款。其三，对“限制性条款”的认定，采用“发展”标准，即看其是否可能形成任何依附关系，控制被许可方企业的生产、技术及销售活动，从而影响被许可方国家的经济独立和发展。所以，尽管有些做法不一定直接影响市场或竞争，但只要影响了本国经济技术的发展，便受到法律的禁止。但近年来为了改善投资环境，各国逐渐转变了以往的态度，强调严格保护和使用知识产权，在某种意义上也反映了发展中国家的让步和妥协。就我国而言，为应对加入世界贸易组织的挑战，我国的专利法、商标法和著作权法以及相关的法规规章都进行了修改，加大了对知识产权的保护力度，而在限制性条款的管制方面却没有任何进展。

上述分析表明，在管制限制性条款这一问题上，发达国家主要坚持竞争标准和合理规则，而发展中国家尽管坚持发展原则，但在经济全球化的大背景下，为改善投资环境，不得不作出某些让步和妥协。

资料来源：陈婷，冯都．国际技术贸易合同中的限制性条款及其处理．黑龙江省政法管理干部学院学报，2007 (4).

本章小结

技术许可合同是国际技术贸易合同的主要和基本的形式。通常根据授权性质和使用地域范围，技术许可合同可划分为普通许可合同、排他许可合同、独占许可合同、分许可合同和交叉许可合同。在国际技术贸易中，双方当事人究竟签订哪种类型的许可，要考虑多种因素后决定。

国际技术许可合同条款分为两大部分——合同的一般条款和合同的特殊条款。合同的一般条款包括序文、关键名词术语的定义、转让技术的内容和范围、技术的价格与支付等。专利许可合同、商标许可合同和专有技术许可合同又各有其特殊条款。

国际技术许可贸易是一项复杂的工作，其交易程序一般都要经过交易前的准备阶段、商务谈判阶段、合同的签订与履行阶段。正规的商务谈判一般包括开局、询盘、发盘、还盘、接受和签约几个程序。

本章关键术语

技术许可合同	普通许可合同	排他许可合同	独占许可合同
分许可合同	交叉许可合同	序文	保证条款
专利条款	刚性条款	机会研究	可行性研究
询价	比价	开局	询盘
发盘	还盘	接受	签约

本章思考题

1. 某家化工企业需要从国外引进一项治污技术，其在交易前应该进行哪些准备工作？

2. 某家计算机软件公司需要向国外输出其公司开发的软件，该公司应该进行哪些准备？国家在这方面有哪些鼓励政策？

3. 商务谈判团应该由哪些人员组成？选择人员时需要考虑哪些因素？谈判前各成员应该做好哪些准备工作？

4. 常见的比价方法有哪些？

5. 谈判的程序有哪些？需要使用哪些策略与技巧？

6. 技术进出口合同登记备案的程序是什么？应该去哪里办理登记备案手续？

第五章 国际技术贸易价格与支付

学习目标

- 了解技术贸易价格的构成及其含义；
- 领会国际技术贸易中的估价原则；
- 掌握各种计价方式及不同计价方式对转让方和受让方的影响；
- 掌握国际技术贸易合同不同支付方式的特点；
- 正确运用国际技术贸易合同价款的不同支付方式。

第一节 技术贸易价格的概念及组成

一、技术贸易价格的概念

世界知识产权组织编写的《技术贸易手册》，给技术贸易价格下了如下定义：技术贸易价格是指技术受方为取得技术使用权所愿支付的、供方可以接受的使用费的货币表现。在实际业务中，对技术贸易价格有不同的提法，比如，在许可贸易中，我们可以从许可方和被许可方双方所处的不同角度出发，把技术贸易价格称为“技术使用费”“技术补偿费”；根据不同的计价方式，我们把提成计算方式中的合同价格称为“提成费”，其他方式称为“技术转让费”“入门费加提成费”；对于其他类型技术贸易方式中的合同价格，则称为“技术咨询费”“技术服务费”“计算机软件许可使用费”等等。不管采用哪一种提法，这些都是技术贸易中合同当事人协议的技术受方向技术供方支付的技术使用费的货币表现。

二、技术贸易价格的组成

影响技术贸易价格高低的因素有很多，它不能运用某一种简单的计算方法获得一个确切的数值。确定一项技术转让费的一般公认的原则是：由技术转让方与受让方共同分享在使用了该项技术后所取得的额外利润。由于受让方在实施该项技术时承担了经营、市场以及其他各方面的风险，在利润的分配比例上受让方要占优势。至于各自占有多大的比例，则由双方协商确定。目前根据有关统计，许可贸易中的技术使用费一般都为被许可方使用技术后所获得利润的10%～30%，这个比例也称作利润分成率。由于核算额外利润有许多困难，因此，在技术贸易中实际上是以生产该产品的销售额作为计算技术转让费的基础。

国际技术贸易价格或称技术使用费，一般由下列三个部分组成：

（一）转让成本

转让成本（transfer cost）是指供方为了签订和履行该项技术交易合同所支出的各项费用。根据联合国跨国公司研究中心的资料，技术转让成本为合同总价的8%～14%。其中包括：

1. 直接转让成本

直接转让成本（direct transfer cost）包括技术转让方派遣谈判人员谈判技术转让合同的差旅费；作报价及准备报价资料的费用；执行合同人员的差旅费；转让技术所必需的技术文件、图纸资料、技术规程等的编制和复制的花费；根据受让方提出的特殊要求而专门进行设计和实验研究的花费；接受受让方技术人员进行技术考察和技术培训的费用；以及其他的实际花费和机动费用，如通信费和营销服务费等费用。

2. 间接转让成本

间接转让成本（indirect transfer cost）是指公司的综合行政管理费、法律咨询费、监督与审计费等费用的分摊。

（二）研发成本的分摊

研发成本的分摊（R&D cost amortization）是指在国际技术贸易中，有关技术的研发成本是由使用该项技术的所有企业共同承担的。技术研发成本包括从事该项技术研发所投入的全部人力和物力成本、资金及其机会成本。人力成本包括研究人员成本和管理人员成本；物力成本包括除人力和资金投入以外的其他全部投入，如实验设备和厂房（或其折旧）、仪器、能源、物料等。研发成本一般包括下列费用：科研人员的工资与福利费、资料费、设备费、咨询费、管理费等。

这些研发费用是一般项目的基本费用，每一个具体项目会因技术本身的因素和研究条件不同而有所不同。实际上一项技术的研发资金投入常常是很难确定的，其原因主要有三个：一是一个公司或一个研究所从事技术研发的投入，往往是用于连续或多项研究活动的，无法确定其中某一项技术的研发费用；二是一项工艺、产品发明或一种技能、经验的总结，是长期从事研究、生产、管理的一种附带的技术成果，并不是一开始就有明确的开发目标，并为之进行投入，因此，一般情况下不会给有关公司或研究所增加额外费用；三是技术研发的目的是为了满足自己的需要，以提高产量或质量，提高效率，增加收益，只有当该项技术或产品到达一定生命周期阶段需要向外转让时，才涉及该项技术的研发成本计算。

总之，在国际技术交易中，技术所有人可以将技术使用权进行多次有偿转让，即同一项技术被许可多家使用。因此，供方不能依靠一次许可或转让该项技术来收回技术研发的全部成本。对某一项具体交易的受方而言，至多只能承担一部分技术研发成本，但其数额很难准确计算。一般来说，随着技术转让次数的增加，技术的研发费用占技术价格的比例会越来越小，此时受方所分摊的技术研发成本应该越来越少。

（三）利润补偿

技术转让中的技术转让费除了可视为转让方的利润外，也有为补偿转让方向受让方让出部分产品销售市场或潜在市场的损失的考虑。因为对于技术供方来说，将技术授权给受方使用，由受方进行生产和销售，意味着技术供方将失去合同许可的地域范围内的部分甚至整个市场，将使自己损失掉原先由自己生产销售可能获得的利润。这部分利润必须通过收取技术使用费得到补偿。由此可见，转让技术预期创造的利润的高低将直接影响利润补偿（profits compensation）的大小，并成为确定技术使用费的主要因素之一。预期利润是指使用这项技术所能获得的实际经济效益，这是技术价格高低的决定因素。对于技术受方来说，是否引进该技术主要由引进技术的效益高低决定。

影响技术预期利润的因素有很多，主要包括：技术的水平和成熟程度；许可产品的市场、销售量和销售价；技术所处的生命周期阶段；专利技术的范围、期限、有效性以及专有技术的保密情况；许可使用权的独占情况；其他因素，如合同的条款规定等。由于影响合同价格的因素有很多，这些因素在进行技术转让交易初期很难全部和准确预测，使得对于其利润的估算成为计算技术使用费的一个关键问题。这就是为什么在技术转让中大多采用技术使用费与生产销售相结合的提成方式的原因。

第二节　影响技术贸易价格的因素

在技术市场中有许多因素会影响技术贸易价格的确定。下面就从与技术本身相关的因素、与技术环境相关的因素和各国税收政策的不同角度分析这些因素对技术贸易价格的影响。

一、与技术本身相关的因素对技术贸易价格的影响

与技术本身相关的因素对技术贸易价格的影响主要表现在以下几个方面：

（一）技术的生命周期

就像产品有生命周期一样，技术也会经历发展、成熟和衰退阶段。技术处于生命周期的不同阶段，其价值就会不一样。技术价值随不同生命周期阶段的变化可用图 5—1 来表示。

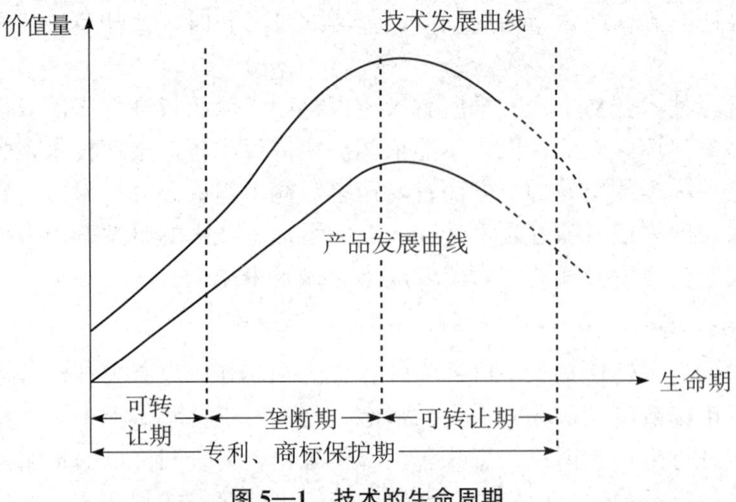

图 5—1　技术的生命周期

某项技术在发展阶段，多以蓝图、原理等形式表现，此时尚无明显的商业价值可言，技术的公开程度较大，多以专利等形式加以保护，技术的转让价格较低，受方要想将其完全商业化，仍需较多的费用。技术在成熟阶段的商业价值最显著，此时技术常被持有者垄断，即使以专利许可的形式转让，技术的转让价格也会很高，而且其中关键性技术和诀窍也不会转让。在由成熟向衰退的过渡阶段，技术的转让才会比较完整，技术的转让价格才会逐渐降低，特别是对超过专利保护期的技术，技术转让价格往往相对较低。

（二）技术的开发费用

每项技术的研发都需要较大的物力和财力，只有大型企业或大型垄断组织方可承担得起技术研发的费用，因此，技术的持有者自然会对研发出来的技术有较高的回报要求。所以，技术的持有者往往对研发出来的技术采取垄断的做法，以追求高技术附加值，在结束技术垄断之前，也希望通过转让收回一些研发费用。

（1）在技术的发展阶段，技术是先进的，甚至是领先的（对于重大的领先技术或关键技术，持有者是不会卖出或转让的），此时研发费用的补偿将在技术价格中占有相当份额。

在技术处于发展阶段时，使用该技术所生产产品的需求常常是刚性的，产品价格提高并不会影响需求量。此时受方为节约时间而选择引进技术，放弃自行研制，并接受技术输出方对研发费用的补偿要求。费用的补偿量一般都接近技术供方对受方独立自行研制该项技术费用的估计量，且不低于供方研发费用的实际花费。

技术在发展阶段容易被仿制，因此，供方也要求尽快补偿其技术研发费用，补偿量一般都相当于泄密费。这类技术交易多发生在较先进和新兴的产业，且供受双方的技术水平相差不大。

（2）某些大型跨国公司从其全球技术许可战略出发，依靠许可贸易的手段来控制市场，以保持自己在技术领域的领先地位。这些跨国公司通过要求对其技术研发费用的补偿来维持研发机构的运转（当然，跨国公司绝不会转让自己的看家技术，而是严格按照技术生命周期或技术的有效利用程度来实施技术转让）。在这种情况下，技术的研发费用的补偿量仍根据供方对受方独立研制该项技术费用的估计量来确定。

(3) 在技术的成熟和衰退阶段，一般不过多地考虑技术的研发费用，由于技术的长期使用，其研发成本已从产品利润和多次技术转让的收益中收回。在特殊情况下，如技术供受双方的技术水平相差很大时，供方仍要求受方承担研发费用。

(三) 技术的转让费用

技术转让过程涉及大量的人员和物力，要消耗大量财力。作为供方的直接花费，技术的转让费用是决定技术转让价格的基本因素，即是供方报价的下限。

通常转让费用包括以下几方面内容：

(1) 技术供方的基本费用。如技术转让过程中的可行性研究、技术资料的准备、接待受方人员来访等所支出的费用，往往由供方垫付，并打入供方的报价。

(2) 由技术受方的技术服务要求决定的费用。如依技术转让过程中的培训量、技术转让过程中的相关软件和相关硬件等确定的费用。

(3) 由技术受方的技术服务性质决定的费用。不同的受方由于技术能力的差异，对技术服务性质的要求各异，这主要体现在受方所需技术的核心程度及受方所需技术的类别上。

(四) 技术的市场费用

技术的市场费用是指技术供方转让技术的机会成本，即技术的成功转让不但使受方获得了一种新技术，得到了一块新市场，而且使供方失去了一块市场，乃至培养了自己的竞争对手。因而，供方要对自己因转让技术而失去的市场份额和利润损失作出估算，并把这一数量反映在技术贸易价格中。供方的利润损失主要包括：

(1) 技术供方在转让期内继续使用此技术于某一市场预期会获得的利润。这个预期利润要根据行业的平均利润水平和预期销售量算出。

(2) 技术供方在转让期内因合同约定而产生的利润损失。若受方在某地域内享有技术独占权，则供方及第三方在该地域内不得使用及销售该技术和技术产品。此时供方提出的技术贸易价格也比较高。

(3) 技术供方对受方使用转让技术产生利润的估值。受方使用转让技术产生利润完全是受方的经济行为，但供方常根据由此产生的利润估值。

(五) 对技术转让过程中的开发费用、转让费用及市场费用的综合分析

从技术转让过程中的开发费用、转让费用及市场费用来看，实际的技术贸易价格会因三类费用在技术生命周期不同阶段的重要性不同而在价格上下限内波动，见表5—1。

表5—1　影响技术价格的主要因素与技术生命周期的关系

技术生命周期	开发费用	转让费用	市场费用
发展阶段	A	C	B
成熟阶段	B	B	A
衰退阶段	C	A	B

说明：A代表费用最高，B代表费用中等，C代表费用最低。

技术供方收回开发费用的主要渠道首先是销售产品，最后才是技术本身的销售。当销售处于发展阶段的技术时，开发费用才显得重要。对于成熟的技术，由于产品市场完善，

产品利润有可靠的保障，市场费用在技术转让时最重要。对于衰退期的技术，由于产品市场趋于饱和，开发费用大部分也已收回，转让费用更为供方看重。

二、与技术环境相关的因素对技术贸易价格的影响

一项技术的成交价格除了与技术本身相关外，还受技术环境的制约，主要表现在以下几个方面：

1. 政府的干预

政府的干预可能来自技术供受双方国家。一些国家出于国家安全或法律税收的考虑，限制某些技术出口或限制向某些国家的技术出口。也有一些发展中国家在进口技术时，为了防止技术出口公司获取超额利润，对技术贸易价格规定支付上限，但这种限制一般不易奏效，供受双方可以用延长合同年限的办法支付技术使用费。技术进口国政府也可以通过审查技术协议的办法干预技术成交价格，这种限制会增加技术出口方的市场风险，导致技术出口方提高底价。

2. 技术进口国的政治风险

与跨国投资一样，技术进口国的政治和商业风险会影响买方支付和履行协议的能力。技术出口方认为风险较大时，往往采取提高底价和总付的支付方式。在转让的项目较大时，供方要向国际风险评估公司咨询。

3. 产业规范

不同产业部门或不同产品的国际技术转让有一定的规范，主要表现在技术提成率上，如医疗器械行业的提成率是10%～15%。

4. 支付方式与支付货币的差价

技术转让费有三种基本支付方式：总付、提成支付以及入门费与提成支付结合。一般来说，三种基本支付方式的现值应相等，但在实际支付时，总付可以使技术出口方收取现金，同时又可以避免转让期的风险。因而供方愿意给总付方式更大的优惠，以鼓励受方接受总付的方式。

由于国际汇率变化不定，受方希望用本国货币支付，供方则希望用国际货币支付。在国际汇率变化不定时，供方会在技术底价中打进5%～10%的汇率系数。

5. 合同条款

合同条款包括供方承担的责任范围的大小、索赔和罚款条件等。在技术转让合同中，受方多要求供方就技术品质和交付时间作出承诺。这种承诺对供方也是一种风险。为平衡风险，供方也会在技术底价中打进一定的系数。

6. 技术供方之间的竞争状况

一项专用技术为独家所有和该技术有多个供方会对技术贸易价格造成较大的影响。

三、供受双方所在国的税收政策对技术贸易价格的影响

与技术贸易价格相关的税种可归结为四大类：所得税、财产税、流转税和关税。大多数国家均把所得税作为主要的税种和税制中心，对技术转让费用的税收也多采用征收预提税的方式。由于国际技术转让费用是跨国界的收入，技术供受双方所在国都要对收入征

税，这就产生了双重征税的问题。

技术供受双方所在国双重征税对技术供受双方都有不利影响。对供方来说，削弱了在国际技术市场上的竞争力；对受方来说，削弱了在国际技术市场上的引进优势。另外，技术转让会带动商品贸易，增加间接税收，所以技术供受双方所在国都力争避免双重征税。

目前，各国之间主要是通过政府间谈判，缔结避免双重征税协定来解决双重征税的问题。

第三节　技术贸易价格的评估

一、技术使用费评估的一般原则

在确定技术使用费时，要考虑各种因素。根据国外的有关资料，影响使用费的因素有一百多项。但是，通过长期的业务实践和总结，仍能发现影响使用费或决定使用费高低的一些关键因素和评估使用费的一般规律。

当事人考虑技术使用费的一般规则，通常分为三步：

第一步，根据各自的立场和意图，制定使用费的基本标准。

第二步，根据具体合同条件和其他外部因素，对基本使用费进行调整。

第三步，在具体交易磋商中讨价还价，力争有利于己方并能为对方所接受的使用费金额。

二、估定使用费基本标准时考虑的主要因素

（一）许可方估定基本使用费时考虑的主要因素

1. 技术转让的直接费用

技术转让的直接费用，又称转让成本，是指许可方从交易开始至实际收到技术使用费之前需要垫付的费用，一般是根据开支的有关项目计算出来的。根据美国学者大卫·蒂斯对 26 个技术转让项目的调查，直接费用最低的占总使用费的 2%，最高的占总使用费的 59%。根据联合国跨国公司研究中心的资料，直接费用约为合同使用费总额的 8%～14%，是合同使用费总量中的一个重要组成部分。技术转让的直接费用一般包括：

（1）基本费用：基本设计、生产流程、维修保养方法、质量控制规程、试验方法等合同所需的全部技术资料编制费；

（2）特别设计费：为满足被许可方的特殊要求，修改基本设计支出的费用；

（3）技术文件费：纸张、人工的费用；

（4）派遣专家进行技术座谈等所需的费用；

（5）被许可方人员到供方工厂考察、培训等所支出的费用；

（6）技术服务费：为使被许可方掌握技术，许可方从事技术服务指导的费用；

（7）机动系数。

2. 沉没成本或开发费用

沉没成本（sunk costs）或开发费用又称为历史成本（historical costs），是指所转让

技术投入的人力、物力和资金等，是在技术开发过程中形成的。之所以称为沉没成本，是因为：（1）由于技术开发过程是长期的，企业一般都没有开发费用的完整记录；（2）有的技术往往不是单独开发的，或是同时开发几种技术或是开发其他技术时的副产品，未曾对其开发作任何单项投入；（3）即使技术是单独开发的，企业的原始动机也是为本企业使用，并非以转让他人为目的；（4）企业在使用技术的过程中，大多将开发费用逐步分摊到产品上，在进行许可时，开发费用实际上已经部分或全部收回，而且在将技术许可给被许可方以后，许可方还可以在继续使用该技术的过程中进一步收回开发费用。

基于这些原因，许可方考虑技术使用费时，一般并不强调研制技术的费用问题，也就是说，分摊到技术使用费中的开发费用为零，可以忽略不计。

3. 机会成本

机会成本（opportunity costs）是指许可方因转让技术而失去在受方国家的市场，或让给被许可方部分销售市场而失去的销售机会所致的利润损失。例如，美国一公司每年可向中国销售1亿美元的程控交换机，而转让制造技术后，向中国的出口减少了5 000万美元。如果该公司的利润率为20%，估计将损失1 000万美元的利润，这1 000万美元就是该公司转让技术的机会成本。因此，许可方考虑技术的使用费时，就希望将其因丧失销售机会所致的利润损失通过使用费获得一定的补偿。

许可方对机会成本数额的估计，取决于其对目标市场的预测。如果许可方从未向被许可方市场直接销售过产品，也不想通过转让技术打开被许可方市场，那么许可方转让技术的机会成本就为零。如果许可方已经向被许可方市场销售过产品，而且意欲通过技术转让进一步扩大在被许可方市场上的占有率，那么销售产品的机会不但未受影响反而增加，机会成本也为零。总之，机会成本的大小取决于许可方对销售市场前景的估计。如果市场销售前景暗淡，估计的机会成本就小；如果市场销售前景看好，估计的机会成本就大。因此，机会成本只能是对各种替代值的估算，伸缩幅度很大。即使许可方在估定技术使用费总量时，将机会成本作为考虑的因素之一，其对使用费总量的影响也是很有限的。

4. 对被许可方取得新增利润的估计

许可方对被许可方取得新增利润的估计，是影响使用费的重要因素，这项新增利润一般称为“边际收益”（margin return），又称“新增价值”（incremental value）。这种新增价值的估计与被许可方使用技术的目的有关。被许可方使用技术有三个目的：（1）降低生产成本或节约费用；（2）提高产品质量、性能、档次，增加产品售价；（3）增加产品的销售量，提高市场占有率。许可方根据被许可方使用技术的目的和市场的前景，充分估计被许可方获得新增利润的总量，并考虑其在被许可方新增利润总量中所占的份额。

（1）对生产成本降低或费用节约产生的新增利润的估算。被许可方因使用许可的技术，带来了生产效率的提高，或节约了原材料，减少了能耗，使单位产品的生产成本明显降低，利润比未使用技术前大大增加，增加的部分即为新增利润。其估算方法如下：

$$MR=(C_1-C)\times Q\times N$$

式中，MR为采用技术后新增的价值总量；C为采用技术后的单位成本；C_1为采用技术前的单位成本；Q为产品的年产量；N为合同有效年限。

例如，某企业引进电话机制造技术，引进许可技术前的单位生产成本为10美元，引进后的单位生产成本为6美元，年产量为50万台，合同有效年限为6年，则6年的新增利润总量为：

$$
\begin{aligned}
MR &= (10-6)\times 500\,000\times 6 \\
&= 12\,000\,000(\text{美元})
\end{aligned}
$$

（2）对因产品质量、档次、售价提高产生的新增利润的估算。引进技术的目的是提高产品质量，使产品更新换代，提高产品档次，从而使单位产品售价提高。在产品生产成本不变的情况下，新老产品的销售价格差，即为新增利润。

（3）对因销售额增加带来的新增利润的估算。被许可方在引进技术时，有时会同时引进许可方的商标使用权，即使技术对产品的生产成本和售价并未产生很大影响，仅因商标的信誉就会增加产品的销售量，从而使销售利润增加。新增销售利润即为新增价值。

（4）对各年生产成本或销售价不同情况下新增利润的估算。上述估算是在各年生产成本或销售价不变情况下的估算。实际上，生产成本或销售价完全不变的情况是比较少的。因此，应将合同有效期内各年生产成本或销售价变化的因素考虑进去，分别计算各年的新增利润，然后相加，计算出各年新增利润之和，即为新增利润总量。

5. 技术服务和技术协助的数量

技术服务和技术协助的费用是许可方垫付的，属于转让技术直接费用的一部分。被许可方要求的技术服务和技术协助的数量越多，许可方转让技术的直接费用就越大；反之，转让技术的直接费用就越小。这部分直接费用是一定要收回的。因此，技术服务和技术协助数量的多少，直接影响到许可方对技术使用费的要求。

6. 竞争性因素

竞争性因素也是许可方考虑使用费水平的因素之一。尖端技术垄断性强，如果只有许可方能够提供，许可方就会提出垄断性高价。一般技术可提供的来源较多，许可方为了在竞争中取胜，就不得不压低使用费水平。但是，压低不是无限度的，最低也只能是转让技术的直接费用。因为使用费低于直接费用就表现为交易上的直接损失。因此，无论竞争多么激烈，许可方也绝不会为了达成交易而承担直接经济损失。

7. 机动系数

机动系数（take whatever is available）是指许可方在基本使用费的基础上争取多收的部分。

许可方在考虑了上述各种因素后，要制定出使用费的最低标准，即最低限度的技术使用费（minimum price），又称“底价”（floor price）。根据上述各项因素的估计，使用费的构成如下：

使用费＝转让成本＋新增利润分成＋沉没成本系数＋机会成本系数
＋其他因素（技术服务和协助的数量、行业利润率等）

（二）被许可方支付技术使用费时考虑的主要因素

被许可方支付多少使用费才能获得许可的技术，同时又能获得预期的经济利益，也必须进行综合平衡，并考虑可以支付使用费的最高限度。其考虑的因素主要包括：

1. 自行开发拟引进技术的成本

被许可方为提高本企业技术水平，是自行研制所需技术，还是从国外获取所需技术，必须从两者中作出抉择，即“做或买”（make or buy）。作出抉择的办法就是将自行开发成本与引进技术的支出进行比较，如果开发成本大于或等于引进技术的支出，同时考虑时间因素和风险因素，则引进比自行开发有利；反之，自行开发比引进有利。

但是，静态地考察开发成本尚不足以作出正确的抉择，而应动态地考察开发成本，这就要考察开发成本的时间价值。例如，一个企业开发所需技术需 3 年时间，而引进技术只需 1 年时间，技术使用费为 300 万美元，第二年就开始受益，每年可新增利润 300 万美元，两年合计 600 万美元。自行开发需花费 3 年时间，投资 200 万美元。从静态来看，引进费高于自行开发费用；从动态来看，引进比自行开发多增效益 500 万美元。因此，自行开发的成本高于引进支出，据此可以采用引进方式。

2. 利用技术后的新增利润

被许可方可能或愿意支付多少技术使用费，关键是看利用引进技术后能带来多少新增利润。新增利润是使用技术前和使用技术后所获经济效益之差。但是，被许可方从自身的利益和掌握的信息出发，估计的新增价值与许可方的估计肯定有很大出入。不过被许可方可以不考虑许可方的估计，而是根据自己的实际情况，作出自己的估计，作为应支付使用费的计算基础。被许可方估计新增利润的方法与许可方估计的方法基本相同，可以按前面介绍的方法进行估算。

3. 对拟引进技术本身状况的了解和估计

（1）技术的法律保护状态，即保护的期限距保护期届满剩余的时间。

（2）技术所处的生命周期阶段。技术生命周期分为发展阶段、成熟阶段和衰退阶段。拟引进技术所处的生命周期阶段不同，技术的价值也不同，应支付的使用费也会不同。

4. 有无可供选择的技术来源

一项技术有无可供选择的供应者（alternative supplier），也是考虑使用费支付金额的依据之一。如果一项技术被一个企业所垄断，又没有类似的技术来源可供选择，被许可方往往要支付垄断高价。如果一项技术有多个供应来源，被许可方就有较大的选择余地，并且可以利用竞争，“货比三家”，从中选择条件相同但技术使用费优惠者。

5. 间接成本

除支付给供方的使用费外，被许可方还应适当考虑引进技术的间接成本，即消化、吸收、创新技术，设备改造，职工培训等费用，以及该技术的社会效益，如增加就业机会、优化资源配置、保护生态环境、改善国家外汇收支等。这些因素对技术使用费总量不会产生直接影响，但对衡量一项技术的总体效益，作出支付使用费的决策是十分有用的。

被许可方考虑了上述因素后，要制定出愿意支付使用费的最高限额（maximum price or ceiling price），其极限值应为自行开发成本、预期新增利润总额和竞争价三者中的最低数值。当然，实际成交的使用费不可能是该数值，只有在支付许可费后，被许可方可获益 70％以上的价格才可能被接受。

三、影响基本使用费的合同条款

技术使用费总额与合同条款密切相关，合同相关条款的变化必然会影响技术使用费的高低。影响使用费金额的合同条款主要有：

1. 使用权的性质

许可方授予被许可方的技术使用权性质，包括独占使用权、排他使用权或普通使用权。权利的性质不同，许可方要求的使用费也不同，亦即独占使用权使用费最高，排他使用权使用费略低，普通使用权使用费最低。独占使用权使用费比普通使用权使用费一般高20％左右。

2. 产品销售的地域范围

许可方不愿被许可方将生产的产品销售到被许可方国家以外，以免在市场上增加竞争对手。但被许可方除了要求在本国市场销售外，还要求出口。为了限制被许可方的出口销售地域范围，许可方就可以要求提高使用费。例如，美国某公司转让制造柴油机技术，被许可方如果在本国销售，提成率可为2.5％；如果出口，则要求提成率为7.5％。

3. 采用的支付方式

支付方式不同，许可方承担的风险也不同。如采用总付方式，许可方承担的风险最低，而且可以较早地收到使用费，同时又不承担被许可方利用技术的风险，所以，许可方可以以更低的使用费转让技术，所降低的比率相当于现金折扣率。如采用提成支付方式，许可方收取使用费的风险最大，而且要承担被许可方利用技术失败的风险，技术使用费没有确切的保证，因此，许可方为了弥补可能的损失，要求的技术使用费最高。

4. 支付货币差价

支付货币为许可方国家货币时，汇率变动一般对使用费不会产生影响，若使用被许可方国家货币或第三国货币，许可方要考虑汇率波动的风险，并将汇率波动风险加到使用费中。因此，被许可方以许可方国家货币支付使用费，比使用其他国家货币支付使用费要低。

5. 保证条款的严格程度

合同均规定许可方对技术指标、资料的完整清晰、产品质量和资料交付时间等提供担保。被许可方也往往误以为保证与罚金条件越严格越好。实际情况表明，不切实际的严格规定并不总是对被许可方有利。因为许可方一般均根据最高罚金金额，将风险因素加进所要求的使用费总额中。这样万一发生罚金，对许可方不会有任何损失，若不发生罚金，则许可方可额外多得一笔收入。相反，被许可方将保证与罚金条件适当放宽，如将资料交付日期放宽一个月，或将应交的履约保证金改由保函代替，许可方则会酌减使用费金额。这样被许可方既可以得到适当的保证，又可以争取到比较低的技术使用费。

四、技术使用费的谈判

（一）谈判模式

经过双方准备和对使用费的估算，按照估算出的使用费上下限，通过谈判达成双方均可接受并认为满意的使用费总量。在谈判过程中，被许可方根据许可方的报价进行还价，双方的谈判范围在许可方的报价之下、被许可方的还价之上，其平衡点主要取决于双方谈判的实力和采取的对策，以及合同相关条件的变化。

（二）谈判对策

谈判的对策多种多样，但有些对策并不适用于技术使用费的谈判，技术使用费的谈判适用于合作型对策，这种对策对双方都是有利的。从对策论的角度看，合作型对策就是从不平衡逐渐使之处于平衡状态。这种平衡状态称为纳什均衡（Nash equilibrium），这种状态下的对策也称为纳什解（Nash solution）。合作型对策的出发点是着眼于长期合作，不追求过高的利益分配份额，不以胜负为终结，避免可能导致谈判失败的因素。总之，谈判的结果不应出现这种局面，即一方表面上获得较高份额，而另一方觉得自己吃亏了。这种结果不仅会影响双方的积极合作，而且可能为合同顺利履行埋下隐患，影响被许可方顺利获得技术。

五、其他外部因素

上述估算使用费的一般原则是以主观估计、合同条件和双方谈判实力三方面为依据而作出的许可方可接受、被许可方愿意支付的使用费数值，这个数值是合同当事人估计使用费时最基本的、决定性的因素。实际使用费还受其他外部因素的影响，主要是所属部门行业的利润率水平。

一般来讲，许可方在被许可方利润中所占的份额不应超过10%～30%。由于不同产业部门的利润率水平不同，因而不同产业部门的技术使用费差异较大，如基础工业使用费为2%～3%，工业中间产品为3%～4%，耐用消费品为3%～4%，非耐用消费品为4%～5%。

第四节 技术使用费的支付方式与清算

技术使用费的支付方式是将双方谈判的使用费具体化，计算出一次或分期支付的使用费金额。在国际技术贸易中，采用的技术使用费支付方式主要有总付、提成支付和入门费与提成支付结合几种。

一、总付

总付（lump-sum payment），是指在签订合同时，许可方与被许可方谈妥一笔固定的金额，在合同生效后，由被许可方按合同约定，一次或分期支付的办法。如一次付清，支付时间可确定为合同生效后30天，或第一批资料交付时进行；如分期支付，则可按合同执行的进度，如资料交付、技术培训和产品开始生产等过程，分若干批次支付，后者亦称“里程碑”式支付方式。

（一）总付方式的特点

1. 被许可方支付使用费的时间早

被许可方支付使用费的时间是在合同生效后，而非被许可方使用技术之后，其支付使用费的时间比其他支付方式早。

2. 总付金额在合同有效期内不变

总付金额是双方签订合同时商妥的，不随被许可方利用技术效果的好坏或者市场价格的变动而变动，即使被许可方因市场不利因素影响，未取得预期的收益，规定的金额也必须照付。

3. 使用技术的风险全部由被许可方承担

合同签订之后，只要许可方履行了合同规定的义务，使用技术就是被许可方的事。至于技术使用效果如何，与被许可方支付使用费的多少并没有联系。因此，被许可方承担了使用技术的全部风险。

4. 许可方提供技术协助不积极

由于许可方的技术使用费收入与被许可方使用技术效果的好坏没有直接联系，许可方的使用费所得有确定保证，因此，对许可方来说，积极提供技术服务不会增加技术使用费收入，不积极提供技术服务也不会减少技术使用费收入，以致许可方在提供技术服务方面缺乏主动性。

（二）总付方式的利弊分析

总付方式对许可方和被许可方各有利弊。总的来说，总付方式对许可方利多弊少；对被许可方则利少弊多。

1. 对许可方有利的方面

（1）许可方的使用费收入有保证，使用费不受被许可方生产状况或销售量变化的影响，能确保许可方获得一定数量的技术使用费收益。

（2）可以避免大量的查账、计算等烦琐工作。

2. 对许可方不利的方面

签订合同时，如果许可方对被许可方利用技术可能获得的新增利润估计不足，而被许可方的生产状况或销售状况好于预期，取得的新增利润大于原来的预期，那么许可方无权要求分享超额利润。

3. 对被许可方有利的方面

（1）可以较快地摆脱对技术许可方的依赖。

（2）可以避免货币汇率变动对支付产生的汇率风险。

（3）如果利用技术获得的新增利润好于预期，不必支付额外的技术使用费。

4. 对被许可方不利的方面

（1）采用总付方式，被许可方在实际生产前就要付出大笔资金，如果此项资金需要向银行借贷，由于融资费用高，经济负担比较重，将影响资金周转。

（2）总付有类似一笔销售或购买行为的财务效果，支付之后，许可方就不再分担市场变动的风险，因而技术和市场风险全部落在被许可方身上。

（3）采用总付方式，许可方不再积极承担提供技术改进和传授技术情报的义务，即使合同规定许可方必须承担此项义务，但由于被许可方生产量或销售额的增加对许可方没有直接好处或收益，因此，许可方大多采取表面上履行但实际上并不完全履行的做法，或只提供一些简单的技术情报，真正有价值的技术改进和技术情报则不提供。

（三）对总付方式使用的限制

鉴于总付方式对被许可方存在明显的不利，世界上很多国家，特别是发展中国家，往往通过法律或审查转让合同等形式，对总付方式加以限制。限制方式有如下几种：

（1）总付金额必须在估计的销售额的基础上决定，并且该金额应当是在对该部门或该项产品所能规定的最高金额以内。例如，印度可以批准的使用费通常为销售价的5%，并且规定要分期支付。

(2) 有条件地采用总付方式。如新西兰政府规定，一次总付的合同通常不予批准，除非它能表明这种支付方式是完全合理的。

(3) 有的国家拒绝采用总付方式。如斯里兰卡规定，列有总付方式的合同将不予批准。

(4) 限定总付方式的适用范围。有的国家法律规定，只有在通过转让和购买来取得专利权以及某些类型的技术服务时，才允许采用总付方式。对用于消费品或一般原料的生产，或用于机器、设备或其他资本货物的专利或商标许可或技术秘密转让合同，则不允许采用总付方式，只能采用提成支付方式。

(四) 总付方式的使用条件

鉴于总付方式对当事人双方利益存在明显的不均衡，不少国家对使用总付方式存有疑虑，所以许多国家在使用总付方式时，要求被许可方应满足以下条件：

(1) 被许可方有能力接受并掌握许可的技术。在短时间内，许可的技术可以全部转移给被许可方，而且被许可方有能力全部接受并能很快掌握所许可的技术。

(2) 被许可方不需要许可方提供技术协助。许可的技术并非尖端、复杂的技术，被许可方不需要许可方不断提供有关技术进步或产品推销方面的技术情报，也不需要许可方不断提供技术服务与协助。

(3) 被许可方有充足的资金，并打算尽快摆脱对许可方的依赖。

如果上述条件具备，被许可方也可以适当使用总付方式。

二、提成支付

提成支付（royalty），是指在签订合同时，当事人双方确定一个提取使用费的百分比，待被许可方利用技术开始生产并取得经济效果（产量、销售额、利润等）之后，以经济效果为基础定期（每6个月或12个月）连续提取使用费的办法。

(一) 提成支付的特点

1. 支付使用费的时间较晚

合同生效后，被许可方不支付使用费或只支付少量入门费，只有当被许可方利用技术并取得实际经济效果之后，才根据合同规定的计算方法，计算各期的提成费，由被许可方将使用费按期支付给许可方。因此，使用费的计算与支付不是在合同生效后，而是在被许可方生产并取得经济效果之后。

2. 使用费总额与利用技术的效果直接相关

许可方获得的技术使用费总量与被许可方利用技术的效果直接相关。被许可方利用技术的效果好，许可方获得的使用费就多；相反，许可方获得的使用费就少，甚至完全收不到使用费。因此，在提成支付方式下，当事人的利益和风险是捆绑在一起的。也就是说，许可方和被许可方是利益共享、风险共担的。

3. 许可方积极主动地提供技术服务和技术协助

在提成支付方式下，许可方获得的使用费完全取决于被许可方利用技术的效果。许可方考虑到自身利益，会积极主动地提供技术服务和技术协助，甚至主动提供技术情报和产品销售信息。

（二）提成基础

提成基础有三种：产品产量、产品销售价和利润。有时还在上述提成基础上附加一些调整的方法。下面就三种提成基础和附加的调整方法分别加以说明。

1. 按产品单位或数量提成

提成费按照所制造的每件产品、每单位产品的重量（每吨或每公斤）、容积（每加仑或每公升）或符合产品特点的其他单位（如功率、马力）等，规定一个固定的金额（如每单位产品支付提成费××美元），以此为基础乘以产品总产量，即为应支付的提成费。因此，这种做法又称为“固定提成”。

例如，法国雷诺公司与日本一家公司签订技术转让合同，规定装配一辆汽车，支付技术使用费25美元。

以产品单位或数量作为提成基础有以下特点：

第一，使用费金额与生产成本、销售价格和利润无关。只要被许可方开始生产，根据被许可方的总产量，就可以计算出技术使用费总量，而且被许可方的生产量越大，许可方获得的收益就越多。这种做法对许可方十分有利，因为许可方不必过问是否售出产品，也不必过问产品售出后是否盈利，只要被许可方生产出产品，许可方就可以获得使用费收入。

第二，被许可方的产品数量与许可方的收益直接相关，因此，许可方愿意提供技术改进和技术协助，以增加被许可方的产品产量。因为被许可方的产品产量增加会直接导致许可方的技术使用费收入增加。

以产品单位或数量作为提成基础应注意以下几方面问题：

（1）谨慎地确定产品的单位金额。产品的单位金额，除了包括许可技术创造的价值之外，还包括很多其他因素，如许可方所提供的零部件或中间产品或原材料价值，被许可方投入的人工、材料、设备折旧费，其他来源的技术创造的价值等，所有这些因素都是产量的组成部分。如果不加区别，将产量增加部分笼统地包括在产量中，对被许可方是很不利的。因此，应将上述三种因素从总产量中扣除，只计算许可技术所创造的价值部分。

解决这个问题的办法是：在确定产品单位提成金额时，扣除非许可技术所创造的产量部分。例如，在不作任何扣除的情况下，单位产品的提成费为10美元，扣除许可方提供的原材料2美元，其他来源技术1美元，被许可方本身投入的设备、原材料、劳动力成本2美元，最后确定单位产品的提成费应为5美元。

（2）要明确规定单位产品产量的衡量标准。单位产品产量的衡量标准应选择最能代表一项产品生产量的主要指标，如尿素的产量既可按自然吨计量，也可按产品中的含氮量折成标准吨计量。在确定提成金额时，按标准吨计量对被许可方有利。

（3）注意某些国家的法律规定。有的国家不允许根据产量计算提成费，而要求按产品的销售价格计算提成费。也有的国家规定，只有利用技术生产的产品的国内价格比国际销售价格高得多时，才允许按每一单位产品的固定金额计算提成费。

上述问题都是从保护被许可方利益的角度出发的。为了维护许可方的利益，许可方应注意防止被许可方不利用技术进行生产。为此，许可方应在合同中明确规定，被许可方应保证在合同生效后，尽早开始商业化生产，以防止被许可方将所转让的技术束之高阁，致使许可方无法获得技术使用费收入。

2. 按产品销售价提成

指以产品销售价作为计算提成费的基础，又称“从价”提成费，是以产品的销售额为基础，按合同规定的一定百分比，如3%或4%等，计算提成费的方式。

这种以销售价作为提成基础的方式具有如下特点：(1) 利用许可方技术生产的产品实际售出后，被许可方有了实际销售收入，才开始向许可方支付使用费。(2) 支付的责任与产品出售后是否获得利润无关。也就是说，被许可方产品售出后，不管被许可方是否盈利，都要支付使用费。

以销售价作为提成基础时，要注意的问题是，销售价可以划分为总销售价和净销售价，确定以哪一种价格作为计算提成费的基础，其结果是不一样的。

(1) 以总销售价为基础。根据某些国家有关技术转让的法律，总销售价是指工厂实际销售产品或付出劳务的发票价值。按总销售价计算提成费简便易行，只要检查被许可方的销售发票或销售账册，即可确定应付提成费金额。但是，这种计算方法对被许可方不利，因为总销售价中不但包含许可技术所创造的价值，也包含非该技术所创造的价值。对许可方而言，按总销售价提成无疑会增加额外的收益，而被许可方则多支付了技术使用费。所以，以总销售价为基础计算提成费对被许可方不利。

(2) 以产品净销售价为基础。由于以产品总销售价为基础包含很多不合理的因素，因此，有些国家法律规定，应当以产品净销售价为基础计算提成费。产品净销售价是指从产品总销售价中扣除许可技术以外的其他特定项目的成本、价值或其他费用后得出的价格。

应该扣除哪些项目，不仅取决于双方当事人的愿望，还取决于产品的性质、产品的销售习惯以及各国技术转让的法律规定。一般扣除的项目包括：包装费用；保险费用；运输费用；出口税和进口税、海关关税；营业税或销售税；普通商业折扣；在产品使用地的安装费用；许可方供应的原料、中间货物、零件或部件的价格；购入设备的价值；被许可方为维持专利或商标的效力而付出的费用。

上述列举的各种可能扣除的项目，各国法律规定不尽相同，需要由当事人双方根据法律规定和其他具体情况协商确定。

3. 按利润提成

以利润作为提成基础，是指以被许可方生产的产品销售后所获利润为基础，按约定的一定百分比，计算提成费的办法。

从理论上讲，在引进技术之前，被许可方已具备了一定的技术水平和生产能力，引进技术后，被许可方提高了劳动生产率，改善了生产管理，提高了原有产品质量，增加了产品销售价，使被许可方的利润较引进技术前增加了，亦即获得了利用技术的增值利润。因此，以增值利润作为提成基础是最合理的。

但是，以增值利润作为提成基础存在一些实际问题，主要包括：(1) 由于提成费与被许可方的利润联系在一起，在其获得利润之前，可以不支付提成费，特别是使用技术初期，由于被许可方对技术的掌握不熟练，或由于市场尚未打开，可能不得不薄利推销，甚至亏本出售，结果不能获得利润，许可方也就无法提取技术使用费。因此，许可方大多不愿接受按利润计算提成费的方式。(2) 以利润为基础计算技术使用费，还存在一些实际困难，例如，各国对利润定义的解释分歧很大。而且，企业大多不愿意公布实际利润，即使公布，实际利润和公布利润也不一定完全一致。因此，要了解和确定引进技术的增值利润，存在很大困难。(3) 利润也有税前利润和税后利润之分。按税前利润对被许可方不利；按税后利润，因各国征税税率不同，会影响许可方的实际使用费收入，对许可方不利。

由于上述原因，在国际技术转让交易中，采用以增值利润为基础，按百分比计算提成费的极少，除非许可方直接负责引进企业的经营管理，并对获利的前景极为乐观。否则，许可方一般不会接受这种方式。

4. 提成基础的调整方法

计算提成费的基础主要有上述三种，或称为基本的提成基础。所谓调整方法，是指许可方或被许可方为了维护自身利益，在基本提成的基础上采取的变通办法。比较常见的有以下几种：

(1) 按公平市场价格 (fair market price)。在按销售价格计算提成费时，许可方担心被许可方以低价将产品出售给有特别关系的第三者或其子公司，使许可方的提成费减少。为避免这种损失，许可方要求计算提成费时，以该产品的公平市场价格或现行的国际市场价格或其他类似的价格作为基础。

(2) 最低提成费 (minimum royalty)。最低提成费，是指在以产品产量或产品销售价或利润为计算提成费基础的同时，确定一个最低限度的提成费金额。如果按提成方式计算的使用费金额大于最低限度的提成费金额，则按提成方式计算提成费；如果按提成方式计算的使用费金额小于最低限度的提成费金额，则支付最低限度的提成费。

规定最低提成费的目的是保证许可方在一定时间内可以获得最低限度的收益。尤其是在授予被许可方独占使用权的情况下，许可方不能再向其他第三方转让合同项下技术，只能依赖该被许可方的生产和推销能力。因此，最低提成费一方面作为保证许可方取得一定收益的一项辅助措施；另一方面，促使被许可方尽快安排生产，扩大生产，充分发挥引进技术的作用。

除规定最低提成费外，还可以同时规定一些其他措施，如在未能交付最低提成费金额时，合同可以自动终止，或规定许可方有权终止合同，或把合同从独占改为非独占等。这些规定显然对许可方有利，对被许可方不利。因为最低提成费与被许可方是否已生产一定数量的产品，或是否已实现一定的销售，或是否获得一定的利润毫无关系。特别是当被许可方产品遇到其他同类产品竞争、产品市场需求萎缩或生产过程障碍等，影响被许可方的预期收益时，被许可方将不得不以自有资金来支付最低提成费。因此，在必须规定最低提成费的情况下，为了被许可方的利益，被许可方可以采取一些应对措施，如限定最低提成费不超过预计提成费的一定百分比；或按照递增原则来确定，即在合同有效期开始阶段规定较低的比率，以后年份适当加大比率；或将最低提成费视为定金或预付的金额贷记在账上。提成费的累计数未超过规定定金或预付的金额时，不进行提成费的实际支付，提成费的实际支付从累计金额超过定金或预计金额时开始；或以规定最高提成费限额与最低提成费限额相对应；或者要求许可方承担完成最低出口量的义务，以加重许可方的责任，增加被许可方的外汇收入。

值得注意的是，一些国家技术转让的法律，例如印度、哥伦比亚、新西兰等，不允许支付最低提成费。或合同中已规定按产量或销售价或利润来确定提成费，就不得再规定最低提成费，包括最低提成费规定的合同将不予批准。

（3）最高提成费（maximum royalty）。最高提成费，是指被许可方为了维护自身利益而规定的支付提成费的最高限额，在以生产数量、销售价或利润为计算基础的提成费超过规定限额时，超过限额的部分不再支付提成费，其超额收益由被许可方一方所得。

最高提成费的规定适用于市场不断扩大，销售价格或销售额稳步上升，或被许可方努力扩大销售，销售前景较好的情况。这种做法有利于维护被许可方的利益。如果被许可方消化、吸收许可的技术能力有限，在短期内不能使产量或销售额迅速增加，规定最高提成费限额就没有什么实际意义。

在大多数情况下，最高提成费限额是作为接受最低提成费限额的对等条件来使用的。

（4）递减提成费（progressive decrease of royalty）。递减提成费，是指根据生产或销售数量计算提成费时，提成比率随生产量或销售量增加而逐步降低的做法。如产量少于1 000台时，提成率为3%；产量在1 001～5 000台时，提成率减为2%；产量在5 001～10 000台时，提成率减为1.5%。

递减提成费的安排对被许可方有利，它可以不必因生产量或销售量的增加支付过多的提成费，同时可收到生产量或销售量增加部分的好处。这种做法对许可方也没有什么不利，因为虽然提成率降低了，但由于被许可方生产量或销售量的增加，其提成费绝对金额不但不会减少，还可能略有增加。因此，递减提成费安排对双方都是有利的，而且可以起到鼓励被许可方扩大生产和增加销售的作用。但是，这种做法可能会形成最低提成费安排的效果，因为它保证了许可方最低限度的收入。不过总的看来，递减提成费对被许可方是有利的。因此，我国的技术引进合同中有相当比例采用递减提成安排。

（5）滑动提成（sliding royalty）。滑动提成，是指在按单位产品固定金额计算提成费时，许可方担心被许可方国家发生通货膨胀，造成技术使用费收入减少，要求按签订合同时的工资和原材料物价指数调整单位产品提成费金额，以保证许可方在签约时预计的技术使用费收入不致减少。

（三）提成率

提成率（royalty rate），是指许可方在被许可方新增利润中所占份额以百分数表示的比率。在技术贸易合同中，一般不直接将许可方在新增利润中的份额表示出来，而是采用间接表示方式，即将所占份额换算为一个百分数，通常称为提成率。但是，由于直接使用新增利润存在很多困难，新增利润也经常使用产品净销售价、成本等代替。

例如，双方经过谈判确定，许可方在估计的新增利润（或产品净销售价）中占20%的份额，提成基础为净销售价，单位产品净销售价为10美元，其未利用技术前的净销售价为8美元，提成率应为：

$$R=S\times(P_1-P)\div P_1$$

式中，R 为提成率；P_1 为单位产品现在的售价（10 美元）；P 为单位产品原来的售价（8 美元）；S 为供方所占净销售价的份额（20%）。

提成率$=20\%\times(10-8)\div10=4\%$

（四）提成期限

提成期限，是指许可方提取使用费的年限。在提成费基础和提成率确定以后，提成期限的长短直接关系到被许可方支付使用费总量的多少。提成期限越长，支付的使用费总量就越多。因此，被许可方应力争较短的提成期限。一般提成期限有两种规定方式：提成期限较合同有效期短；提成期限与合同有效期相等。提成期限长于合同有效期是各国法律所禁止的。

在国际技术贸易合同中，提成期限较合同有效期限短的占有一定比例，其理由是：使用费作为分配被许可方新增利润的一种方法，在提成基础或提成率不变的情况下，产品销售价下降，许可方在被许可方净销售价中所提取的使用费将会增加，出现利润分配不合理的状况。若使用费比率为 6%，产品销售价为 5 美元/公斤，被许可方利润为 1.5 美元，许可方在被许可方新增利润中所占的份额为 20%。但当被许可方产品销售价格下降，被许可方利润为 0.5 美元，许可方使用费在被许可方产品净销售价中的份额为 60%。这种情况表明，当被许可方利润率下降时，收入分配有利于许可方。为了防止这种不利的分配情况，技术使用费应推迟到被许可方盈利较高时再支付。另外，在引进技术的最初年份，被许可方的利润率是较低的，支付技术使用费应在引进技术投产后一两年开始，直到合同期限终了。这也进一步表明，提成的期限较合同期限短是合理的。

如果许可方不能接受这种提成期限，其变通的办法可以采用在合同初期规定较低的使用费比率，在盈利多的后期规定较高的使用费比率；或者采用总付与提成费相结合的方式，由被许可方先支付少量入门费，然后再按规定的提成办法计算提成费。

三、入门费与提成支付结合方式

入门费是指合同生效若干天内或收到第一批资料后若干天内，由被许可方先行支付一笔约定的费用，这笔约定的费用通常被称为入门费或初付费。其余的使用费在被许可方利用技术开始生产并取得经济效益之后，再按规定的提成办法计算。

入门费的作用有：

（1）有利于许可方尽快收回垫支的直接费用。

（2）补偿许可方提供某些特殊或专门技术协助所垫支的费用，如为适应被许可方特殊需要进行某些专门设计，或修改原设计参数等花费的费用。

（3）作为披露费或技术公开费，被许可方在决定引进技术之前，需要许可方对技术的有关情况进行介绍，或到技术供方工厂进行考察。这样会在一定程度上泄露技术秘密，许可方为了弥补可能的损失，会要求被许可方给予一定的经济补偿。

（4）被许可方吸收消化技术的能力较差，估计在合同初期收益没有确切保证，许可方一般要求较高的入门费，以保证最低限度的收益，这种高于直接费用的入门费，实际上包含着预支提成费的内容。

目前，国际上出现了不要或少要入门费的趋势，主要是因为许可方只进行技术转让交易，利用技术制造和销售产品的工作由被许可方承担，免去了许可方自己在海外建立销售网，直接出口产品所花的费用。因此，国际上要求支付入门费的情况已日趋减少。即使要求入门费，金额一般也不大。

在我国的实际业务中，支付的入门费水平一般偏高，其主要原因是：首先，对技术资料选择不细，要求许可方提供资料的种类和套数偏多；其次，我方要求派遣的培训人员数量较多，而且培训人员费用通常包括在合同中，结果增加了入门费金额，加重了我方的经济负担，也加大了我方的经济和技术风险。因此，在技术引进中，我们应力争不付或少付入门费，如果入门费中包括预付提成的因素，应明确规定入门费应在将来支付提成费时予以扣除。同时规定采取入门费分期支付的办法，将支付时间与许可方传授技术、交付资料以及培训进度安排等环节联系起来，以对许可方有所制约。

四、各种支付方式的运用

国际技术贸易实践及各国有关技术转让的法律都有一种明显的倾向，即尽可能保护被许可方的利益，避免使被许可方单独承担风险。同时，强调正确选择和运用各种支付方式，并将支付与传授技术进度紧密联系起来。为此，在选择各种支付方式时，必须进一步注意以下问题。

（一）总付方式与提成支付方式的关系

总付方式实际上是提成支付方式的一种替代办法，因为它们在概念上是相同的，而且在计算上也基本相等。换句话说，使用费的定期提成数量可以换算为整个合同期间的平均提成比率。它们的等值关系可从表5—2中看出。

表5—2　总付方式与提成支付方式等值的一个例子

年份	货物销售值（美元）	提成使用费3%（美元）	净现值系数	使用费（2005年净现值，美元）
2005	100 000	3 000	1.000 0	3 000
2006	100 000	3 000	0.909 1	2 727
2007	150 000	4 500	0.826 4	3 719
2008	250 000	7 500	0.751 3	5 635
2009	350 000	10 500	0.683 0	7 172
2010	650 000	19 500	0.620 9	12 108
合计	1 600 000	48 000		34 361

表5—2说明48 000美元分为六年支付或34 361美元一次总付是等值的。

同样，一次总付的金额也可以换算为合同期内的平均使用费率。其计算公式为：

$$P = P_0(1+r)^n = RS$$

式中，R为平均使用费比率；S为n年协议期；P_0为实缴使用费；r为折现系数（如10%）。

在许可方要求一次总付金额为34 361美元时，销售额为1 600 000美元。那么，

$$P = 34\,361 \times (1+0.10)^6 = 34\,361 \times 1.772 = 60\,888\text{（美元）}$$

这说明 1 600 000 美元的销售额在六年里应支付 60 888 美元，平均每年支付 10 148 美元，使用费率应为：

$$R = 10\,148 \div (1\,600\,000 \div 6) = 10\,148 \div 266\,667 = 3.8\%$$

当然，这里 3.8%的提成率是按平均数值推算的，略低于实际提成率，但仍可以从推算中了解许可方所提总付金额的水平，以作为洽商使用费的参考。

尽管总付金额与合同期间历年提成费之和基本相等，但被许可方国家和企业大多乐于采用提成支付方式。主要原因有：维持双方的长期合作关系，不断从许可方得到技术改进情报，由双方共同承担转让技术的风险，减轻被许可方一次总付的沉重经济负担。

（二）提成支付方式与入门费和提成支付结合方式的关系

入门费与提成支付相结合，实质上就是提成支付，因为入门费是可以从提成支付金额中扣除的，入门费实质上是预付的提成费。因此，这两种支付方式并无原则区别，入门费与提成支付结合方式只是提成支付方式的灵活运用。

专栏 5—1

国际技术贸易价格模型

国际技术贸易价格模型认为，国际技术贸易价格的构成应该包含技术的研制成本与贸易成本，具体来说，包括物耗成本、人工成本、机会成本、风险成本及社会分摊成本。物耗与人工成本是指技术研制过程中投入的人力与物力，特别是技术人员的创造性劳动。当前技术开发的一个重要特征是复杂性、系统性以及相应的高投入、高风险，因此，必须考虑研发投入的机会成本（即技术研制占用资金的影子成本）与风险成本。技术的社会成本分摊一方面是指对技术出口国基础研究与应用研究的社会性投入的分摊，另一方面是指对技术进口国因技术引进而获得的社会经济效益的分享。

综合考虑以上因素，可以得出国际技术贸易价格模型：

$$P=e[(\sum C_i+\sum F_i V_i+Hh')(1+r')+\sum R](1+q+x+w)$$

式中，P——国际技术贸易价格。

C_i——各项物资耗费。实践中常见的物耗有 11 种，即 $C_i=C_1$，C_2，…，C_{11}，分别是指技术研制过程中的各种材料费、专用设备费、资料费、外协费、咨询费、培训费、差旅费、其他直接费用（如保险费等）、管理费、本项技术占用并分摊的固定资产折旧费、用于多项技术研究而必须按一定比例分摊到本项目上的分摊费。上述 $C_1 \sim C_8$ 为直接成本，$C_9 \sim C_{11}$ 为间接成本。

V_i——技术开发人员的人工费用。根据技术人员劳动的复杂程度，通常将其分为 4

类。$V_1 \sim V_4$ 分别为高级、中级、初级技术人员以及普通工作人员的劳动报酬。

F_i——创造性劳动倍加系数。为体现技术人员劳动的复杂程度，通常对不同的技术人员劳动附加一个倍加系数。$F_1 \sim F_4$ 分别为高级、中级、初级技术人员以及普通工作人员的劳动倍加系数。

Hh'——本技术研究的资金机会成本。其中 H 为本项研究所占用的全部资金，h' 为技术研制出口国的社会平均资金利润率。Hh' 作为本项目研究的机会成本，由技术出口国企业投入的资金和社会盈利水平决定。

r'——技术开发的平均风险率。可以用一定时期内全社会未成功的科研项目研制开发总费用占全部科研费用的比例来表示。

$\sum R$——技术出口国国内基础研究、应用研究等的分摊费用。由于基础研究、应用研究等费用由国家和社会负担，对具体的技术供应方来说，应该分摊多少很难确定，并且技术交易或技术应用后，制成品生产和销售中所支付的税款又在一定程度上补偿和支撑着国家和社会的开支，因此，在实际确定技术价格时，可以忽略 $\sum R$ 这一项。

q——技术进口的时效系数。技术进口国引进技术，节约了本国自行研制的时间，其获取的时效收益有理由打入价格与技术出口国分享。理论上可根据技术引进与自行研制所需的时间差确定 q 的数值。

x——技术进口的创汇系数。技术进口对进口国一般可以带来两种创汇效益：技术产出品的进口减少或进口替代的外汇节约收益与技术产出品的出口创汇收益。实践中可以根据技术引进前后进口品与替代品的本币成本差异或出口品的国内换汇成本差异决定 x 的取值。

w——技术进口的社会经济效益系数。进口技术的外部经济性使得进口技术不仅有利于进口企业和行业，而且有利于进口国的就业、环保、技术进步、产业结构调整及社会事业发展，可以根据进口技术与进口国经济社会需求的一致性程度对 w 赋值。

最后，国际技术贸易价格的计量涉及不同的货币，所以还应考虑汇率因素 e。e 是技术出口国货币与成交计价货币的兑换率（间接标价法），本国货币汇率的升降直接影响到技术价格的升降，实质上是对技术出口国汇率风险的一种补偿。

以上模型实际上是技术贸易的完全价格，它包含着三大相互关联的部分：一是实际成本，它是在研制技术的过程中实际发生的各项支出，即上述公式中的 $\sum C_i + \sum F_i V_i$ 部分，这是技术研制成本的核心部分。二是影子成本和分摊成本，影子成本即 Hh' 部分，分摊成本包括对技术出口国国内社会性研发成本和风险成本的分摊，前者是指公式中的 $\sum R$ 部分，后者是指公式中的 $(\sum C_i + \sum F_i V_i + Hh')r'$ 部分，这一部分是由实际成本派生出来的，其中，资金占用总额 H 的大小完全取决于在技术研制过程中实际发生的各项开支，实际开支大，则资金占用额 H 值就大；实际开支小，则资金占用额 H 值就小。h' 和 r' 反映全社会或全行业总体的利润率和风险率水平，其数值的确定不依赖于本项目的具体情况。三是国际贸易性成本，即对技术出口给技术进口国带来的时效收益、创汇收益、社会效益的分享与汇率风险的补偿，前者是指公式中的 $[(\sum C_i + \sum F_i V_i + Hh')(1+r') + \sum R](q+x+w)$ 部分，后者是指汇率 e 对技术价格的币别调整。

资料来源：刘正良．国际技术贸易价格模型的设计与运用．科技与经济，2002（2）．

专栏 5—2

合资企业中方知识产权流失惨重

中方商标被束之高阁，外方无偿占有中方知识产权，转让技术时外方“打闷包”，这些发生在中外合资、合作企业中的现象，给我国企业的知识产权带来了惨重损失。

上海市知识产权局有关专家在调研时发现，合资企业成立时，外方经常以技术入股或把技术转让给中方，但往往都是“打闷包”，即事先不告诉专利技术的具体内容，中方支付了费用后，才发现外方开列的专利清单只有1/3是在中国的有效申请，我们白白支付了一大笔“学费”。有的外方甚至连专利清单都不列，只是告诉你，我这项技术里有多少专利和技术秘密，要收多少钱，中方因手中缺乏谈判的筹码，常常稀里糊涂就签了协议。

近几年，中方原有商标在合资合作后被淡化的事例屡见不鲜。20世纪90年代初，拥有著名商标“美加净”“露美”的上海家化在与某跨国公司合资后，这两个商标被搁置。合资后留下的母体企业由于没有名牌商标支撑，年销售额锐减54%。企业最后只好咬牙花大价钱“赎回”这两个商标。最近浦东一家中日合资企业又重复了这样的故事。国家知识产权局政研室主任韩秀成认为，启用外方的商标后，产品虽然好卖了，却给中方造成了重大损失。这种损失不仅是无形资产的流失，更严重的是影响了企业的长远发展。因为中方不仅每年要交付大笔的商标使用费给外方，而且一旦合资期满，中方再想用自己的商标时，消费者早已淡忘了。几年前，上海益民食品厂和香港屈臣氏合资，合资企业生产的“蔓登琳”牌冷饮非常畅销，企业也每年投入数百万元为这个牌子做广告。但由于当初办理商标注册是以香港屈臣氏名义申请的，所以上海益民食品厂并无利润可分。合资企业解体后，香港屈臣氏带走了冷饮的所有专利权和“蔓登琳”商标，而上海益民食品厂用对方“慷慨”留下的设备做出来的冷饮却受到了对方侵权的警告。

通过合资学习外方的先进技术，是许多中方企业的初衷之一。然而，国家知识产权局有关专家在调研时发现，外方在许可中方使用其专利技术时，往往只给中方低层次的技术，而涉及核心技术的，外方就要求中方购买具体的设备或配件。这样一来，中方既得不到核心技术，又在生产上依赖外方的设备或配件。另外，还有的外方在转让、许可中方使用专利技术时不转让、不许可使用相关的其他专利技术，使得受让方仅凭受让技术无法生产，此时，外方再出高价向中方兜售其相关专利技术，致使中方陷入被动局面而不得不支付高额使用费。

国家知识产权局有关专家指出，随着大量外资不断涌进国门，国内企业竞争国际化的态势日益明显。合资、合作企业中，国内企业知识产权的正当权益被削弱甚至严重流失的现象亟待引起重视。专家建议，应在相应的合资、合作企业合同的章程范本中加入知识产权的条款，在相应的法律规定或审批程序中要求合资、合作企业成立时，对知识产权要作出相关规定。我国的企业也应加强知识产权意识，只有这样才能在国际合作中掌握主动权，达到双赢的目的。

资料来源：陈星桥．合资企业中方知识产权流失惨重．大陆桥视野，2005（2）．

本章小结

技术贸易价格是指技术受方为取得技术使用权所愿支付的、供方可以接受的使用费的货币表现，它由技术的转让成本、研发成本和利润补偿三部分组成。影响技术贸易价格的因素有：技术所处的生命周期、技术的使用范围和权限、技术的许可方式、生产量或产量、不同的支付方式与支付货币、不同的合同条款、国际市场的竞争状况、技术转让双方所在国的税收政策等。因此，在确定技术使用费时，要考虑各种因素。评估使用费的一般原则是：首先，根据各自的立场和意图，制定使用费的基本标准；其次，根据具体合同条件和其他外部因素，对基本使用费进行调整；最后，在具体交易磋商中讨价还价，力争有利于己方并能为对方所接受的使用费金额。

技术转让费有总付、提成支付、入门费与提成支付结合三种基本支付方式，其中入门费与提成支付结合的支付方式运用最普遍。各种支付清算方式都有不同的特点及优缺点，需要根据实际情况正确选择和运用各种支付清算方式。

本章关键术语

技术贸易价格	技术使用费	技术补偿费	利润分享原则
转让成本	技术研发成本	利润补偿	提成费
最低提成费	最高提成费	递减提成费	滑动提成
总销售价	净销售价	技术的生命周期	沉没成本
机会成本	总付	提成支付	提成率
提成基础	提成期限	技术转让费	入门费

本章思考题

1. 技术作价前应明确哪几个前提条件？
2. 技术使用费与一般商品价格有何不同？
3. 许可方估定使用费主要考虑哪些因素？
4. 被许可方估定使用费主要考虑哪些因素？
5. 哪些合同条件对使用费有重要影响？
6. 试述总付方式的概念与特点。
7. 总付方式对被许可方有哪些不利之处？
8. 试述提成支付方式的概念与特点。
9. 按产量提成要注意哪些问题？
10. 如何计算提成率？
11. 试述入门费的概念及其作用。
12. 怎样将总付金额换算为提成支付金额和提成率？

本章练习题

1. 某企业目前生产某种产品年产量为 10 000 件，每件成本为 12 元，如果引进新技术，可使成本降至每件 7 元，年产量不变。如果合同期为 5 年，引进方愿意把其中增值利润的20%作为使用费支付给许可方。许可方现报价为5年提成率13%。该引进项目能否成交?

2. 上海某企业计划从美国或加拿大引进一项专利技术，分别向美国的A公司和加拿大的B公司进行了询价。收到A公司的报价为总付200万美元，3年内分6次支付。B公司的报价为入门费加提成，入门费为80万美元，另加销售额10%的提成，提成年限与合同有效期限相同，为7年。合同有效期内估计销售总额为1 500万美元。计算比较A公司和B公司的报价，该企业应该与哪一家公司成交?

第六章 国际技术贸易法规与惯例

学习目标

- 了解国际技术贸易合同法律适用的一般原则；
- 掌握国际技术贸易合同法律选择中的明示选择、暗示选择和适用国际公约原则；
- 熟悉和解、调解、仲裁、司法诉讼等争端解决机制的异同点和优缺点；
- 掌握限制性商业惯例的含义。

第一节　国际技术贸易合同法律适用的一般原则

国际技术贸易合同属于涉外合同。王玉清、赵承壁在《国际技术贸易——技术贸易与知识产权》一书中指出：涉外合同指当事人一方是外国人，或者交易标的在国外，或者交易合同的权利义务关系发生在国外的合同。

我国国际技术贸易合同法律适用的原则和方法没有统一的法典，散见于不同的法律之中。在《中华人民共和国民法通则》（简称《民法通则》）、《中华人民共和国合同法》（简称《合同法》）、《中华人民共和国对外贸易法》、《中华人民共和国技术进出口管理条例》、《计算机软件条例》等中均含有对国际技术贸易合同适用法律的规定。

例如，《民法通则》第 145 条规定：涉外合同的当事人可以选择处理合同争议所适用的法律，法律另有规定的除外。第 145 条第二款规定：涉外合同的当事人没有选择处理合同争议所适用的法律的，适用与合同有最密切联系的国家的法律。第 150 条规定：依照本章规定适用外国法律或者国际惯例的，不得违背中华人民共和国的社会公共利益。《最高人民法院关于贯彻执行〈中华人民共和国民法通则〉若干问题的意见（试行）》第 194 条规定：当事人规避我国强制性或者禁止性法律规范的行为，不发生适用外国法律的效力。

《合同法》第 126 条规定：涉外合同的当事人可以选择处理合同争议所适用的法律，但法律另有规定的除外。涉外合同的当事人没有选择的，适用与合同有最密切联系的国家的法律。

除国内法外，国际技术贸易合同适用的法律还包括国际公约和国际惯例。

英国国际法学家奥本海认为，国际公约是指国家间或国家组成的国际组织间订立的在缔结各方间创设法律权利义务的契约性规定。国际公约包括多边条约和双边条约。当国内立法与国际公约冲突时，优先考虑国际公约，本国在加入时声明除外。

国际惯例，就是在国际交往中逐渐形成的一些习惯做法和先例，最初被某些国家长期反复使用，后来为各国接受并承认其法律效力，这种习惯做法和先例就叫做国际惯例。国际惯例通常是不成文的，但又是国际法的主要来源之一。在国际技术贸易业务中，有的问题在国内立法中未作规定，在国际公约中也未作规定，即可适用国际惯例。除国内立法、国际公约和国际惯例外，国际上公认的公平合理原则也适用于国际技术贸易合同。

第二节 国际技术贸易合同适用法律的选择

国际技术贸易合同适用法律的选择有三种方式：明示选择、暗示选择和适用国际公约。

明示选择是指当事人在合同中就合同适用的法律所作的明确表示。如合同中规定“合同受特别法支配或管辖或者合同依特别法解释”，就是一种明示选择方式。对于国际技术转让合同，应首先适用当事人明示选择的法律，在当事人没有选择法律时，适用与国际技术转让合同联系最密切的法律。

暗示选择是指通过对合同或案件的当时情形用合理的必然性进行解释所作的肯定性选择。[①] 双方当事人所属国为某国际公约的缔约国，当事人所签订的合同适用该国际公约。

明示选择的好处是，当双方发生争议时，所使用的法律具有确定性。暗示选择由于当事人未在合同中明确规定适用的法律，当发生争执时，法院或仲裁机构只能根据当事人的意思及有关规定推定。因此，暗示选择往往是当事人达成明示选择时的次优选择。

第三节 国际技术贸易合同中争端的解决

国际贸易中当事人之间发生分歧或争议后，通过恰当方式解决争端对双方均有好处。

《合同法》第 128 条规定：当事人可以通过和解或者调解解决合同争议。当事人不愿和解、调解或者和解、调解不成的，可以根据仲裁协议向仲裁机构申请仲裁。涉外合同的当事人可以根据仲裁协议向中国仲裁机构或者其他仲裁机构申请仲裁。当事人没有订立仲

① 吕薇．促进知识产权保护对我国高科技产业的发展．http：//www. cnipr. com/zsyd/xslw/other/t 20040423-28490. htm.

裁协议或者仲裁协议无效的，可以向人民法院起诉。当事人应当履行发生法律效力的判决、仲裁判决、调解书；拒不履行的，对方可以请求人民法院执行。

国际技术贸易合同中的争端解决机制有和解、调解、仲裁、诉讼四种方式。①

一、和解②

一般来说，具有如下特点的争端应采用和解的方法：

（1）争端问题不大，未涉及争端双方重大的经济权益问题，而且争端的事实清楚，争端的责任或后果比较明确，不需要复杂的举证手续。

（2）合同条款中对这些争端的处理有具体规定，因双方解释不同，导致争端未能及时解决的。

（3）当事双方在整个合同的执行过程中，合作得比较友好，都不愿因此争端影响双方的大局。

二、调解

争议双方将议案交给第三方，由其提出解决办法，进行调解。合同中有关调解的条款应包括以下几点内容：

（1）指定专家的办法和专家应具备的条件；

（2）专家提出的解决方案及其法律效力；

（3）解决争议的程序及合同各方应提交的证明文件和有关材料；

（4）专家费用的负担。

三、仲裁

仲裁指合同当事人双方达成协议，在双方发生争议时，如果通过调解不能解决，愿将有关争议提交双方所同意的第三方进行裁决，裁决的结果对双方均有约束力，双方均必须遵照执行。

仲裁是国际技术贸易争端最为常见的解决方式；仲裁协议的内容要求完整、明确；仲裁的程序包括仲裁申请、指定仲裁人、仲裁审理、仲裁裁决等。

国际仲裁主要根据于1958年在纽约签订的《承认和执行外国仲裁裁决公约》施行。我国于1986年正式加入了该公约。③

四、诉讼

诉讼是指在技术受让方或者提供方所在国家或者双方当事人认为中立的国家的国内法院解决纠纷的一种正式法律程序。在国际上普遍认为技术转让交易中的纠纷可以通过仲裁方式解决，而且认为仲裁方式比诉讼方式具有更多的优点。若当事人不能以合作协商的方式解决争端，而且双方当事人又未订立仲裁协议，任何一方当事人都可以向有管辖权的法

---

① 王玉清，赵承壁．国际技术贸易——技术贸易与知识产权．北京：对外经济贸易大学出版社，2005.

② 王汉斌．国际技术贸易理论与实务．哈尔滨：东北林业大学出版社，2005.

③ 《联合国国际贸易法委员会仲裁规则》见本书附录3（http://www.crup.com.cn）。

院起诉。

一般来说，国际经济仲裁与诉讼的主要区别有：审理案件机构的性质不同；仲裁结果为最终结果，而法院裁决后双方当事人均可上诉；审理程序不同。

第四节　限制性商业惯例与技术引进

1980 年 12 月，第 35 届联合国贸易和发展会议通过的《管理限制性商业行为的公平原则和规则多边协议》对限制性商业行为作了如下规定：凡是通过滥用或者牟取滥用市场力量的支配地位，限制进入市场或以其他方式不适当地限制竞争，对国际贸易，特别是发展中国家的国际贸易及其经济发展造成或可能造成不利影响，或者通过企业之间的正式的或非正式的、书面的或非书面的协议以及其他安排造成了同样影响的一切行动或行为都叫做限制性商业行为。

因此，限制性商业惯例是指个人、企业或经济组织利用其垄断地位和对市场的支配优势，限制其他个人、企业或其他经济组织进入市场和自由竞争以及条件不对等的歧视性做法。

限制性商业惯例对国际贸易特别是国际技术贸易造成了严重障碍，但并不是所有的限制性商业惯例都为有关国际技术贸易准则和有关国家所禁止。目前世界各国对国际技术贸易中限制性商业惯例的内容、解释和掌握尺度差别很大。

一、发达国家有关管制限制性商业惯例的立法

发达国家的这些法律有两个共同特点，第一，它们都属于强制性法律；第二，对违反这类法律的制裁措施一般都相当严厉，除了民事制裁外，还可以进行刑事制裁。

（一）美国的《反托拉斯法》

美国的《反托拉斯法》主要由三个法案组成：（1）1890 年的《谢尔曼反托拉斯法案》，（2）1914 年的《克莱顿法案》，（3）1914 年的《联邦贸易委员会法案》。

（二）欧洲经济共同体的《竞争法》

欧洲经济共同体的《竞争法》主要反映在成员国所签订的《罗马条约》中。

欧共体《竞争法》是成员国之间适用的竞争法，主要是反对成员国之间贸易中的限制性商业行为。除此以外，各成员国还有各自的反不公平竞争法。例如，联邦德国于 1957 年制定了《限制竞争法》；英国于 1948 年通过了《垄断和限制性行为的调查和管制法》，1956 年又通过了《限制性贸易行为法》，现行有效的是 1976 年修订后的《限制性贸易行为法》和 1980 年的《竞争法》；比利时于 1960 年 5 月颁布了《反托拉斯法》。欧共体的《竞争法》和各成员国各自的反不公平竞争法两套法律相互独立，但又有着密切的联系，共同发挥着维护统一市场公平竞争、增强整体国际竞争力的作用。

二、发展中国家有关限制性商业惯例的立法

在国际技术贸易中，一些发达国家凭借它们在技术上的优势和在经济方面的垄断地

位，向发展中国家提出种种限制性条件。针对这种情况，发展中国家纷纷加强了技术转让的立法，并且设置了专门机构对技术转让合同进行审查和监督。许多发展中国家规定，与外国签订的技术贸易合同必须经过政府主管部门批准才能生效，通过政府的干预来维持本国的经济利益。

发展中国家特殊的历史遭遇和由此所造成的特殊的社会经济状况决定了发展中国家对限制性条款的管制，这些管制措施具有与西方发达国家不同的特点。

在技术引进中，世界各国均希望对影响国际贸易的限制性商业惯例加以管理，因此，各类国际组织通过了多个多边协议来规范各国行为。包括：联合国的《管理限制性商业行为的公平原则和规则多边协议》《国际技术转让行动守则（草案）》；世界知识产权组织和WTO的《与贸易有关的知识产权协定》。

《国际技术转让行动守则（草案）》(1985 年 6 月 5 日拟定）中列举了 20 种不应列入技术转让合同的限制性商业条款：

（1）单方面的返授条款；

（2）对权利的效力不表示异议条款；

（3）独家经营条款；

（4）限制研究条款；

（5）限制使用人员条款；

（6）限定价格条款；

（7）限制修改适用技术的条款；

（8）报销协定或独家代理协定的条款；

（9）附带条件安排条款；

（10）限制出口条款；

（11）共享专利或互授许可协议以及其他安排条款；

（12）限制宣传条款；

（13）工业产权期滞后的付款或其他义务条款；

（14）协议期满后的限制使用条款；

（15）限制数量、范围等条款；

（16）控制质量使用条款；

（17）限制使用商标条款；

（18）要求提供合股资本或参与管理条款；

（19）协议期限过长或无限制的条款；

（20）限制使用范围的扩大条款。

本章小结

在国际技术贸易合同中适用的法律通常包括国内立法、国际公约和国际惯例。国际技术贸易合同适用法律的选择有三种方式：明示选择、暗示选择和适用国际公约。国际贸易中当事人之间发生分歧或争议后，可以通过和解、调解、仲裁、诉讼四种方式解决争端。对限制性商业惯例的立法包括美国的《反托拉斯法》以及欧洲的《竞争法》等。

本章关键术语

涉外合同　国际公约　国际惯例　明示选择
暗示选择　适用国际公约　和解　调解
仲裁　诉讼　限制性商业惯例　《反托拉斯法》
《竞争法》

本章思考题

1. 在国际技术贸易合同中适用的法律原则有哪些？
2. 国际技术贸易合同中争端的解决方式有哪几种？其特点和优缺点是什么？
3. 发达国家对限制性商业惯例的立法有哪些？主要内容是什么？

第二部分

国际服务贸易

第七章

国际服务贸易概述

学习目标

- 掌握国际服务贸易的概念和特点；
- 理解国际服务贸易的发展趋势和原因；
- 了解国际服务贸易对外直接投资。

第一节　国际服务贸易的基本范畴

人们对当今世界社会性质的认识有三种：一是信息社会；二是后工业化社会；三是服务性社会。据相关资料统计，发达国家和地区的服务业产值，在其国内生产总值中一般高达70%。当发达国家和地区的国内市场容纳不了日益增长的服务性生产时，开拓国外市场，争夺世界市场，就必然成为发达国家对外经济扩张的新焦点。因而，国际服务贸易也就成为国际贸易新的增长点。

一、服务

(一) 服务的含义

“服务”是一个人们经常使用的词，但其含义却不尽相同。在日常生活用语中，它往往是指“为组织（或他人）工作”。而在经济学中的含义，则各有各的说法，其中一种说法是：“不以实物形式而以提供活劳动的形式满足他人某种特殊需要”。可见，服务是相对于产品的一个经济学概念，可将其表述为：服务是对其他经济组织（或单位）的个人、商品或服务增加价值，并主要以活动形式表现的使用价值或效用。

严格地说，服务是社会劳动分工的产物，是生产力发展的表现；在生产活动过程中，服务生产的特点是服务生产者必须具备劳动者和生产资料，其劳动对象由消费者来提供（或指定）。

在农业社会，服务业的就业和产值在整个社会总产值中的比重很小，没有成为经济学的主要研究对象。

进入20世纪后，各主要发达国家经济的结构性调整和周期性波动日益剧烈。服务经济在促进充分就业、缓解总供求矛盾以及抑制经济过分波动等方面的特殊功能日渐突出，所以经济学界才对服务经济的研究投入了更大精力。

（二）服务的基本要素

实际上，经济学界对服务的认识也是一个不断深入的过程。服务是一种特殊的商品，但它具有与一般商品相同的属性，其基本要素包括资本、劳动力、知识与技术（即人力资本）。

1. 资本

资本是服务生产的一个重要因素，许多服务生产必须拥有一定的生产资料，此外，服务生产者本身也需要资本投入后的专业培训，这就决定了要提供服务，必须要有一定的资本投入。

2. 劳动力

劳动力作为服务的提供者也可以成为载体，同样是一种很重要的不可缺少的因素，比如，一个企业里有各种自动化设备，但都是以人提供管理为前提，这种服务被称为物化的人的劳动。

3. 知识与技术

知识与技术既属于人力资本的基本要素，又是所提供服务的基本内容，除了直接接触式服务外，大多数服务都是提供知识或技术的。

服务与一般有形商品具有不同的特征，这就决定了在估算服务产品的价值时，应考虑到劳动的不同质量。人力资本与实物资本之间存在显著差异。首先，信息、训练或知识是不易消失的。其次，大部分劳动者在劳动和学习中会不断地提高他们的知识和技能，即人力资本的增值。在一定的产出范围内，要素之间是一种互补的关系，就像人力资本和劳动资本之间一样。

（三）服务的基本特征

概括起来，服务主要有以下特征：

1. 无形性

无形性和不可感知性是服务最主要的特征。因为，首先，与有形的消费品或产业用品相比较，服务的物质及组成服务的元素在很多情况下都是无形的；其次，使用服务后的利益很难被察觉，或是要等一段时间后，享用服务的人才能感觉到“利益”的存在。

2. 不可分离性

有形产品从生产、流通到最后的消费过程，是一个实际存在的实实在在的过程，各个过程之间有一定的时间间隔。而服务却具有不可分离性，生产和消费是两个同时进行的过程，即服务人员向顾客提供服务时，正是顾客消费服务的过程，两者在时期上不可分离。

3. 异质性

同一种服务的消费效果和品质往往存在着显著的差异。统一的服务质量标准只能规定一般的要求，难以确定特殊的、个别的要求。服务质量的差异或者弹性，既为服务行业的优质服务开辟了广阔的空间，也给劣质服务留下了活动的余地。

4. 不可储藏性

基于第一与第二个特征，服务不可能像有形商品一样被储存起来，而只能当期消费，否则就会造成机会的丧失和折旧的发生。

综合以上特征，还可以得到服务的一个特征——效果的相对确定性，这使得服务具有较强的经验特征和信任特征。

二、服务业

随着技术进步和产业结构的演进，服务产业迅速增长，在国民经济中的地位不断增强，成为国民经济的支柱产业。在全球经济中，服务业已具有举足轻重的地位。

(一) 服务业的含义

1. 多层次性

服务业门类繁多，不同门类在性质、功能、生产技术及与经济发展的关系等方面均存在差异。

2. 相对性

不同国家服务业的形成和发展的时间是不同的，这就造成了服务业在形成和发展的不同阶段的质和量都会有很大的不同。

3. 抽象和具体并存

相对于农业和工业，服务业是抽象的，但是因为能满足人们的需要，因而又是具体的，这就是服务业的使用价值和价值的二重性。

(二) 服务业的分类

服务业按照不同的标准，有不同的分类方法。在乌拉圭回合多边服务贸易谈判中，经各方广泛讨论，在最终签订的《服务贸易总协定》中，将服务业分为 12 大类，即商业性服务、销售服务、金融服务、娱乐服务、通信服务、教育服务、卫生服务、运输服务、建筑服务、环境服务、旅游服务和其他服务。这种分类主要以“行业”作为划分服务业的核心，其本质涉及输出、输入业务的范畴和供需双方业务开展的程度。

国家统计局在《中国统计年鉴》(1994) 中首次分行业统计公布了在业职工人数等指标，其中对第三产业（服务业）作了两级分类，包括：农、林、牧、渔服务业，地质勘查、水利管理业，交通运输、仓储及邮电通信业（铁路、公路、管道、水运、航空、交通运输辅助业，其他交通运输业，仓储业，邮电通信业），批发零售和餐饮业（食品、饮料、烟草和家庭用品批发业，能源材料和机械电子设备批发业，零售业，商业经纪与代理，餐饮业），金融、保险业，房地产业（房地产开发业、房地产管理业、房地产代理与经纪业），社会服务业（公共服务、居民服务、旅馆业、租赁服务业、旅游业、娱乐服务业、信息咨询服务业、计算机应用服务业、其他社会服务业），卫生体育和社会福利业，教育、文化艺术和广播电影电视业，科学研究和综合技术服务业（自然科学研究、社会科学研究、综合科学研究、气象、地震、测绘、技术监督、海洋环境、环境保护、技术推广和科技交流服务业，其他服务业），国家机关、政党机关和社会团体。

1995 年 2 月，全国第三产业普查办公室编发了《中国首次第三产业普查资料摘要》，对第三产业作了三级分类，按三级分类的第三产业的行业单位有上百种。

三、国际服务贸易

（一）国际服务贸易的含义

国际服务贸易是指不同国家之间所发生的服务买卖与交易活动。服务的提供国成为服务的出口国，服务的消费国成为服务的进口国，各国的服务出口额之和构成国际服务贸易额。1994 年 4 月 15 日关贸总协定在乌拉圭回合上达成了《服务贸易总协定》，并在该协定中从服务贸易提供方式的角度给服务下了较为准确的定义，具有一定的权威性和指导性，并为各国和各界所普遍接受。在关贸总协定各缔约方提交的材料中列出的服务项目有 150 多种。

一般地，按照上述协定，国际服务贸易有以下四个分类：

（1）过境交付，指一个成员境内的服务提供者向另一成员境内的服务消费者提供服务。

（2）境外消费，指服务的消费者跨越国界在服务提供者的成员境内消费该服务。可以理解为消费者到境外享用境外服务者提供的服务。

（3）商业存在，指服务的提供者在服务的消费者成员（另一成员）境内设立商业机构或者专业机构，为消费者成员境内的消费者提供服务，这种商业机构或者专业机构可以是法人实体、分支机构或者代表处。

（4）自然人流动，指一个成员境内的服务提供者以自然人的身份进入另一成员的领土内提供服务。

（二）国际服务贸易的特点

对于国际服务贸易特点的描述主要是针对其相对于国际货物贸易的不同之处来说的，主要有以下几点：

1. 贸易标的的无形性

服务的进出口是以肉眼所看不到的方式进行的，对于边境的一些活动如人们出国探亲访友、售后服务、参加会议、提供咨询等，边境人员很难知道这些服务的存在，但是人们却可以看到实实在在的货物的运输与传送。

2. 交易过程与生产消费过程的同时性

实物产品贸易从其生产、流通到最后消费的过程，一般要经过一系列中间环节，而服务贸易则不同。服务的生产过程与消费过程是同时进行的。服务发生交易的时间，也就是消费者消费服务的时刻，这两个过程同时存在，不可分割。

3. 贸易主体地位的多重性

服务的卖方即服务的生产者作为物质要素直接加入服务的消费过程，服务的买方即服务的消费者作为劳动对象直接参与服务产品的生产过程。

4. 服务贸易市场的高垄断性

国际竞争力的不平衡、综合国力的差异、服务市场开放程度的不同造成了国际服务贸易市场极强的垄断性。

5. 贸易保护方式的刚性和隐蔽性

服务贸易所具有的特点决定了各国的服务贸易保护方式也只能是采取立法方式，同时以行业性贸易保护和“限入”式的防御型保护为主。这种以国内立法形式实施的“限入”式非关税壁垒，使国际服务贸易受到的限制和障碍往往更具刚性和隐蔽性。

6. 营销管理的高难度和复杂性

对服务的管理，既是对物的管理，又是对人的管理。国家立法的实施也需要时间，往往落后于形势，宏观调控的实际效果和预期目标相背离。另外，服务的异质性使得服务的质量标准具有不确定性。

第二节 国际服务贸易的兴起与发展

国际服务贸易是在一个国家国内服务经济的基础上，通过服务业的国际化和国际分工发展起来的。随着经济生活的国际化和国际分工的发展，它不仅使国内的服务提供者获得了报酬，而且各国经济相互依赖，彼此渗透，使得各国的服务业随着其他生产要素一起国际化了。

一、国际服务贸易的兴起与初期的发展

世界分工和世界经济的发展是促使服务贸易产生不可或缺的条件。在从前工业社会阶段发展到工业社会阶段的过程中，经济结构不断深化，社会分工日益加深，服务在经济和社会的发展中越来越起到决定性的作用。

在早期的国际贸易中，以货物贸易为主，并且主要是追加服务，如运输、仓储、运输器械维修、商业、饮食业等等。这些服务贸易在国际贸易中所占的比重非常小，以至还不能称之为国际服务贸易。真正的服务贸易是从中世纪开始的。在1492年哥伦布发现新大陆之后，资本主义殖民性质的大规模移民得到进一步发展，这样西方国家才出现了大规模的国际服务贸易出口。

从工业革命开始到第二次世界大战之前，是国际服务贸易发展的重要转折时期。工业革命使得分散脆弱的商品经济向以大生产为基础的较发达的商品经济过渡。尽管每个国家都不能超越这个阶段直接进入另一个更高的阶段，但是，为了适应各国特定的国际经济政治环境和国内自然经济基础所带来的特殊经济问题，各国常常采用适合本国经济制度的政策体系去引导转变。一般规律是，商业革命成为这一转变的先导，这主要体现在：(1) 商业革命的完成，即完成了原始资本的积累；(2) 构建新的商品交换体系和新的劳动交换体系，即使得原先根本不提供商品或者只创造少量商品的产业和行业进入商品生产的行列中。

工业革命以前，国际服务贸易很难得到发展，但是工业革命以后，社会分工细化，生产率大大提高，生产力得到巨大发展，社会分工进一步深化，各主要资本主义国家在工业发展的同时，服务业也得到了相应的发展，国际贸易加快，国际服务贸易也开始产生和发展。

二、国际服务贸易在第二次世界大战后的发展

第二次世界大战后，国际服务贸易的发展经历了三个阶段，分别是 20 世纪 40—70 年代初、20 世纪 70—80 年代末、20 世纪 80 年代末至今。

20 世纪 40—70 年代初，世界经济处于恢复和发展的阶段。在此阶段，由于第三次科技革命的兴起和发展，世界经济发生了极大的变化，生产率得到了极大的提高。

20 世纪 70—80 年代末，世界经济正处于调整期，主要资本主义国家进入了滞胀阶段。尽管如此，国际贸易却增长较快，其中国际服务贸易尤为突出，劳务输出、技术贸易、国际旅游、银行保险等服务部门发展特别快。世界银行业和保险业伴随着世界经济贸易的发展而异常活跃，出现了若干个世界性的金融市场中心。

从 20 世纪 80 年代末至今，国际服务贸易出现了迅速增长的势头，其增长速度超过了货物贸易，服务贸易在国际贸易发展中的地位已经发生了深刻变化。国际服务贸易规模不断扩大，同时，国际服务贸易和国际货物贸易共同增长，其在世界贸易中的份额稳步上升。随着世界经济的发展和国际分工的深化，国际服务贸易领域不断拓宽，结构不断完善。第二次世界大战前，国际服务贸易主要是劳动力的输出入，而第二次世界大战后，由于科学技术的发展，世界服务贸易的结构发生了很大的变化，逐渐向新兴服务部门倾斜，金融、银行、保险、法律、租赁、咨询等服务贸易的范围不断扩大，旅游、运输等传统服务部门保持稳步增长，并逐步走向国际市场。但是这一阶段存在一个很明显的特点：国际服务贸易的自由化程度远低于国际货物贸易。由于发达国家和发展中国家的服务业及国际服务贸易发展水平具有较大差距，加上服务市场的开放会涉及国家主权与安全、政治与文化等敏感问题，因此，国际服务贸易市场显示出很大的垄断性，国际服务贸易领域的保护程度远远超过了国际货物领域。

三、国际服务贸易的发展趋势

随着世界经济的发展和国际分工的日益深化，服务贸易已成为当今国际贸易发展最为迅速的领域，其增长速度远远超过同期国际货物贸易的发展速度。

1. 服务业继续成为各国经济的增长点

20 世纪 60 年代以来，科学技术飞速发展，对国际分工及产业结构产生了根本性的影响，世界经济的重心开始向服务业转移，服务业成为发达国家经济的增长点。随着经济的全球化，各国的经济政策更加开放，这种经济重心的转移将影响世界经济产业结构的变化，服务业继续成为各国经济的增长点。

2. 国际服务贸易结构发生了深刻的变化

进入 20 世纪 80 年代以来，在技术进步和知识经济迅速发展的推动下，国际服务贸易的结构发生了深刻的变化，劳动力和资本密集型的传统服务业，如运输、旅游等行业在贸易中的比重下降，而需要密集投入技术和人力资本的新兴服务业，如电信、金融、专利服务等行业在服务贸易中的比重上升。这种变化充分说明，世界服务贸易结构出现了技术、知识及人力资本的密集化趋势。未来与高科技有关的服务、以高科技为手段的服务贸易以及以人力资本作为主要投入的服务行业的发展将会更加迅速。

3. 国际服务贸易的发展过程存在地区间的不对称性

国际经济发展水平的不对称决定了国际服务贸易的发展也表现出了明显的地区间的不对称性。

4. 商业存在成为国际服务贸易的主要方式

根据世界贸易组织的规定，服务贸易有四种方式。由于服务贸易的无形性和不可储存性，在消费国内部通过商业存在提供服务，有利于服务提供者取得规模效益，降低成本和价格。世界贸易组织秘书处的测算表明，通过商业存在提供的服务贸易占世界服务贸易总额的59%左右。

5. 国际服务贸易壁垒的隐蔽性强

在国际服务贸易的发展过程中，贸易壁垒推陈出新，虽然有《服务贸易总协定》的存在，仍然无法彻底消除服务贸易壁垒，同时，服务贸易自身的特点也决定了服务贸易的保护只能是非关税贸易壁垒。目前运用较多的是直接的或间接的中性壁垒，因此隐蔽性更强。

四、国际服务贸易发展的原因

国际服务贸易向多元化、集约化方向迅速发展，形成了宏大的规模，主要依赖于以下几个方面的原因：

1. 服务输出的产生和发展是世界经济发展不平衡规律作用的结果

经济是服务输出和发展的第一因素。世界经济发展的不平衡，使得各国经济发展水平的差距拉大，再加上各国自然资源及劳动力分布不均，导致各国对服务的需求量不相等，发达国家和较富裕国家对服务的需求增长很快。

2. 服务输出是社会生产力发展和产业结构调整的结果

各国生产力发展水平不同，劳动力素质也不同，为了发展生产，求得生存，必然要求劳动力的国际流动。各国和各地区间生产力水平的不平衡就决定了它们在整个国际经济体系中所处的位置不同，这种既有区别又有联系的国际分工促使国际服务和贸易成为必要和可能。

3. 科学技术促进了服务贸易的繁荣

技术进步促进了服务人员的过境移动，也带来了电信服务业的迅速发展，促进了服务业经营范围的扩大。此外，电信服务作为其他服务的传递和提供的手段，其自身的技术进步也带来了整个服务业的革命。

4. 经济一体化促进了国际服务贸易的发展

经济一体化中的全球一体化和区域一体化的发展，减少了贸易壁垒，极大地促进了全球和区域内服务贸易的增长。

5. 各国在金融、税收、法律方面的优惠和保护措施，直接推动了本国服务输出发展的规模和速度

在外交和贸易谈判方面，也积极与有关各方进行利益平衡交易，增加服务贸易向国际市场的渗透。

6. 服务业跨国投资是服务贸易发展的加速器

服务业本身具有投资少、风险小、收益高的特点，同时生产性服务作为生产制造企业

的中间性投入，已成为制造业企业在贸易和对外直接投资的国际化活动中必须加强的领域。

7. 人力资本是推动服务贸易发展的重要因素

主要是因为：(1) 人力资本可以提高服务的产量和质量；(2) 人力资本可以降低服务产品的成本和价格；(3) 人力资本可以导致服务业规模经济效益的形成。

第三节 服务业的国际直接投资

一、服务业的国际扩张

近年来，服务业逐渐成为国际性产业。与此同时，服务业对外直接投资也迅猛增加。不管是发达国家还是发展中国家的经济发展，都不同程度地受到了服务业对外直接投资和服务业跨国公司的影响。第二次世界大战后，国际直接投资的部门构成发生了根本性的变化。20 世纪 70 年代初，服务业 FDI 只占世界 FDI 的四分之一，20 世纪 80 年代以后，服务业 FDI 不断升温，成为服务业国际竞争的一种主要形式，到了 90 年代以后，服务业 FDI 就一直占据全球直接投资总额中的半壁江山。1990 年，服务业 FDI 流入存量占全世界流入存量的 48.8%，到了 2015 年，服务业 FDI 流入存量高达 62.5%，超过了第一、第二产业的总和。

在过去的二三十年里，服务贸易迅速发展，服务业跨国公司的数量急剧增加，甚至有些服务企业已经以贸易组织的形式跨国经营了多个世纪（如东印度公司）。但是，由于服务自身的本质属性，人们普遍认为，相对于制造企业而言，服务企业更难以进行全球扩张与经营。然而，作为世界经济全球化的奠基者，随着贸易壁垒和政治壁垒的降低，文化与消费偏好的同质化，以及交通与通信设施的改进等，服务企业正在以“全球化”的面孔进入各国市场。在上述推动服务业国际方向运营的动力中，ICT（信息与通信技术）的发展正在帮助大量的服务企业进行海外扩张并建立国际机构，ICT 技术变革打开了可贸易性服务进行出口导向型对外直接投资（FDI）的思路。[①] 虽然这部分不构成 FDI 方式的重要内容，并且当前仅以有限的几个国家为目标市场，但随着服务业可直接通过贸易的方式扩张，服务业的国际生产体系逐渐建立。通过新的数字化信息技术，可以无成本地将服务分割为多个要素并分置在不同国家，这样，服务业也可以采取制造企业在过去的几十年里所采用的跨国经营方式进行全球扩张。即先进的 ICT 技术促进了可贸易性服务业以传统方式进行跨国经营。

1986 年开始实行的乌拉圭多边贸易协定中有关服务贸易的条款加强了对服务业的总体关注，刺激了服务业对外直接投资和服务贸易的发展。近年来服务业逐步放开，由“一国”向“跨国”的方向推进，大大提高了服务业的国际扩张行为在全球经济中的地位和服务业跨国公司的成长与发展。推动力的日趋形成与聚焦促成了服务业国际扩张行为的

① 可贸易性服务业无须服务提供者和使用者进行面对面的物理接触，它只是服务部门中非常小的一部分。对于大多数服务业而言，其海外市场扩张的唯一方式仍是通过 FDI 或使用非股权安排建立当地分支机构。

实现。

根据《2015 年世界投资报告》数据，服务部门的对外直接投资持续上升，其中服务业 FDI 达到 6 700 亿美元，占 54.5%，说明全球 FDI 向服务业转型的趋势仍然没有改变。在全球 FDI 大幅下降的形势下，服务业 FDI 仅较前一年下降 1%，说明服务业仍是全球投资意愿较强的主要领域。同时，发展中国家已经成为全球服务业 FDI 增长的主要动力。2012—2014 年，发展中国家服务业 FDI 流入分别是 3 560 亿美元、4 520 亿美元、4 480 亿美元，占全球性 FDI 流入比重达到了 60%、67%和 67%。且发展中国家 FDI 行业部门差异较大，其中建筑业 FDI 从 220 亿美元迅猛增长到 420 亿美元，超越金融和商务服务业成为第二大行业。其中主要原因是，发展中国家基础设施建设、房地产市场需求较大导致投资需求快速增长。[①]

二、服务业国际直接投资

（一）国际直接投资规模迅速扩大

服务业国际直接投资的发展与国际服务贸易的发展趋势是一致的。20 世纪 70 年代初，服务业只占世界对外直接投资总量的 1/4，此前，对外直接投资主要集中在原材料、其他初级产品，以及以资源为基础的制造业领域。80 年代以后，服务业对外直接投资不断发展，跨国投资逐渐成为服务业国际竞争的一种主要形式，在全球跨国投资总额中所占的份额日益增多。联合国跨国公司中心发布的《世界投资报告》显示：1970 年，在发达国家的对外直接投资中，第二产业占首要地位，其份额达 45.2%，服务业只占 31.4%；1985 年，服务业对外直接投资已达 42.8%，超过第二产业的 38.7%；1990 年，服务业对外直接投资流入量超过第一、第二产业的总和，比重达到 50.1%；而到了 2005 年该比重已经达到了 70%。从世界服务业 FDI 流入流出存量来看，1990 年服务业 FDI 流入存量占全世界对外直接投资流入存量的 49.27%，流出存量占 46.59%；到 2004 年，服务业 FDI 流入存量上升到 62.83%，流出存量上升至 68.73%。截至 2005 年底，服务业 FDI 在全球 FDI 总存量中占 60%。此外，离岸服务业发展迅速。出口导向的离岸服务业伴随着服务业“可贸易性革命”而发展起来，始于 20 世纪 80 年代的 IT/软件服务，在 90 年代迅速发展。2001 年，整个离岸服务出口市场估计价值 320 亿美元，主要提供国为爱尔兰、印度、加拿大和以色列。

（二）服务业跨国公司的发展

随着服务经济的增长及服务业的国际扩张，服务业跨国公司更是长驱直入，疯狂抢占各地市场，开展海外经营业务。服务业跨国公司的比重稳步提升，并在整个跨国公司中占据了十分突出的地位。

联合国贸易和发展会议采用了跨国度指标，从较为宏观、宽泛的口径来比较服务行业和制造行业跨国公司的差距。通过海外机构资产占总资产海外员工营业收入、占总员工营业收入的比重得知，服务业跨国公司的跨国度要低于其他部门。2000 年，服务业

① © UNCTAD，FDI/MNE database（www.unctad.org/fdistatistics）。截至 2015 年底，服务业 FDI 占全球 FDI 总存量的 64%。

跨国并购中出售额占全球并购额的比重高达 73.6%，2001—2003 年服务业跨国并购出售额比重较 2000 年有所下滑，但是 2004 年又回升至 62.7%。另外，在 2002 年联合国贸易和发展会议世界 100 强跨国公司的名单中，虽然服务业跨国公司的平均跨国度指数要低于制造业和初级产品企业，但自 1995 年以来，这种差距已经开始缩小，这表明大型服务业跨国公司要比小型服务企业跨国增长更加迅猛。实际上，在许多发展中国家，大型服务业跨国公司的增长要快于制造企业。可见当前服务业具有十分强劲的海外扩张后发潜力。

《财富》全球企业排行榜更加具体地从单个企业的角度给出了跨国服务企业在跨国公司整体中的微观状况。1995 年以前（1990—1995 年），《财富》以上一年度的销售收入为主要参数，对世界大工业公司和服务公司分别进行了排名；1995 年开始不再对两者进行区分，而是对全球 500 强企业进行混合排名，第一次发布包括服务类公司和工业类公司的全球 500 强企业名单。这一举动足以体现服务业企业在全球经济中不容忽视的地位。毫无疑问，《财富》全球 500 强企业皆为世界知名跨国公司中同行业的领先者。根据联合国贸易和发展会议对服务业的分类，下面将《财富》全球 500 强企业进行具体的行业区分，按照 1～100、101～200、201～300、301～400 及 401～500 五个层次的排名情况，对 2003—2011 年各年度 500 家企业的行业分布情况进行整理，得到表 7—1。

表 7—1　　《财富》全球 500 强企业中制造业和各服务业企业的分布情况（%）

排名	行业	2003	2004	2005	2006	2007	2008	2009	2010	2011
1～100	制造业	40	48	51	45	39	44	49	42	40
	全部服务业	60	52	49	55	61	56	51	58	60
	金融保险	26	25	25	31	32	31	23	28	30
	批发、零售贸易	18	14	12	12	15	11	12	12	11
	运输、储存、通信	7	8	7	7	7	8	12	10	12
	建筑工程									1
	电力、供气、供水	4	3	3	4	2	2	3	4	3
	社会及公共服务	2	1	1		2	2			
	公共行政与国防	2	1	1	1	1	1		1	
	医疗卫生与社会服务	1				2	1	1	3	3
	合计	100	100	100	100	100	100	100	100	100
101～200	制造业	31	31	31	32	32	39	40	36	41
	全部服务业	69	69	69	68	68	61	60	64	59
	金融保险	28	28	28	25	26	27	25	25	23
	批发、零售贸易	17	18	18	15	20	17	17	16	16
	商务活动	1			1		1	1	1	
	运输、储存、通信	10	11	11	9	8	6	5	7	6
	建筑工程	1	1	1	1	2	2	2	5	3
	电力、供气、供水	3	2	2	6	4	3	3	3	3
	社会及公共服务	3	3	3	2	3	3	3	2	1
	公共行政与国防	4	4	4	5	4	1	4	3	4
	医疗卫生与社会服务	2	2	2	4	1	1		2	3
	合计	100	100	100	100	100	100	100	100	100

续前表

排名	行业	2003	2004	2005	2006	2007	2008	2009	2010	2011
201～300	制造业	36	38	39	38	38	34	36	42	37
	全部服务业	64	62	61	62	62	66	64	58	63
	金融保险	25	22	21	23	26	26	25	22	22
	宾馆、餐饮	1	3	4	2					
	批发、零售贸易	16	9	7	11	13	13	12	11	13
	商务活动		2	2	1	2	2	2		1
	运输、储存、通信	12	11	10	9	5	10	12	14	11
	建筑工程	2	1	1	1		1	4	1	2
	电力、供气、供水	2	6	8	7	6	3		2	3
	社会及公共服务	1	2	2	4	5	4	1	1	2
	公共行政与国防	2	2	2	2	3	4	4	4	4
	医疗卫生与社会服务	3	4	4	2	2	3	4	3	5
	合计	100	100	100	100	100	100	100	100	100
301～400	制造业	32	36	45	41	42	46	53	44	49
	全部服务业	68	64	55	59	58	54	47	56	51
	金融保险	23	23	19	17	18	19	12	19	16
	宾馆、餐饮	3	2	1	1	3	1		1	1
	批发、零售贸易	15	15	17	12	14	13	12	12	12
	商务活动	1	1	1	3			1	2	
	运输、储存、通信	10	11	7	11	8	7	5	6	10
	建筑工程	4	3	3	2	4	4	3	4	1
	电力、供气、供水	6	4	3	10	6	4	7	4	4
	社会及公共服务	1			1	2	2		1	
	公共行政与国防	2	3	3	1	1	1	3	3	3
	医疗卫生与社会服务	3	2	1	1	2	3	4	4	4
	合计	100	100	100	100	100	100	100	100	100
401～500	制造业	37	36	38	35	38	34	47	44	46
	全部服务业	63	64	62	65	62	66	53	56	54
	金融保险	18	20	18	18	15	20	17	18	18
	宾馆、餐饮	2	1	1	1	1	5	2	2	2
	批发、零售贸易	10	12	12	14	17	13	6	8	6
	商务活动	3	2	2	5	3	1		2	1
	运输、储存、通信	10	10	10	8	10	12	10	6	10
	建筑工程	4	5	6	7	5	7	9	7	9
	电力、供气、供水	8	8	8	6	5	2	1	2	1
	社会及公共服务	1	1	1	2	2	2	2	4	2
	公共行政与国防	3	1	1	2	2	3	2	2	1
	医疗卫生与社会服务	4	4	3	2	2	1	4	5	4
	合计	100	100	100	100	100	100	100	100	100

续前表

排名	行业	2003	2004	2005	2006	2007	2008	2009	2010	2011
合计	制造业	36.4	37.8	40.8	38.2	37.8	39.4	45.0	41.6	42.6
	全部服务业	63.6	62.2	59.2	61.8	62.2	60.6	55.0	58.4	57.4
	金融保险	24.0	23.6	22.2	22.8	23.4	24.6	20.4	22.4	21.8
	宾馆、餐饮	1.2	1.2	1.2	0.8	0.8	1.2	0.4	0.6	0.6
	批发、零售贸易	15.2	13.4	13.2	12.8	15.8	13.4	11.8	11.8	11.6
	商务活动	1.4	1.2	1.0	2.0	1.0	0.8	0.8	1.0	0.4
	运输、储存、通信	9.2	10.0	9.0	8.8	8.2	8.6	8.8	8.6	9.8
	建筑工程	2.0	2.0	2.2	2.2	2.2	2.8	3.6	3.4	3.2
	电力、供气、供水	4.4	4.8	4.8	6.6	4.6	3.2	2.8	3.0	2.8
	社会及公共服务	1.4	1.4	1.4	1.8	2.8	2.6	1.2	1.4	1.0
	公共行政与国防	2.4	2.2	2.2	2.2	2.2	1.8	2.6	2.6	2.4
	医疗卫生与社会服务	2.4	2.4	2.0	1.8	1.2	1.6	2.6	3.6	3.8
	合计	100	100	100	100	100	100	100	100	100

资料来源：根据北方网转引的《财富》全球 500 强企业的相关数据整理。

截取表 7—1 中对服务业和制造业及其他两大类的数据情况，得出如表 7—2 所示的《财富》全球 500 强企业中制造业和服务业跨国公司的分布情况。

表 7—2　　《财富》全球 500 强企业中跨国制造企业和服务业的分布情况（%）

排名	行业	2003	2004	2005	2006	2007	2008	2009	2010	2011
1～100	服务业	12.0	10.4	9.8	11.0	12.2	11.2	10.2	11.6	12.0
	制造业及其他	8.0	9.6	10.2	9.0	7.8	8.8	9.8	8.4	8.0
101～200	服务业	12.6	13.8	13.8	13.6	13.6	12.2	12.0	12.8	11.8
	制造业及其他	7.4	6.2	6.2	6.4	6.4	7.8	8.0	7.2	8.2
201～300	服务业	12.8	12.4	12.2	12.4	12.4	13.2	12.8	11.6	12.6
	制造业及其他	7.2	7.6	7.8	7.6	7.6	6.8	7.2	8.4	7.4
301～400	服务业	13.6	12.8	11.0	11.8	11.6	10.8	9.4	11.2	10.2
	制造业及其他	6.4	7.2	9.0	8.2	8.4	9.2	10.6	8.8	9.8
401～500	服务业	12.6	12.8	12.4	13.0	12.4	13.2	10.6	11.2	10.8
	制造业及其他	7.4	7.2	7.6	7.0	7.6	6.8	9.4	8.8	9.2
合计	服务业	63.6	62.2	59.2	61.8	62.2	60.6	55.0	58.4	57.4
	制造业及其他	36.4	37.8	40.8	38.2	37.8	39.4	45.0	41.6	42.6

表 7—2 显示出，在总体上，跨国服务企业在以销售收入作为衡量指标的全球 500 强企业中已经占据了绝对优势（上述年份中服务业企业的比重都已经超过了 50%，达到了 60%左右）。而且，在以每 100 家企业为一个测度的五个层次排名中，服务业在各层中的比重分布较为均匀，显然，大规模的跨国服务企业正在不断产生并不断赶超制造业跨国公司，它们已经具备了足够强势的力量和能力来同制造业相抗衡。以服务业企业作为一个整体，剖开来审视各具体服务行业的分布情况，了解其具体动态。基于此，以 2010 年和 2011 年的数据为例，将表 7—1 中数据以柱形图显示，如图 7—1 所示。

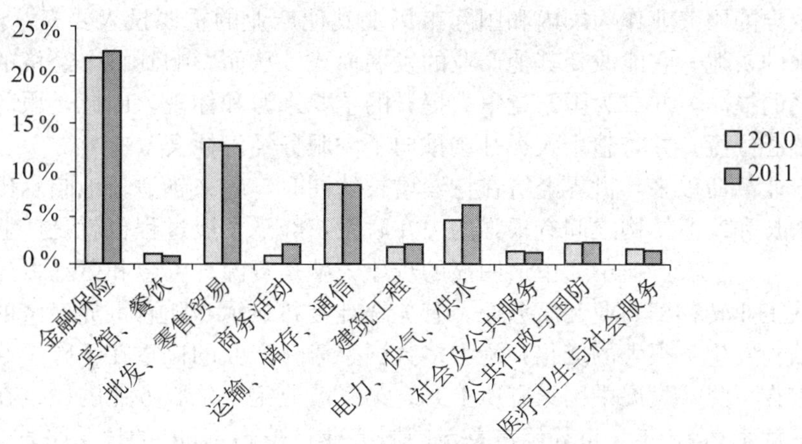

图 7—1　2010 年、2011 年《财富》全球 500 强企业中各种具体服务行业的分布情况

图 7—1 中尤其值得注意的是，金融保险以接近 25%的比重当之无愧盘踞服务行业首位；同时，批发、零售贸易（12%左右），运输、储存、通信（9%左右）也成为主力军。显然，从占《财富》全球 500 强企业的比重来看，这三种服务行业企业已经在整体跨国公司中处于非常强势的地位，取得了丰硕的国际经营成果。2002—2008 年（除 2006 年、2009 年外），沃尔玛一直高居全球 500 强企业榜首，这已十分鲜明地表明了服务业跨国公司的全球网络构建已不再让步于制造业，服务业跨国公司正在以其独特的规律和策略进行全球拓展。

第四节　服务业在国民经济中的作用

服务业是近几年来增长最快的产业，并且已经成为许多国家最大的生产部门。2001—2004 年，服务业在许多国家经济中的地位稳步上升，仅在 2001 年，平均而言，服务部门占发达国家国内生产总值（GDP）的 72%，占发展中国家国内生产总值的 52%，占中东欧国家国内生产总值的 57%，各地区的服务业都在经济中占有突出地位。从全球统计数据来看，世界范围内服务业的增加值占 GDP 的比重已从 20 世纪 70 年代早期的 50%上升到 1999 年的 64%。此外，伴随着酒店业、零售业、航空业、通信业（如英国的呼叫中心转向印度）等大量服务行业的国际化经营，服务贸易总额及其占全球贸易总额的比重在 1980—2002 年间分别以 6.5%和 25%的速度上升。

在服务业急速增长的背景下，大多数国家的服务业已经成为经济活动的主体，制造业所提供的服务也稳步增加，因此可以说，服务产业的效率和生产力水平能够体现出一个国家整体经济竞争力的高低，并成为提升生活质量的重要基础。尤其是现代中介服务的提供及其成本和质量影响了其他部门产品的竞争力（如基础设施、金融、专业服务业等对其他产业的影响）；某些服务业条件的改善（如医疗、教育、供水、卫生服务）直接提高了人们的生活质量并培育了优秀的人力资源。因此，发展中国家的政策制定者们越来越意识到服务业在整体竞争力中的重要地位，并给予了越来越多的关注。在分工经济的网络中，以知识技术为主导的服务业作为国内和国际市场上其他产业的重要投入要素①，成为把其他产业黏合起来的灰泥，它能改变其他产业的发展模式，从而影响到整个经济的结构改善和社会福利水平的提高，并成为国家竞争力提升的重要来源和体现。因此，服务业已经处于经济地带的核心位置，并将整个人类社会推向了“服务经济社会”。

第三次产业革命以来，世界经济在持续增长的同时，越来越清晰地昭示出一种发展趋势，即经济增长和产业结构之间有很强的内在联系，经济发展过程也就是产业结构变化的过程。第一、二、三次产业革命中最明显的现象，就是资源、资金和劳动力先从农业转移到工业，再从工业转移到商业和服务业。有关统计资料显示，随着世界经济的增长，世界各国的产业结构发生了很大的变化：绝大多数国家第一产业的比重在下降；第二产业的比重，发达国家在下降，发展中国家有所上升；第三产业主要是服务业的比重在世界各国都大幅度上升。截至 2015 年，世界经济总量中服务业产值占 GDP 的比重平均达到了 69%，发达国家服务业产值已占其国内生产总值的 70%以上，个别国家已经突破了 80%，即使是中低收入国家，服务业产值占国内生产总值的比重也已经达到了 53%。从我国的情况来看，1993—2009 年，我国第三产业产值占 GDP 的比重由 33.7%直线上升至 56.9%。换句话说，我们可以根据农业、工业、服务业在国民经济中的产值比和就业比来辨别一个国家所处的经济发展阶段：农业国家服务业的发展水平较低；正在实行工业化的国家，农业比重下降，工业和服务业同步增长；工业化国家，农业比重下降至最低点，工业比重上升至最高点；后工业化国家，工业比重下降，服务业比重上升。目前，在全球范围内正在发生的服务业革命，即由服务业取代农业和工业成为国民经济第一大产业的进程，有从发达国家向发展中国家蔓延的趋势。

服务业的发展对一个国家社会经济的影响极其巨大，具体表现在以下几个方面：

1. 增加社会财富

传统经济学认为，服务劳动属于非生产性劳动，服务业既不创造使用价值，也不创造价值。而现代社会经济发展的实践表明，服务劳动也是一种生产性劳动，服务业既创造使用价值也创造价值，既转移旧价值也形成新价值。

(1) 服务业生产的产品虽然不是有形的物品，而是无形的服务或效用，但是通过这些无形的服务和效用，消费者的各种精神、文化和享受需求得到了满足，这与有形产品满足人们的物质需求来说并无什么不同。

(2) 现代化的工业生产已经不再把体力劳动作为主要手段，而转变成为以人力资本为主要的投入方式，劳动形式越来越趋于脑力劳动的一种生产方式。这样，工业企业的经营管理人员逐渐多于一线工人，从这个意义上说，现代工业生产的物质产品不再单纯是“车间劳动”的产物，而是包含了很多贯穿于生产过程中的服务性劳动，也就是说，服务性劳动成为生产过程的一部分，是一种延伸或扩展的生产劳动。当这些服务性劳动随着分工的深化独立以后，现代服务业就产生了。由此不难理解，现代物质产品包含着服务业所创造的价值和使用价值，整个社会财富当然就包含着服务业的贡献。

根据香港特区政府工业署的统计，1984 年，香港制造业的增值额在其生产总值中的

① 尤其是在信息和知识经济背景下，大多数经济活动中的服务含量急速上升，强化了对有效提供关键服务的需求。

比重为 27.9%，而服务业增值额的比重平均为 64.9%；到 1994 年，香港制造业的增值额在其生产总值中的比重平均为 29.3%，而服务业增值额的比重平均为 59.9%；截至目前，香港制造业和服务业在利润率上的这种巨大差距并没有改变。可以说，服务业不但创造利润，其利润率还高于第一、二产业的大多数行业或部门，这也成为香港经济腾飞的重要因素。

2. 促进国民经济的发展

随着世界经济特别是我国经济的持续快速发展，广大城乡居民将收入增加额越来越多地用于购买服务性产品，服务性消费日益成为国民消费的主要部分，成为社会再生产过程的重要环节，服务经济也由此成为国民经济发展的重要源泉和推动力。尤其需要说明的是，现代化的工业生产已经将越来越多的服务作为中间投入要素，工业生产过程形成的中间需求成为服务业增长的主要来源。《中国统计年鉴》(2001) 的计算数据显示，我国服务业总产出的 3/4 是工业生产的中间性投入，居民生活消费只占服务业总产出的 1/4。可以说，电子信息、批发与零售、金融、保险乃至一些专业化的服务行业，都是工业生产进一步社会化分工的产物，是工业企业经济的外部化。

从工业企业的生产过程中我们可以清楚地看出，新兴的服务行业大多数是随着社会分工和专业化的发展从工业企业中独立出来的，像会计、技术开发、信息搜集与处理、产品设计、市场营销等工作原来由工业企业自己承担，当这些职能逐渐从工业企业中独立出来以后，就形成了我们所说的现代服务业。现代服务业出现以后，通过其专营化和高效率的服务，大大降低了生产成本和交易费用，进一步推动了工业化乃至整个国民经济的发展。

3. 吸纳大批就业人口，提高从业人员的素质

与我国产业结构的调整相一致，三大产业从业人员的比例也由 1989 年的60：21.6：18.4 变为 2015 年的 28.3：29.3：42.4。2015 年服务业从业人员为 3.28 亿，占全部从业人员比重由 1978 年的 12.2%提高到 42.4%，服务业成为我国吸收劳动力就业或再就业的主要领域。而服务业又是我国第三产业中吸收就业人员的主要渠道。2001 年，我国服务业的产值占国内生产总值的 15%，从业人员达 5 000 多万；“九五”期间，我国服务业吸纳从业人员达 2 715 万人，占全国同期新增就业总人数的 85%；到 2004 年服务业增加值比 2000 年增长 45%，从业人员净增3 188万人。“十五”期间，我国每年要安置 800 多万人就业，截至 2001 年失业人口为 681 万，失业率上升为 3.6%，可见失业问题仍然要通过大力发展服务业来解决，这对于我国社会稳定和经济繁荣有着决定性的意义。

同时还应当看到，服务业是集劳动密集型和科技应用型为一体的综合性产业部门，一方面，发展服务业需要大量低成本的劳动力；另一方面，科学技术在服务业的广泛应用又对劳动者的素质提出了较高要求。例如，大型超市和连锁店、大型旅游饭店、大型风景名胜区、大型度假村、大型物业中心、大型美食城、大型娱乐场等，都采用现代化的设施、设备和先进的经营管理手段，对从业人员的素质要求越来越高。

4. 推动产业结构调整，促进经济增长方式转变

服务业的发展，大大延长了第一、二产业的产品链，使得大批高技术、高质量的产品得到了充分开发和广泛使用。例如，一座高星级的旅游饭店几乎集中使用了当今最先进的建筑材料、装饰材料、冷暖设施、客房设施、卫生设备和厨房设备，在此基础上，旅客才

享受到了高标准的服务。又如，人们都喜欢吃肯德基的汉堡包，而肯德基对面粉、食用油、鸡肉和生产线设备的要求都很高，这就推动了生产这些产品的第一、二产业的发展，使得第一、二产业及其产品的科技含量大大提高，反过来又促进了第三产业包括服务业的发展，使得三大产业结构不断优化，均衡发展。

传统的产业结构主要是以第一产业和第二产业为主的增长方式，是以粗放型和劳动密集型为主的产业增长结构。但20世纪80年代以来，全球的产业结构呈现出了从工业经济向服务型经济转变的趋势，许多国家和一些大都市都把目光转向了具有巨大发展潜力的新兴产业——现代服务业。现代服务业的快速发展不仅推动了三大产业之间的结构调整，促进了经济增长方式的转变，更重要的是，它强有力地推动了服务业内部产业结构的优化，以金融、保险、物流、旅游、会展等为主的现代服务业的快速发展以极强的商品属性和产业属性，更新了服务业在经济格局中的地位，带动了传统服务的创新和发展，同时也逐步实现了服务业的经济增长方式由粗放型向集约型的转变，由劳动密集型向知识技术密集型的跨越。

5. 改变了人们的生活和工作方式，提高了人们的需求层次和生活质量

与产业结构的变化相一致，人民群众的生活水平在得到较大程度的提高后，其需求类型也发生了巨大变化。当人们对食品和耐用消费品的需求基本满足之后，对旅游、休闲、娱乐、美食、运动、保健等服务性产品的需求日渐增多，也就是说，人们的消费需求越来越多地从生存型的物质领域转向发展型的精神文化领域。在市场经济条件下，服务业早已超越了传统的旅馆、饮食、个人服务等行业，几乎包括了第三产业的所有行业或部门，可以说，凡是生产满足人们各种精神文化需求的服务性产品，为第一、二产业服务的行业或部门，都属于服务业范畴。按照美国《经济文献杂志》的分类，旅游、休闲、娱乐、体育、赌博、媒体、洗浴、美容、理发、零售、房地产、信息、通信、会计、法律咨询和其他专业化服务行业都属于服务业。

从农业经济到工业经济，再到服务经济的序列，实质上反映了人类社会从满足生存、发展到自我实现的需求系列。农业社会阶段人的最大需求是生存需求，工业社会人的需求是发展需求，而在知识社会，高度发达的信息技术从根本上改变了人们的生活模式，更多的是满足人的发展和自我实现的需求。现代服务业无论是金融保险服务、教育培训服务、旅游休闲服务、咨询服务，还是信息服务、设计服务等，都从不同角度改变了人们的生活和工作方式，提高了人们的需求层次和生活质量。

专栏 7—1

国际服务贸易分类表

本分类表是由日内瓦世界贸易组织统计和信息系统局（SISD）提供的，并经WTO服务贸易理事会评审认可。本分类表是按照GNS（一般国家标准）服务部门分类法，将全世界的服务部门分为12大类、142个服务项目。

一、商业服务

A. 专业服务

B. 计算机及其有关服务

C. 研究与开发（R&D）服务
D. 房地产服务
E. 无经纪人介入的租赁服务
F. 其他商业服务

二、通信服务

A. 邮政服务
B. 快件服务
C. 电讯服务
D. 视听服务
E. 其他

三、建筑及有关工程服务

四、销售服务

五、教育服务

六、环境服务

七、金融服务

A. 所有保险及与保险有关的服务
B. 银行及其他金融服务（保险除外）
C. 其他

八、健康与社会服务

九、与旅游有关的服务

十、娱乐、文化与体育服务

十一、运输服务

A. 海运服务
B. 内河航运
C. 空运服务
D. 空间运输
E. 铁路运输服务
F. 公路运输服务
G. 管道运输
H. 所有运输方式的辅助性服务

十二、其他服务

专栏 7—2

“首届香港中国国际服务贸易洽谈会”开幕

2007 年 7 月 16 日，由商务部和香港贸易发展局共同主办的“首届香港中国国际服务贸易洽谈会”在香港隆重开幕。商务部副部长易小准、香港特区政府财政司司长曾俊华、中央人民政府驻香港特别行政区联络办公室副主任郑坤生和香港贸易发展局总裁林天福出席洽谈会开幕式并致辞。

开幕式后举办了“服务贸易的发展论坛”。易小准、曾俊华等分别就中国服务贸易的发展机遇及内地和香港在服务贸易领域的合作前景发表了主旨演讲。易小准指出，随着全球产业结构的加快调整和经济全球化的迅猛发展，服务贸易在全球贸易中的地位日益突出。香港是世界上服务贸易最发达的地区之一，也是内地最重要的服务贸易合作伙伴。目前，内地经济正面临大规模的产业结构升级，大力发展服务贸易已成为中央政府转变外贸增长方式、保证对外贸易可持续发展的一项重要举措。内地有发展服务贸易的需求，香港有发达的服务业基础，《关于建立更紧密经贸关系的安排》则为两地服务贸易的发展不断创造新机遇。内地和香港在服务贸易领域的合作有着得天独厚的条件。中央政府十分重视发展服务贸易，今后一个时期，商务部将在加大开放力度、制定鼓励政策、建立促进体系、打造整体品牌和推进重点地区建设等方面积极推动中国服务贸易的发展。

专栏 7—3

跨国公司大举进军上海服务业

近年来，上海通过推进服务业对外开放的先行试点，吸引了一大批国际知名的服务业跨国公司。

据统计，截至2002年5月，上海服务业吸引外资项目达9 241个，占外资项目总数的36%；吸引合同外资223亿美元，占合同外资总额的39%，主要集中于房地产业与基础设施、仓储物流、咨询、运输、货代及电信增值业等行业。

在金融保险领域，上海现有经营性外资金融机构66家，其中包括54家银行和12家保险公司，获准经营人民币业务的外资银行有24家。此外，还有非经营性外资金融机构157家。这些为上海实现国际金融中心的目标奠定了基础。

在公用事业方面，全球第一大水务公司——法国通用水务公司最近出资约20亿元人民币，收购了上海市自来水浦东有限公司50%的股权，在业界引起了轰动。

在旅游设施方面，上海目前已开业的涉外宾馆达200多家，客房数近3万间（套），其中五星级涉外宾馆有10多家。同时还引进了四季、凯悦、万豪、威斯汀、希尔顿、香格里拉等国际著名饭店管理集团，提高了上海旅游设施的经营管理和服务水平。此外，世界著名的餐饮公司如麦当劳、星巴克、肯德基和必胜客等也在沪开设了多家分店。

在专业服务方面，全球著名会计师事务所，如普华永道、毕马威、安永和德勤等，在上海开办了审计、咨询和税务等业务；国际著名的咨询公司，如麦肯锡、波士顿、埃森哲和邓白氏等，也在沪设立了分公司；30多家世界著名的律师事务所在沪设立了代表处和咨询机构。

在商贸领域，上海率先争取到中外合资外贸公司的试点，国家批准的首批三家中外合资外贸公司——东菱贸易有限公司、兰生大宇有限公司和中技—鲜京贸易有限公司均落户上海。上海中外合资商业零售企业接近80家，通过与国际商业巨子的合作，上海商业连锁业态呈现出了多样化。

在运输业，上海已有136家中外合资货运代理企业、16家外商独资船务公司和4家船务公司上海分公司，业务范围几乎涉及全球各大海运公司，如丹麦马士基、美国总统轮船公司、日本邮船公司和荷兰铁行渣华等。全球著名的快件服务公司，如UPS、敦豪等也竞相逐鹿上海。

资料来源：上海商报，2002-07-13.

本章小结

服务是对其他经济组织（或单位）的个人、商品或服务增加价值，并主要以活动形式表现的使用价值或效用，其主要特点是无形性、不可分离性、不可储存性、异质性。随着技术进步和产业结构的演进，服务产业迅速增长，在国民经济中的地位不断增强，成为国民经济的支柱产业。在全球经济中，服务业已具有举足轻重的地位。

国际服务贸易是在一个国家内的服务经济的基础上，通过服务业的国际化和国际分工发展起来的。国际服务贸易的特点有：贸易标的的无形性，交易过程与生产消费过程的同时性，贸易主体地位的多重性，服务贸易市场的高垄断性，贸易保护方式的刚性和隐蔽性，营销管理的高难度和复杂性。随着世界经济的发展和国际分工的日益深化，服务贸易已成为当今国际贸易发展最为迅速的领域，其增长速度远远超过同期国际货物贸易的发展速度。

近年来，服务业逐渐成为国际性产业。与此同时，服务业对外直接投资也迅猛增加。随着服务经济的增长及服务业的国际扩张，服务业跨国公司的比重稳步提升。本章就通过联合国贸发会议和《财富》全球500强企业两个内容分别从宏观和微观两个方面来说明服务业跨国公司在整体跨国公司中的后发潜力和强劲表现。

同时，随着经济的不断发展，服务业在经济中的地位也不断凸显。服务业的发展对一个国家社会经济的影响极其巨大，具体表现在以下几个方面：增加社会财富；促进国民经济的发展；吸纳大批就业人口，提高从业人员的素质；推动产业结构调整，促进经济增长方式转变；改变了人们的生活和工作方式，提高了人们的需求层次和生活质量。

本章关键术语

服务　　服务业　　国际服务贸易　　过境交付

境外消费　　商业存在　　自然人流动　　对外直接投资

本章思考题

1. 国际服务贸易的含义是什么？包含哪些内容？
2. 国际服务贸易不同于一般的商品服务贸易的主要特点有哪些？
3. 国际服务贸易的分类有哪些？
4. 国际服务贸易与对外直接投资以及跨国公司有怎样的联系？

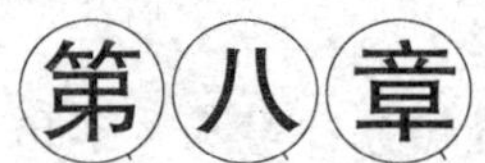

第八章 国际服务贸易相关理论

学习目标

- 掌握传统比较优势理论的适用性的几种观点；
- 充分理解迈克尔·波特模型；
- 运用规模经济与不完全竞争理论来分析服务贸易；
- 了解服务外包的基本内容；
- 了解服务业直接投资理论的有关理论。

传统的国际贸易纯理论是建立在货物（商品）贸易基础上的，严格地说，服务贸易并未形成自己的理论体系，相对于实践的迅猛发展，服务贸易理论研究相对滞后，至今尚未形成系统的并能使各国普遍接受的服务贸易理论体系。

然而，服务贸易实践的发展促进了对服务贸易理论的研究。对于如何把握服务贸易基本特征和基本原理，来构建相对完整的服务贸易理论体系的探讨，理论界出现了两种不同的选择：一是依据国际服务贸易的实践和特点，借鉴相关学科领域的研究成果，开创出相对独立的服务贸易理论；二是将传统的商品贸易理论加以延伸，扩展到服务贸易领域，用相应的逻辑和概念来阐述服务贸易，从而实现商品贸易理论和服务贸易理论的对接。从服务贸易理论的实际发展来看，理论界更倾向于第二种选择。这不仅是因为第一种选择存在着实际的困难，而且更为重要的是，由于服务贸易和商品贸易在产生原因及贸易模式特征等方面存在许多共同之处，使得服务贸易理论无法与传统的商品贸易理论彻底决裂。因此，迄今为止的服务贸易理论研究基本上都是围绕着现有以商品贸易为基础的贸易理论是否适用于服务贸易这个焦点来进行的。

第一节　服务贸易的比较优势理论

1817 年李嘉图在《政治经济学及赋税原理》一书中首次提出“比较优势理论”后，这一理论不断得以充实和完善，成为研究国际贸易产生根源的逻辑起点，也是服务贸易理论研究的出发点。传统比较优势理论在服务贸易中的适用性问题，即服务贸易发生及贸易模式形成的原因能否用比较优势理论来解释，在学术界是至关重要的，因为它关系到服务贸易纯理论建立的基础是否合理，这也是尝试建立服务贸易纯理论的基本和首要问题。

一、比较优势理论在国际服务贸易中的适用性

关于比较优势理论在服务贸易中的适用性问题是当今国际服务贸易理论界的研究重点之一。综合众人的研究成果，主要存在以下三种学术观点。

（一）比较优势理论不适用于国际服务贸易

持有这一观点的学者认为，服务贸易与商品贸易源于不同的概念范畴，应有不同的理论渊源。R. 迪克和 H. 迪克（R. Dick and H. Dick，1979）是最早尝试系统解释服务贸易模式的学者。他们采用实证分析方法，以要素禀赋为基础，运用显示比较优势指标（RCA），通过对 18 个经合组织（OECD）国家的数据进行跨部门回归分析，以此来研究分析知识密集型服务贸易行业的现实格局是否遵循比较优势原理。得到的结论是：没有证据表明比较优势在服务贸易模式的决定中发挥了作用。他们指出：“如果不考虑贸易扭曲，要素禀赋在服务贸易中没有重要影响。”

此外，“不适用论”的坚持者还从其他方面阐述了其观点，如桑普森和斯内普（G. Sampson and R. Snape，1985）认为，服务贸易不同于商品贸易，服务的生产者与消费者会出现时空的一致性，这样就可能出现生产者的跨国移动，即生产要素的国际流动，但是要素禀赋理论的假设前提是国家间生产要素不能流动，限制了服务贸易，如果不能放弃这一假定，该理论就不适用于服务贸易。

美国经济学家菲克特库迪（G. Feketekuty，1988）则从服务贸易的特点出发来分析此问题。他认为服务贸易具有以下不同于货物贸易的特点：国际服务贸易提供的是劳动与货币的交换，而非物品与货币的交换；服务贸易中服务的生产与消费同时发生、同时结束；服务具有不可储藏性；服务贸易的统计方式与商品贸易不同，前者反映在各国的国际收支平衡表中，而后者反映在各国海关的进出口统计中。由于服务贸易相对于商品贸易的无形性，分析商品贸易的比较优势理论不足以用来分析服务贸易。

也有学者如安·赫尔曼等认为，目前用于解释商品贸易比较优势的理论，如要素禀赋理论、规模经济学说、技术差距论和生产周期理论等是否适用服务贸易都有待于进一步论证。

（二）比较优势理论适用于国际服务贸易

持有这一观点的学者认为，服务贸易与商品贸易无本质差别，因而不存在两套理论，比较优势理论合乎逻辑地适用于服务贸易。

萨皮尔和卢茨（Andre Sapir and Ernst Lutz，1981）根据国家间要素禀赋和技术差

异，对货运、客运和其他民间服务构造了一个回归模型（赫克歇尔-俄林模型，即 H-O 模型）来检验传统要素禀赋对服务贸易的适用性。他们选择货物运输服务、旅客运输服务和保险服务三个行业，运用 52 个国家（其中 35 个发展中国家，17 个发达国家）1977 年的数据进行回归分析，得出以下结论：物质资本丰富的国家在运输服务部门有比较优势，而人力资本丰富的国家在保险、专利等服务部门拥有比较优势。这个结论支持了传统的比较优势贸易理论不仅适用于货物贸易，也适用于服务贸易的观点，肯定了要素禀赋对服务贸易模式的决定具有重要作用。萨皮尔（Sapir，1985）甚至进一步提出，服务贸易的比较优势是动态的，发展中国家具有成为服务出口国的潜力，这对现实中的服务贸易有一定的解释作用。1986 年，拉尔（S. Lall）通过对发展中国家的实际研究，也得出与此类似的结论。拉尔就海运和技术服务的国际贸易，对部分发达国家和发展中国家进行了实证研究，结果也表明比较优势理论适用于服务贸易。特别是他认为，比较优势可以通过长期经验（如海运服务）或学习（如具体技术）积累起来，并认为发展中国家可以在具体技术的掌握或以更低价格提供标准化服务等方面积累起比较优势。

辛德利和史密斯（Brian Hindley and A. Smith，1984）认为：在理论和经验分析中没有必要在概念上严格区分商品和服务，因为比较优势强有力的逻辑超越了这些差别。

哈佛大学著名的国际经济学家理查德·库伯（Richard Kumpe）则明确指出，“作为一种简单的命题，比较优势理论是普遍有效的……正如存在于商品生产中那样，比较优势也存在于服务贸易中。”

1989 年，麦尔文（James R Melvin）在他的文章《生产服务贸易：赫克歇尔-俄林方法》中，运用传统的 H-O 理论模型，成功地解释了要素贸易也可以达到与商品贸易相同的贸易结果，从而得出服务贸易必然服从传统比较优势理论的结论。

1991 年，Fallvey 和 Gemmell 发现，发达国家在资本和技术密集型的服务上价格相对较低，具有比较优势，而发展中国家在劳动密集型服务上的价格相对较低，具有比较优势，这说明各国不同的要素禀赋导致的服务价格差异是服务贸易产生的基础，这为服务价格的国际差异模型提供了进一步的经验证据。

（三）对比较优势理论的适当修正

第三种观点介于前面两种观点之间，承认比较优势理论在解释服务贸易方面存在缺陷，但经过一定改进后，还是适用于服务贸易的。总体来说，这种观点得到了学术界较多的认可。

迪尔多夫（A. Deardorff，1984）对比较优势理论在服务贸易中的适用性作出了适当的评价，他选择了服务业可能导致比较优势失灵的三个特征进行了分析，认为其中两个特征［即（1）服务贸易是商品贸易的副产品，不存在贸易前价格；（2）许多服务贸易涉及要素流动］是适用于比较优势理论的；而第三个特征［即（3）某些服务要素可以由国外供给］则会导致比较优势理论不成立：随后，他对标准的 H-O 模型中的个别要素做了改变，率先成功地揭示了国际服务贸易是如何遵循比较优势理论的。

塔克和森德伯格（K. Tucher and M. Sundberg，1988）指出，传统国际贸易理论是适用于分析服务贸易的，但存在下述局限性：第一，要素禀赋理论是从供给角度来分析国际贸易，而国际服务贸易在许多情况下主要受到需求条件而不是生产成本的影响；第二，商品和服务在研究与开发、广告等方面的效用上存在着差别；第三，许多服务往往作为中间投入出现在生产过程中，在生产的不同阶段会出现两个不同的生产函数；第四，服务贸易受市场结构和政府管制的影响比货物贸易要大得多。他们主张在运用国际贸易原理来分析国际服务贸易时，需要更多地关注相关的市场结构和需求特征。

伯格斯（D. F. Burgess，1900）以传统的H-O-S模型（即赫克歇尔-俄林-萨缪尔森模型）为基础，对标准的H-O-S理论作了简单修正，将服务和技术差异因素引入传统模型用以分析国际金融服务贸易，他认为修正后的模型可以作为解释服务贸易的一般模型。

巴格瓦蒂（Bhagwati）等通过对服务价格国际差异的探讨，得出由于以前假定服务部门为劳动密集型的，从而产生了若干错误，介于现实是高收入国家的生产率比低收入国家高，并且随着技术进步和服务业的发展，现代服务的核心和主题是技术、人力资本和资本密集型部门。因此，他认为，服务是技术和资本密集型部门，并建立一个服务价格的国际差异模型，得出高收入国家服务价格低，低收入国家服务价格高，从而解释了发达国家在金融、工程咨询、信息处理等资本、技术密集型的服务上具有比较优势。

同样，琼斯（Jones，1990）也认为技术差异的比较优势对服务贸易起着重要的决定作用。他认为劳动生产率的差异将导致服务价格的差异，最终影响到服务的进口和出口，这实质上就是比较优势的决定作用。

将迪尔多夫、琼斯等经济学家的分析结合起来就形成了一个基本认识：服务贸易领域同样存在着比较优势的“合理内核”，比较优势理论在服务贸易中仍然适用。

二、服务贸易比较优势的影响因素

1. 自然条件和基础设施是制约服务贸易的根本性条件

自然条件是一切活动的基础，没有一定的自然条件，任何经济活动均无从谈起，自然条件中的服务基础设施是制约服务贸易的重要因素，它们或直接或间接地决定着现代国际服务贸易的方式、规模和质量。

2. 服务的生产和消费的不可分离性决定了服务业具有规模效益的可能性较小，而要求服务提供者具有一定的经营管理优势和专业素质优势

服务的生产和消费具有不可分离性，其生产者和消费者必须直接接触并互动，所以，有很多服务是在比较广的区域内为消费者设置多个进入点，不可能像货物那样集中生产实现规模效益。服务业只能依靠无形资产和管理资源的规模使用才能获得规模优势，如社会化经营和一体化经营。

3. 服务的不可触知性要求服务提供者具有企业形象、知名度优势和创新优势

服务具有不可触知性，是抽象的，服务的购买者难以事先对服务作出评估，如教育服务、餐饮服务等，购买这些服务的风险比购买货物的风险大，这时，服务提供者的声誉和形象成了购买者决策的依据，企业形象和知名度在服务贸易中比在货物贸易中更为重要。

4. 服务的不可储存性要求管理者进行有效的服务需求管理

服务没有库存，是在生产的同时被消费的，其有用的时间往往很短暂，因此，服务的提供方或管理者对于服务需求的管理就显得十分重要。这也是体现服务贸易比较优势的一个重要方面。

5. 服务的不稳定性要求服务提供者在专业素质、管理创新和差异化服务等方面具有一定优势

服务贸易的不稳定性使其质量难以标准化，使其有很强的潜在可变性，这就要求服务企业要加强管理工作，如严格的规章制度、规范的操作流程、定期的员工培训计划等等，以此来提升服务企业的竞争优势。

6. 服务贸易的成本由供给和需求双方共同决定

服务贸易不仅取决于服务要素的生产成本，更强调需求因素所导致的成本增量或消费者的选择性，如运输成本、信息成本、消费者收入及其偏好、系列服务质量和购买环境等，任何国际服务贸易将依赖于需求因素而非生产成本。对于服务贸易问题不仅要从资源禀赋角度分析，更需要从服务贸易流向、相关市场结构以及需求特征角度进行分析。

7. 影响服务贸易的内生变量是技术

服务是技术和资本密集型的，这与目前的假设前提相矛盾，因此，应该改变目前的假设：服务是劳动密集型的，把技术作为一种内生变量，同时，把技术发展作为科研、投资、贸易和经济增长的一种结果。要研究技术创新、国际服务贸易与经济增长相互间的关系。

8. 服务贸易比较优势的体现

总之，关于服务贸易比较优势的决定因素概括起来主要有自然禀赋、地理位置、文化传统、公司策略与服务基础设施、人力资本、政府管理体制等。

第二节　服务贸易的竞争优势理论

美国哈佛大学教授迈克尔·波特（Michael E. Porter）对国家竞争优势进行了最为系统的研究。1990 年他在《国家竞争优势》一书中提出了著名的“国家竞争优势理论”。该理论同样为我们研究国际服务贸易提供了崭新的分析思路与理论框架，可以用来合理诠释一国国际服务贸易的现状，预测一国国际服务贸易的发展前景。

一、迈克尔·波特的钻石模型

1990 年，美国经济学家迈克尔·波特提出了国家竞争优势理论，该理论认为：某国的特定产业是否具有国际竞争力，取决于生产要素，需求状况，相关及支持性产业，企业战略、结构与同业竞争，政府，机遇等六大因素，其中前四个因素是影响产业国际竞争力的决定因素，四个基本因素是相互制约、相互强化的一个系统，共同构成了“钻石模型”。迈克尔·波特的“钻石模型”回答了一国在某个特定的产业如何取得长久的国际竞争力（见图 8—1）。

（一）生产要素

波特将生产要素划分为初级生产要素和高级生产要素，前者是指自然资源、气候、地理位置、非技术工人等；后者是指必须通过长期投资和培育才能创造出来的要素，如通信基础设施、高级和熟练劳动力、科研基础设施、专门技术知识以及参与国际竞争所必须具备的物质基础设施条件等。波特认为，初级生产要素的重要性越来越低，因为对它的需

求在减少，而跨国公司可以通过全球市场网络来取得（当然，初级生产要素对农业和以天然产品为主的产业还是非常重要的）。高级生产要素对获得竞争优势具有不容置疑的重要性。获得高级生产要素需要首先在人力和资本上进行大量和持续的投资，而作为培养高级生产要素的研究所和教育计划，本身就需要高级人才。高级生产要素很难从外部获得，必须自己来投资创造。

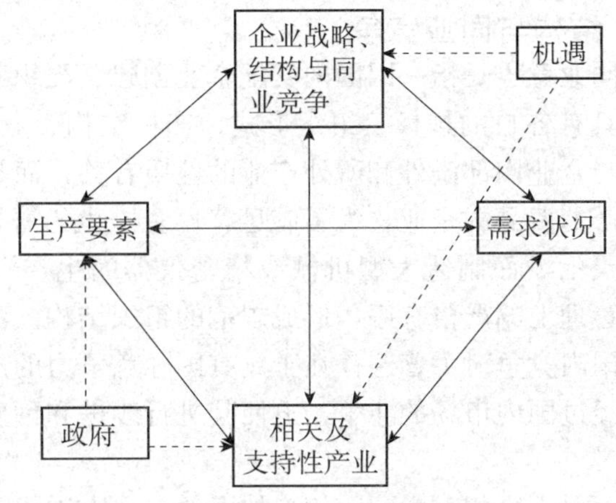

图 8—1　迈克尔·波特的钻石模型

（二）需求状况

国内需求状况是产业发展的动力。它主要是指国内市场对某产业的产品或服务的需求状况。国内市场需求在刺激和提高国家竞争优势中具有重要的作用。一般说来，企业对最接近的顾客的需求反应最敏感。因此，国内需求的特点在塑造本国产品的特色、产生技术创新和提高质量等方面所起的作用尤其重要。

波特强调国内需求对竞争优势的形成产生的巨大作用。如果某种产品的国内需求较大，就会促进国内竞争，产生规模经济。当一个国家的国内市场和国际市场的主要需求相同，其他国家却没有这样的条件时，这个国家的产品就很容易获得国际竞争优势。如芬兰的通信设备制造厂商诺基亚，早在其他发达国家对移动电话需求形成以前就开始大规模投资移动电话技术，这与当地居民分散因而市场对无线通信需求较大有极大的关系。结果，诺基亚公司发展成为当今全球移动电话设备行业的巨头之一。反之，如果国内企业不能适应本国消费者的需求，那么国内消费者的消费习惯势必会受到外国文化与价值观念的引导，最终导致由外国厂商占领本国市场。

（三）相关及支持性产业

在国内拥有具备国际竞争力的供应商和相关及支持性产业，是一个国家能够取得国际竞争优势的重要条件。对于国家竞争优势而言，相关和支持性产业是一种休戚与共的关系。波特研究中的“产业集群”现象指出一个优势产业不是单独存在的，它一定是同国内相关强势产业一同崛起的。

本国供应商是产业创新和升级过程中不可缺少的一环。一方面，产业要形成竞争优势，就不能缺少世界一流的供应商，也不能缺少上下游产业的密切合作关系。另一方面，有竞争力的本国产业通常会提升相关产业的竞争力。波特指出，即使下游产业不在国际上竞争，但要是上游供应商具有国际竞争优势，对整体产业的影响仍然是全面的。如美国电脑产品的全球竞争优势，得益于美国世界领先的半导体工业技术。一个国家或地区的行业日益发展，其结果必然是具有竞争优势的相关行业趋向集中，形成竞争优势产业群。如纺织和服装行业所形成的相关产业和支持性产业就包括高质棉、高质羊毛、高质合成纤维、缝纫机针的生产、加工，一直到机械工业领域。

（四）企业战略、结构与同业竞争

企业战略、结构与同业竞争是指一国国内支配企业创建、组织和管理的条件，作为国民经济细胞的企业，都具有各自的规模、组织形式、产权结构、竞争目标、管理模式等，它们的选择和运作不仅与企业内部条件和所处产业的性质有关，而且取决于企业所面临的外部环境。例如一些生产消费品的企业，为了满足客户多样化的需求，赢得竞争优势，企业的组织结构必须精干灵活；而制造大型机械或精密仪器的生产资料部门要赢得竞争优势，企业必须保持组织管理上的严格有序，形成规范的组织结构。波特指出，在其研究的十个国家中，强有力的国内竞争对手普遍存在于具有国际竞争力的产业中，在国际竞争力中，成功的产业必然先经过国内市场的斗争，迫使其进行改进和创新，海外市场则是竞争力的延伸。

波特认为上述四方面要素是相互影响、相互加强的，共同构成一个动态的激励创新的竞争环境，由此产生具有一流国际竞争力的产业、企业。除了上述四个基本要素之外，波特还认为，政府和机遇的作用对国家整体竞争优势的形成也具有重要影响。

（五）政府

波特指出，从事产业竞争的企业，而非政府，竞争优势的创造必然要反映到企业上。政府能做的只是提供企业所需要的资源，创造有利于产业发展的良好环境。政府只有扮演好自己的角色，才能成为扩大钻石体系的力量，政府可以创造新的机会和压力，政府直接投入的应该是企业无法行动的领域，也就是外部成本，如发展基础建设、开发资本渠道、培养信息整合能力等。政府部门通过政策选择，能够削弱或增强国家竞争优势，例如法规可以改变国内需求条件，反托拉斯法能够影响行业内竞争的程度等。

波特认为，国家竞争优势形成的关键是优势产业的建立和创新。只有抓住产业这一经济运行的主体进行分析，才能理解国家竞争优势的形成。凡优势产业大多是生产效率较高的产业，而产业生产率不断提高的源泉在于企业建立和培育不断进取的创新机制。政府在创造有利于竞争的环境、形成产业集群以及提供提高生产要素质量的培训等方面发挥着不可或缺的作用。

（六）机遇

机遇是可遇而不可求的，机会可能影响四大要素发生变化。波特指出，对于企业发展而言，形成机遇的可能情况大致有几种：基础科技的发明创造；传统技术出现断层；外因导致生产成本突然提高（如石油危机）；金融市场或外汇汇率的重大变化；市场需求的剧增等等。包括重大技术革新在内的一些机遇事件会产生某种突变效果，从而导致原有行业结构解体与重构，给一国企业提供排挤和取代另一国企业的机会。机会其实是双向的，它往往在新的竞争者获得优势的同时，使原有的竞争者优势丧失，只有能满足新需求的厂商才能有发展“机遇”。

二、国际服务贸易竞争优势

迈克尔·波特在对影响国际竞争力的六大要素进行了细致入微的分析后，从不同角度对国际服务贸易自由化与提升国际服务贸易竞争力的关系进行了理论分析与数据论证，从而进一步发展了国际服务贸易竞争优势理论。认为低成本优势和寻求产品差异性是服务贸易自由化提高企业竞争力乃至国家经济竞争力的基础。他将服务贸易给予厂商或国家竞争优势的基本要素分解为六个：服务技术要素、服务资源要素、服务管理要素、服务市场要素、服务资本（投资）要素、服务产品要素。

（一）服务技术要素

服务贸易或依靠服务技术基础设施，或借助物理载体和其他高技术方式来实现，从而促使企业及时采取各种最新信息技术以获取成本优势和产品差异，提高竞争力。

（二）服务资源要素

高昂的初始投资产生的服务贸易对象如数据库、网络信息、软件、音像制品、专利技术、文艺作品或其他知识产权等，构成国家服务资源的基本要素之一。与自身开发服务资源相比，服务贸易使企业能够获得相对低成本的服务资源而取得竞争优势。

（三）服务管理要素

现代服务产品多属于技术与管理密集型产品，服务贸易过程既是实施服务管理的过程，又是提高服务管理技术和质量的过程。服务贸易提高企业的服务管理效率。

（四）服务市场要素

服务贸易自由化为国内企业提供了一条利用国际服务市场的可能途径，外国服务企业进入国内市场将加剧国内服务市场的竞争，导致服务价格下降和服务质量提高，从而给外向型企业提供了低成本参与国际竞争的外部条件，提高本国企业的国际竞争力。

上述四种要素给企业带来了竞争优势的同时，也提高了政府的管理效率，从而间接地提高了国家的竞争优势。

（五）服务资本（投资）要素

服务贸易往往与对外直接投资活动紧密联系在一起。服务贸易也能带来外国直接投资，而外国资本的持续流入需要各种跨国服务来支持，这既是跨国公司产业内贸易的需要，也是市场全球化发展的需要。外国资本的持续流入将不断提高本国市场的开放度，而本国市场的开放度被认为是衡量国家竞争力的指标之一。

（六）服务产品要素

服务贸易内含的服务技术、资源、管理、市场和投资诸要素的有形或无形跨国流动，必然促进服务产品的生产和销售，从而促进国家产业升级和服务产业规模发展，提高国家整体竞争力。

如果将这六种要素与迈克尔·波特的钻石模型结合起来，就形成发展了的国家竞争优势模型，该模型一目了然地解释了国际服务贸易的竞争优势（见图 8—2）。

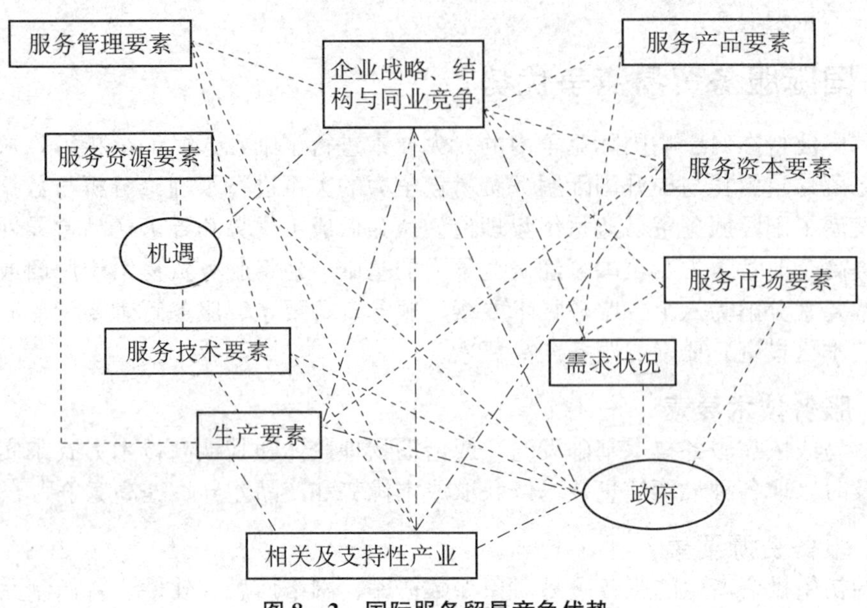

图 8—2　国际服务贸易竞争优势

第三节　规模经济和不完全竞争条件下的服务贸易理论

国际贸易格局的变化，尤其是发达国家产业内贸易的迅速发展，催生了新贸易理论。新贸易理论基于规模经济和不完全竞争的假设，可以用来解释服务贸易中出现的产业内贸易、产业聚类等贸易现象。

一、新贸易理论

第二次世界大战后，全球工业化进程加速。到 20 世纪 80 年代，在工业化大生产中，规模经济的特点越发明显。规模经济已逐渐成为当代工业生产的核心竞争力之一。在此背景下，新贸易理论应运而生。

美国经济学家保罗·克鲁格曼（Paul Krugman）创建了新贸易理论。传统贸易理论往往建立在规模报酬不变或规模报酬递减的基础上，而新贸易理论建立在规模报酬递增（简称规模经济）的基础上。在新贸易理论的框架下，参与国际贸易的国家即使在要素禀赋、偏好、技术等都一致的情况下，只要存在规模经济，仍然可以进行相互贸易。

在现实情况中，资本密集型和技术密集型企业或行业具有规模效应。规模经济分为两类：企业水平上的内部经济和行业水平上的外部经济。

具体说来，规模经济分为内部规模经济和外部规模经济。内部规模经济是指单个企业水平上的报酬递增，即厂商通过自身生产规模的扩大，可以提高生产率，摊薄固定成本，降低平均成本，从而获得规模报酬。外部规模经济是指随着整个行业生产规模的扩大，企业之间可以共享生产设备、信息、生产要素等，从而降低每个企业的生产成本，实现规模经济。

当企业在生产中存在规模经济时，企业会努力扩大规模以降低成本，提高竞争力。因此，在那些存在规模经济的行业中，企业的规模会越来越大，企业的数量会越来越少，从而打破行业中完全竞争的市场结构，产生不完全竞争。

具体说来，供给市场中的不完全竞争分为三种：垄断、寡头和垄断竞争。垄断指只有一个供给厂商。寡头指市场上只有为数不多的几个厂商提供产品，每个厂商均能影响价格，但是没有厂商对价格有绝对垄断权。每个寡头厂商都关注其他厂商的行为，寡头厂商之间存在策略性互动。垄断竞争指每个厂商生产差异产品，每个厂商都拥有一定市场价格控制权。但市场上仍存在相当程度的竞争，各厂商将其他厂商的行为看作既定，厂商之间不存在策略互动。进入垄断竞争市场比较容易，长期中每个厂商的利润为零。

二、生产区段和服务链理论

企业在生产某种产品时，往往存在多个生产环节。规模经济不仅体现在产品生产中，也可能体现在产品生产的每个环节中。琼斯和基尔考斯基（Jones and Kierzkowski，1990）提出了“生产区段和服务链”（production blocks and service links）理论。市场容量的扩大和技术上的规模经济推动了生产过程的分散化，生产过程逐渐分散到不同国家进行，以利用各国不同的成本优势。随着生产环节在不同国家的分散化，催生了跨国运输、管理、金融等国际服务贸易的发展。

假设企业在生产某种产品时，需要某个中间产品 X，本国生产 X 的总成本函数为：

$$TC=a+bQ$$

其中，TC 表示本国生产中间产品 X 的总成本，Q 表示中间产品 X 的生产数量，a 和 b 为外生常数。

假设在 X 的生产中，外国更加有优势。外国生产中间产品 X 的总成本函数为：

$$TC'=a+cQ$$

其中，TC' 表示外国生产中间产品 X 的总成本，Q 表示中间产品 X 的生产数量，a 和 c 为外生常数，且 $b>c$。

本国和外国的生产函数表明，本国和外国在生产中间产品 X 时，固定成本相同，但外国生产 X 的边际成本小于本国。

但是，如果将中间产品 X 交给外国生产，那么将产生跨国运输、管理、金融等服务贸易。假设由此而产生的成本为 A。因此，企业如果将中间产品 X 的生产转到国外，实际产生的总成本为“$a+A+cQ$”。因此，企业需要比较“$a+bQ$”和“$a+A+cQ$”的相对大小，从而决定在本国还是外国生产 X。

由于 $b>c$，可以证明，当 $Q<A/(b-c)$ 时，在国内生产 X 的成本低。当 $Q>A/(b-c)$ 时，在国外生产 X 的成本低。因此，当企业对 X 的需求量超过 $A/(b-c)$ 时，企业会选择将中间产品 X 的生产转移到国外。

总体说来，当中间产品的生产存在规模经济时，企业会在全球范围内寻找成本最低的地方进行生产。当企业对中间产品的需求量超过某临界值之后，企业会把中间产品的生产转移到成本更低的国外进行，从而产生跨国运输、管理、金融等服务贸易。规模经济导致企业不同生产环节往往在不同国家进行，因此导致跨国运输、管理、金融等服务贸易的增加。

三、马库森理论

马库森（Markusen，1986）指出服务贸易存在“先进入者优势”及“学习效应”。

1. 先进入者优势

先进入者优势指先进入服务业的厂商具有先进入优势，可以有效阻止后进入者，即使后进入者的成本更低。

如图 8—3 所示，假设曲线 D 表示对某种国际服务贸易的需求，需求曲线向下倾斜。假设曲线 AC_S 表示某先进入者的平均成本函数，曲线 AC_T 表示某后进入者的平均成本函数。横坐标表示该服务贸易的数量。从图中可以看出，由于曲线 AC_T 位于曲线 AC_S 的下方，表明在相同的产量下，后进入者的成本总是低于先进入者的成本。从成本的角度分析，后进入者更有优势。

先进入者优势指具有成本曲线 AC_S 的企业首先进入国际服务贸易市场，后进入者还没有进入。先进入者独自面对需求曲线 D，可以根据曲线 D 和曲线 AC_S 的交点来确定先进入者的定价水平。如图 8—3 所示，先进入者将会把价格定在 P_1 的水平上。

当后进入者想要进入市场时，由于市场已经被先进入者占领，因此后进入者面对的市场需求为零。根据图 8—3 所示，当市场需求为零时，后进入者的成本为成本曲线 AC_T 与纵坐标轴的交点 C_0。从图中可以看出 $C_0>P_1$。

因此服务贸易中存在“先进入者优势”。先进入市场的企业通过占领市场，扩大规模，在规模经济条件下，可以降低生产成本。由于市场已经被先进入市场的企业占领，后进入的企业没有办法扩大规模，没有办法实现规模经济，因此先进入市场的企业有优势，后进入市场的企业有劣势。马库森建议政府可以适当给后进入市场的企业提供一定的补贴，以促进公平竞争。

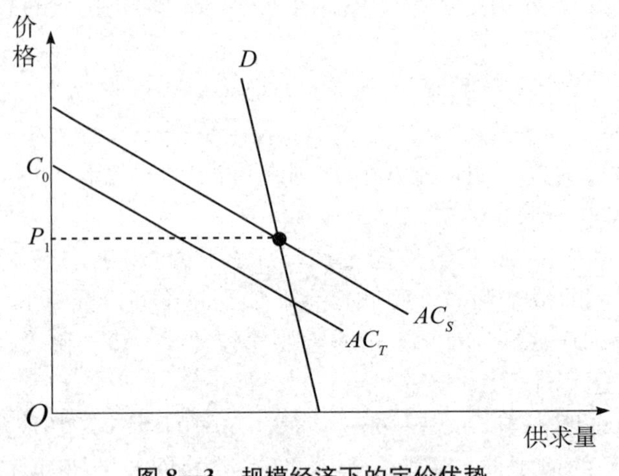

图 8—3　规模经济下的定价优势

2. 学习效应

学习效应指先进入服务业的厂商通过在市场中不断学习，积累经验，可以有效降低总成本。后进入者没有学习机会，具有成本劣势。

如图 8—4 所示，假设曲线 L_S 表示具有学习机会的某企业的平均成本函数，曲线 L_T 表示没有学习机会的企业的平均成本函数。曲线 L_S 向下倾斜，表明随着累积产量的增加，企业成本将下降。

当企业产量达到 Q_1 时，企业的成本为 C_1。没有学习机会的企业，其产量为零，其成

本为曲线 L_T 与纵坐标轴的交点。根据图 8—4，没有学习机会的企业的成本为 C_0。如图 8—4 所示，$C_0>C_1$。具有学习机会的企业成本更低，更具有优势，没有学习机会的企业具有劣势。马库森也建议政府可以适当给没有学习机会的企业提供一定的补贴，以促进公平竞争。

规模经济和不完全竞争在国际服务贸易中的地位和影响日益增强。生产环节中的规模经济产生了企业生产环节的国际分割和相应的国际服务贸易发展。先进入者优势和学习效应有利于先进入市场的企业和具有学习机会的企业，后进入市场的企业和没有学习机会的企业将面对一定程度的不公平竞争。

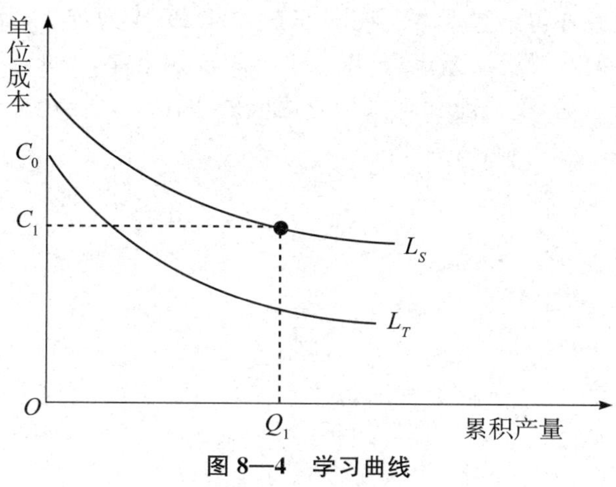

图 8—4　学习曲线

第四节　国际服务外包理论

服务外包（service outsourcing）指企业把某个服务环节包给其他企业。企业进行服务外包的目的通常是为了节约成本。通过国际服务外包，服务生产企业将其运营的一个或几个环节交给承包方完成，企业本身则专注于其最具核心竞争力的业务。企业通过国际服务外包，可以在全球范围内寻找成本最低的承包方，实现全球范围内资源的最优配置。

当今国际服务外包业务主要包括银行客户数据整理、分析及挖掘，企业软件升级和维护，客户服务中心，普通客户电话接听业务等。国际服务外包在国际服务贸易中日益占有重要地位。

一、外包匹配模型

格罗斯曼（Grossman）和赫尔普曼（Helpman）在 2002 年构建了外包匹配模型，分析企业如何在“自己生产”和“外包”之间进行选择。假设本国企业 A 自己生产某项服务的成本为 M，M 为常数。外国某家企业 F 生产这项服务的成本为 N，N 为常数，并且 $N<M$。

本国企业 A 和外国企业 F 在生产上通常并不能完全匹配。例如，企业 A 如果想把普通客户电话接听业务外包给企业 F，企业 A 需要对企业 F 进行企业文化及业务规范等培训，企业 F 才能达到与企业 A 相匹配的程度。在图 8—5 所示的二维坐标系中，假设点 A

和点 F 分别代表企业 A 和企业 F。点 A 和点 F 的直线距离为 d，距离 d 的大小表示企业 A 和企业 F 的匹配程度。d 越大，表示企业 A 和企业 F 的匹配程度越低；d 越小，表示企业 A 和企业 F 的匹配程度越高。企业 A 想要弥合自身与企业 F 的距离，需要付出成本，假设单位距离需要付出的成本为 θ。

因此，"$M-N$" 表示企业 A 和企业 F 的成本差异，$d\times\theta$ 表示企业 A 为了弥合自身与企业 F 的距离，需要付出的成本。当 $M-N>d\times\theta$ 时，企业 A 会选择把业务外包给企业 F；当 $M-N<d\times\theta$ 时，企业 A 不会把业务外包给企业 F。

也就是说，当 $d<(M-N)/\theta$ 时，企业 A 会把业务外包给企业 F；当 $d>(M-N)/\theta$ 时，企业 A 不会把业务外包给企业 F。在图 8—5 中，以 A 为圆心，以 $(M-N)/\theta$ 为半径画一个圆。如果 $d<(M-N)/\theta$，企业 F 将位于圆内；如果 $d>(M-N)/\theta$，企业 F 将位于圆外。在图 8—5 中，企业 A 只能和圆内企业达成外包协议。外包提供方和外包承接方的匹配程度在企业外包决策中占据重要地位。

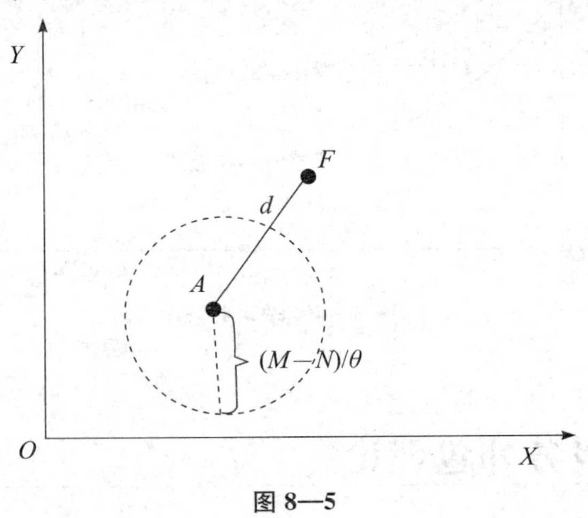

图 8—5

例如，在承接国际信息技术外包业务时，中国和印度信息技术工程师的工资水平基本持平，但印度承接的国际信息技术外包业务远高于中国。这主要源于印度提供的服务与外包发包方更匹配。具体说来，中国软件业相关从业人员主要依赖高校的培养，而学生的能力在毕业时大多没有达到产业化水平，还有赖于企业的相关培训，增加了企业的成本。印度却有着完善的、实用的软件职业教育体系，即使经过最严格的筛选，印度每年仍有约 8 万人在毕业时便达到职业化要求。另外，中国的技术人员在英语水平方面不具备优势，印度人英语交流水平较高是一个天然的优势。

二、服务外包的边界

企业在将一部分生产环节外包出去的同时，也会将另外一部分生产环节保留在企业内部。假设某服务提供企业共有 M 个生产环节，企业打算将其中 N 个生产环节外包出去。那么，N 究竟应该是多少呢？也就是说，企业外包的边界在哪里？

将企业 M 个生产环节分别记为 P_1，P_2，…，P_M，假设企业自己生产这 M 个环节，成本分别为 C_1，C_2，…，C_M。如果将这 M 个生产环节外包出去，外包承接方的成本为 C'_1，C'_2，…，C'_M，满足 $C_1>C'_1$，$C_2>C'_2$，…，$C_M>C'_M$。企业将生产环节外包出去，存在搜寻、调整等成本，假设每个生产环节产生的成本相同，均为 η。

如图 8—6 所示，$C_1-C'_1$ 表示企业把生产环节 1 外包出去所节约的成本，$C_2-C'_2$ 表示企业把生产环节 2 外包出去所节约的成本，……，$C_M-C'_M$ 表示企业把生产环节 M 外包出去所节约的成本。如图 8—6 所示，只有那些 $C_i-C'_i>\eta$（i 表示某个生产环节）的生产环节应该被外包出去，那些 $C_i-C'_i<\eta$ 的生产环节应该保留在本企业内部。

从图 8—6 中可以看出，如果 η 增大或者减少，那么企业外包出去的生产环节的数目也会随之改变。因此，企业的边界不是固定不变的，而是动态变化的。当外包成本 η 较大时，企业会将更多的生产环节保留在企业内部；当外包成本 η 较小时，企业会将更多的生产环节外包出去。

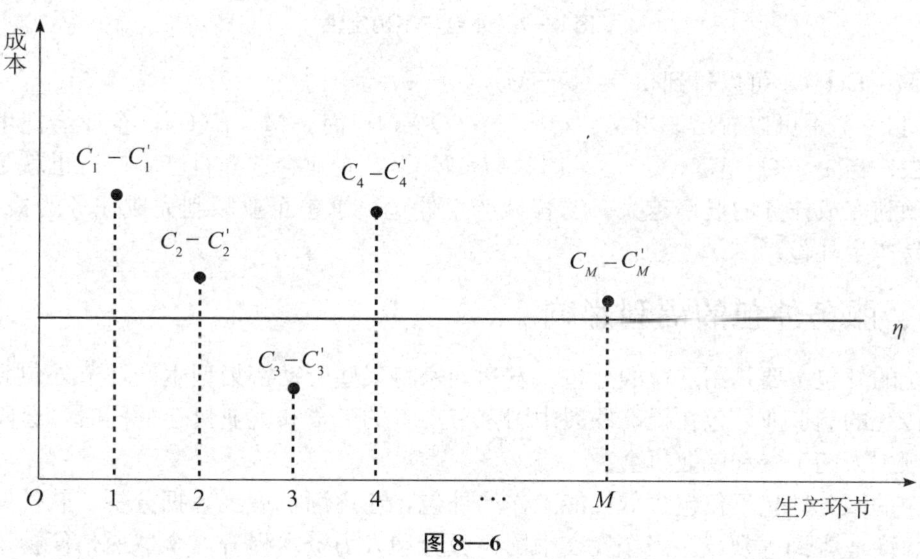

图 8—6

三、不确定条件下的服务外包模型

当企业在权衡是否将某个生产环节外包出去时，还需要考虑不确定性问题。承包方能否按照发包方的要求完成生产？假设企业自己进行某生产环节的生产，企业的成本为 M，没有不确定性。如果企业将此生产环节的生产外包出去，则存在不确定性。具体说来，承包方如果能按照发包方的要求顺利完成生产，则成本为 N，$N<M$；承包方如果不能按照发包方的要求顺利完成生产，那么发包方需要采取其他紧急应对措施，这种情况下的成本为 Q，$Q>M$。假设承包方能顺利完成生产的概率为 α，不能顺利完成生产的概率为 $1-\alpha$，$0\leqslant\alpha\leqslant1$。根据数学期望理论，考虑了不确定性之后，企业将生产环节外包出去的期望成本 $E(C)$ 为：

$$E(C)=\alpha\times N+(1-\alpha)\times Q$$

当 $M>E(C)$ 时，企业会把生产环节外包出去；当 $M<E(C)$ 时，企业会选择自己生产。

当 $\alpha=1$ 时，表示承包方必然能顺利完成生产任务，$E(C)=N$。当 $\alpha=0$ 时，表示承包方必然不能顺利完成生产任务，$E(C)=Q$。可以证明，α 越大，$E(C)$ 越小，如图 8—7 所示。

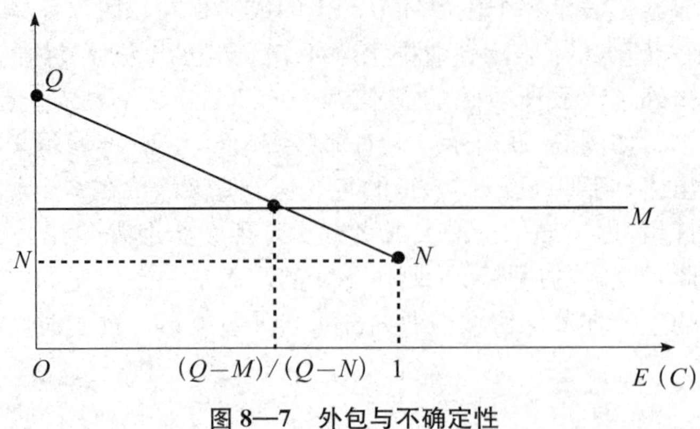

图 8—7　外包与不确定性

令 $M=E(C)$，可以得到 $\alpha^*=(Q-M)/(Q-N)$。

从图 8—7 中可以看出，当 $\alpha>(Q-M)/(Q-N)$ 时，$M>E(C)$，企业会把生产环节外包出去；当 $\alpha<(Q-M)/(Q-N)$ 时，$M<E(C)$，企业会选择自己生产。也就是说，承包企业顺利完成任务的概率越大，越容易产生外包；承包企业顺利完成任务的概率越小，越不容易产生外包。

四、服务外包的福利影响

传统的外包主要是制造业的外包。发达国家将某些劳动密集型生产环节外包到发展中国家。传统的制造业外包在提高发展中国家劳动者的工资和就业机会的同时，会降低发达国家蓝领工人的工资和就业机会。

当今的服务外包不仅包含低技能工作的外包，还逐渐扩展到数据分析、软件升级、金融投资、商业咨询等领域。当今发展中国家教育和人力资本提升，全球通信便捷，英语更加普及。在这种大背景下，很多发达国家企业将研发、营销、财务、战略管理等业务也外包到发展中国家，这无疑影响到发达国家白领劳动者的工资、福利和就业机会。发达国家的白领雇员担心发展中国家低工资的雇员通过外包掌握了发达国家雇员的生产技能后，发达国家雇员的工资水平将不得不降低至发展中国家的低水平，从而严重影响发达国家雇员的生活质量。

有学者认为，企业通过将某些服务环节外包到工资更低的发展中国家，是一种利用不同国家工资差别进行套利的行为。另外，随着外包成本的降低，发达国家的雇主（资本拥有者）和雇员（劳动所有者）在进行讨价还价时，雇主的主动权更大，因为如果雇员提出的条件偏高，雇主可以便捷地将相应的生产活动外包到其他国家。研究表明，在服务行业中，那些国际服务外包程度比较高的部门，工会讨价还价的能力相对较弱。

第五节　服务价值理论

服务价值理论并不背离劳动价值理论，在马克思主义政治经济学中，价值理论是与商品经济中的劳动交换问题密切相关的，劳动交换的重点改变了，劳动价值论的重点也随之改变。马克思采取灵活的态度，当服务劳动在社会总劳动中占较大比重时，劳动价值论的重点应该扩展到服务领域。在当代只有承认服务劳动创造价值，才能解释服务部门耗费的并且表现为社会劳动的抽象劳动的实质、市场中服务与货物交换的比例，以及被产业现象掩盖的人与人之间的关系——劳动交换关系。服务价值理论拓展了劳动价值理论的“生产可能性边界”，这不是违背劳动价值论而是继承和发展了劳动价值论。

一、服务的价值和使用价值

人类的劳动成果因人类的实践而分为两类：一类是以实物形态存在的劳动成果，另一类则是以另外的形态存在而非以实物形态存在的劳动成果，即我们所说的服务。服务也具有使用价值和价值，也可以用马克思主义的商品二重性进行分析。价值和使用价值是两个相互区别又相互依赖的概念，下面我们分别进行分析。

（一）服务的使用价值——非实物使用价值

1. 对于服务的使用价值的理论概括

在经济学说史上，亚当·斯密首次明确区分了使用价值和价值的范畴，认为使用价值就是“特定物品的效用”。马克思则从新的观点出发，阐明了二者的对立统一关系，全面地分析了商品的属性。当然，服务也是和其他商品一样具有两种属性的，这是因为一是它能满足人们的某种需要，包括满足人们某种物质或精神需要，或者说具有能够满足人们某种需要的效用。二是非实物使用价值也是构成社会财富的重要内容，其实质是人们追求经济利益的目的是获得多样性的使用价值，以满足自己多方面的需求，达到健康幸福的境界。三是非实物使用价值在市场经济中也是交换价值的物质承担者。

马克思认为，服务的使用价值形态包括两种：实物形态和运动形态。运动形态的使用价值就是不采用实物的形态，不作为物而离开服务者独立存在。关于交换价值，马克思指出了单个商品内部的两因素，又正确指出了交换价值形态是价值形式，同时也是使用价值。根据马克思的理论，只要使用价值具有某种能够满足交换对方某种需要的有用属性，商品交换就会成立，它就可以并且已经充当了交换价值的承担者的角色。非物质使用价值既然能够实现作为使用价值的职能，它同样可以充当交换价值的物质承担者，因此，服务产品具有和实物产品一样的特征。

2. 服务产品的使用价值及分类

服务产品也具有使用价值，称为非实物使用价值，与劳动过程紧密结合在一起。而第一、第二产业生产的产品提供的使用价值为实物使用价值。

非实物使用价值和实物使用价值一样，也具有满足人的某种物质或者精神需要的功能，这是一切使用价值的共性。某些服务产品的使用价值和实物产品功能相近，故二者在生产消费或者生活消费中可以相互替换，具有消费替换性；由于某些服务产品的使用价值与实物产品相异而有联系，故在消费中可以相互补充，构成互补关系；另一些服务产品与实物产品的使用价值在功能上存在因果关系，只要消费一种使用价值，就会引起以后一系列其他使用价值的消费，因而具有消费引致性。这说明服务产品的使用价值具有消费替代性、消费互补性和消费引致性的根本原因，是非实物使用价值具有一切使用价值的共性——可消费性。因此，非实物使用价值是名副其实的使用价值，服务产品属于社会产品。

正是由于服务具备了满足需要、构成财富、交换价值的物质承担者的一般功能，以及节约劳动时间，并密切经济联系的功能，因而它具有使用价值。服务产品的类型有：

（1）服务型消费品。

服务型消费品（服务形式的消费品）是满足人们的生活消费需要的服务产品。它又分为：一是满足精神需要的服务型消费品。主要是教育服务型消费品、艺术服务型消费品、游乐服务型消费品、信息服务型消费品、科学服务型消费品。二是满足物质需要的消费品。主要是医疗卫生服务型消费品、运输服务型消费品、个人生活服务型消费品、体育服务型消费品、商业服务型消费品、金融保险服务型消费品。

（2）服务型生产资料。

服务型生产资料（服务形式的生产资料）是满足人的生产消费需要的服务产品。它又可以分为：一是智力型服务生产资料，是满足人们在生产消费过程中的智力需要的服务产品。它主要包括：科研服务型生产资料、信息服务型生产资料、维修服务型和技术服务型生产资料。二是非智力型服务生产资料，是满足人在生产消费过程中智力以外需要的服务产品。它主要包括：运输服务型生产资料、仓储服务型生产资料、金融保险服务型生产资料、商业服务型生产资料、房地产服务型生产资料。就服务型生产资料来说，某些服务产品使用价值的消费功能的发挥，可以实现其他产品的生产、分配、交换和消费。如商业产品的使用价值就具有实现其他产品流通的功能；科研服务产品的使用价值就具有实现其他产品的生产功能等等。

3. 服务产品使用价值的特点

（1）服务产品具有非实物特性。

它是一种以活动形态提供的、不能离开服务劳动者单独存在的、不采用实物形式的特殊使用价值——非实物使用价值。它具有非实物性（不可触摸），生产、交换和消费的同时性，非储存性，非转移性，再生产的严格被制约性，劳动产物的必然性（不可能是没有花费人类劳动的自然产物）。这是非实物使用价值区别于实物使用价值的重要特性。

人类的劳动成果中有一类是不采用实物形式的非实物劳动成果。它是无形的，具有一系列非实物属性，如没有静止质量、体积，不由基本粒子构成，具有一定程度的可叠加性（即不同的非实物劳动成果可交织在同一空间）。服务业的司机、店员、教员、医生、演员、导游、律师、话务员等为人们提供的服务，虽然都是客观实在的，人们也能用自己的感官感知其存在，但它们却是无形的，不能像实物劳动成果那样给人们可以触摸的形体。非实物劳动成果可以称为服务产品。非实物劳动成果也具有物质性。服务业基本生产服务产品。

非实物劳动成果被纳入社会产品范畴的根本原因在于它与实物劳动成果一样，也具有消除相对稀缺、满足人的需要的功能。不管劳动成果采取实物形态还是非实物形态，只要它能消除相对稀缺，满足人的需要，达到了人类从事劳动的目的就会被承认为产品。

（2）服务产品具有消费替代性、消费互补性与消费引致性。

之所以服务产品具有消费替代性、消费互补性与消费引致性，是因为服务产品具有一切使用价值所具有的共性——可消费性。服务产品的使用价值与实物产品的使用价值不同，服务产品的使用价值具有非实物性。它是一种生活形态上提供的、不能离开服务劳动单独存在的、不采取实物形式的特殊使用价值——非实物使用价值。服务产品使用价值可以在下述两种情况下变相“储存”：在价值形式上储存，即先将现实的服务产品使用价值转化为价值形态——货币，在需要消费服务产品时，再将货币转化为相应的服务产品（即购买服务产品）；在实物形式上储存，即将运动着的服务产品的使用价值，实物化为某种带有服务内容的实物产品，并通过储存这种实物产品的使用价值，保存与服务产品类似的服务价值，如通过录音、录像、摄影、记录等，不仅可以“储存”文娱服务、导游服务，还可以“储存”教育服务、技术服务等。

（3）服务产品使用价值具有非转移性。

服务产品使用价值的非转移性，是指服务产品的使用价值不可能从产地转移到销地的性质。这个性质使得服务业的生产与消费存在空间上的不一致的矛盾，这个矛盾必须通过生产者和消费者的相对位移来克服。服务产品的使用价值具有非转移性，但其所有权是可以转移的。在它尚未被生产出来时，完全可以通过订货使其未来的所有权发生多次转移。

（4）服务产品使用价值具有再生产的被制约性。

服务产品使用价值具有再生产的被制约性，这是因为实物产品使用价值的可储存性、可转移性，使其产品的实现所遇到的矛盾能得到一定程度的缓和。若甲地不能实现，可以运到乙地销售；若暂时无法出售，可储存到将来销售。服务产品使用价值的非储存性、非转移性，决定了它在社会生产出来的同一时刻、同一地点，就必须将自己实现为货币，马上实现价值补偿。所以，服务产品使用价值的生产积累的可能性较实物产品受到更多的约束。

（5）服务产品使用价值具有作为劳动产物的必然性。

服务产品使用价值作为非实物使用价值，同生产行为不可分离，这决定了它必然具有劳动产品的性质。这就是说，只有通过劳动才能生产出非实物使用价值。

（二）服务的价值

1. 关于产品价值论的主要论述

马克思提出价值归结为劳动，其基本特征是将劳动视为商品的内在属性。价值是一种特殊的社会生产关系，劳动表现为价值，是由“消耗在物上的劳动的一定社会方式”决定的。马克思价值论的一个本质特征是将价值的本质归结为特殊的生产关系。

对于价值是怎样创造的，学术界有不同的观点。

一种观点是坚持劳动价值理论的传统边界，肯定只有物质生产劳动才创造价值的观点。劳动创造价值有两个必要条件：一是创造出物品；二是用于交换。从而得出这样的结论：只有工农业才创造价值，所有服务业都不创造价值。至于属于第四个物质生产部门的运输、通信业，由于不直接制造出有用物品，也不创造价值，更不用说科、教、文、卫、体了。

另一种观点虽然对物质生产劳动才创造价值的论点持肯定态度，但是，同时它们试图在一定限度内扩大劳动价值论的适用范围。除了工农业等直接生产物品的劳动创造价值之外，间接生产物品或提供某种能量的服务行业，如商业、裁缝、修理、运输、通信等行业，只要其劳动与某种物品或能量“挂钩”，其结果体现为某种物，都可以列入创造价值的行列。至于劳动结果不体现为某种物的服务行业，如科、教、文、卫、体等，则不创造价值。它们实际上还是把生产物品（只是扩大到间接生产）看成创造价值的试金石，由此，我们可以得出结论，这种观点实际上是与第一种观点一致的。

最后，还有的学者持这样的观点，劳动创造价值的两个条件应该是：一是创造出使用价值；二是用于交换。因此，三大产业的所有劳动只要能创造出用于交换的使用价值，就会创造出价值。该观点将创造价值的范围从商业、饮食、裁缝、修理、运输、通信等扩展到科、教、文、卫、体等。

2. 对服务产品价值的分析

服务劳动价值论是传统劳动价值论的自然延伸。既然服务业提供的非实物劳动成果也是一种产品——服务产品，并且这种产品具有非实物使用价值，那么，只要服务产品是为了交换而生产的，它作为用于交换的劳动产品就是商品，即具有使用价值和价值的二重性。

服务价值产生的原因在于它的服务劳动的凝结性、社会性和抽象等同性。用来交换的服务在商品经济中具有交换价值和价值。服务的价值就是凝结在非实物使用价值上的一定量的抽象劳动。服务的价值决定具有与实物产品相同的特征。

（1）服务的价值类型。

①服务的供给价值。马克思在揭示商品价值的本质时提出了商品价值量的决定问题，马克思是以实物产品为对象，但是他分析的具体原理同样也适用于服务产品价值的决定。对于商品价值的决定是在生产过程内部，从供给的角度进行的。供给具有使用价值和价值二重性，因为供给作为提供给市场上的产品，满足人们一定的需要，同时，在市场上有一定的市场价值。由供给价值所决定的价格叫供给价格，在货币量已定和一般静态均衡条件下，二者在量上是一致的。由于供给价值与生产商品所耗费的社会必要劳动时间成正比，与劳动生产率成反比，因此，在其他条件不变的情况下，劳动生产率越高，同一时间内生产的使用价值越多，单位商品的供给价值就越少，供给价格也就越低，供给价值或价格作为商品供给量的函数，两者呈反向的比例关系。

②服务的需求价值。马克思对需求的分析，一方面表现为全部剩余价值与工资的比率，另一方面表现为剩余价值各部分的不同比率，即利润、地租、赋税等。这实际上是需求的质的规定性。从量的角度看，消费者所消费的一定量商品实际上就代表着一定量的社会必要劳动时间。另外，消费者的需求还受到消费者对商品使用价值评价的影响。由此可见，需求是消费者在商品使用价值的基础上，对商品的实际购买能力。对一定量使用价值的购买就代表对一定量价值或者说一定量社会必要劳动时间的需求，称为需求价值，在现实经济生活中它表现为消费者的实际购买能力。由于服务产品使用价值的特殊性，服务产品与实际产品不同，是在生产过程中由社会必要劳动时间决定其价值量，然后进入市场接受社会的检验。服务产品生产和使用的同一性，使其价值的决定具有特殊性：由供给价值和需求价值共同决定。

③服务的市场价值和市场价格。服务的市场价值是由供给价值和需求价值的比例共同决定的。在现实的经济活动中，表现为市场价格围绕市场价值上下波动。市场价格作为市

场价值的主要表现形式，是由市场价值决定的。正是由于市场价格围绕市场价值上下波动，引导市场活动主体开展经济行为，供求才逐渐趋于平衡。

（2）服务市场价值的决定因素。

①市场价值决定是总量决定。社会必要劳动时间在既定的经济条件下确定了全社会的总需求价值，然后这一客观的需求价值总量通过收入分配所形成的消费者实际购买力，转化为消费者对商品的需求价值。这一转化是以供给价值为基础，通过市场机制完成的。综上，市场价值的决定首先是总量决定的。

②市场价值是由供求两种经济力量共同决定的。这里的供求是指供给价值和需求价值，而不是指使用价值的供求。它们的主要区别是前者是以价值规律为基础，反映了按比例分配社会劳动的客观要求，具有一般性、抽象性等特点，而后者则是供求规律的直接体现。从物质形态反映了市场上供求两种经济力量的对比消长。供给价值和需求价值共同确定商品的市场价值，在现实的经济活动中最终体现为对使用价值的供求。因此，这两种供求之间的联系可以概括为内容和形式、抽象与具体的辩证关系。

③市场价值是以现实的市场为基础形成的，受社会再生产过程中多种经济因素的制约和影响。商品价值是在生产领域形成的，排除了多种经济因素的干预和影响，有利于揭示价值的本质。在这里我们要分析社会经济活动及商品经济条件下的市场活动如社会资源的配置、国民收入的分配及市场功能等对市场价值形成的影响。

由此可见，服务的价值是由生产过程中所耗费的社会必要劳动时间决定的；市场价值则是由两种含义的社会必要劳动时间所规定的供给价值和需求价值的比例决定的，供给价值和需求价值的相互作用是它们形式上的表现，两种社会必要劳动时间对比消长才是内容上的存在。

（三）影响服务国际市场价格变动的因素

服务的国际市场价格是指在一定条件下形成的市场上实际买卖时所依据的价格。国际市场价格是国际价值的货币表现，国际市场价格的变动受到服务国际价值、货币国际价值、供求关系、垄断和竞争等因素的影响。

1. 国际市场价格变动的基础和中心是国际价值

国际市场价格的基础是国际价值，它制约着国际市场价格的长期变化。新产品的出现总要经历一些阶段，在实验阶段，没有形成规模，没有在社会的范围内实现大生产，缺乏竞争导致社会必要劳动时间不能有效地缩短，消耗大量的国际社会必要劳动时间，包含的国际价值量较高，在国际市场上表现为价格昂贵，但是，随着劳动生产率的提高和批量生产，提供同种服务的人员也随之增加，在竞争过程中，国际价值逐渐降低，价格逐渐下跌。

国际市场价格是围绕着国际价值上下波动的。当市场上商品供求平衡时，商品的市场价格等于市场价值，一旦某种商品在国际市场上出现剩余，供过于求，国际市场价格就下降到国际市场价值之下；同样，当市场上某种商品紧缺时，供小于求，国际市场价格就上升到国际市场价值以上，一直这样往复变动，直到国际市场价格等于国际市场价值。这是国际市场价格波动的长远趋势。

当然，由于世界上不是每个地方都是完全竞争的，当有垄断出现时，不管是人为的还是自然形成的，都会使国际市场价格背离国际市场价值，垄断终究是要被自由竞争替代的，垄断只能与自由竞争并存，在一定程度上竞争更加激烈，故国际市场价格不可能长期背离国际市场价值。

2. 国际市场价格是商品国际价值的货币表现

国际市场价格的变动，除了受国际价值的影响外，还依赖于货币价值，商品价格只有在货币价值不变、商品价值提高时，或在商品价值不变、货币价值降低时，才会普遍提高；反之则会降低。

在对外贸易中，一国的货币价值既表现为对内价值，又表现为对外价值（即本国货币与外国货币的比价）。一国货币对价值的变动除了受本国货币对内价值变动的影响外，还取决于各国货币在同一时期实际购买力的对比和外汇供求关系的变化。在浮动汇率下，汇率变动频繁且波动幅度大，这就加剧了国际市场价格的不稳定性。

3. 国际市场价格受市场供求的直接影响

供求关系是引起国际市场价格变化的直接基本因素。一些自然条件和经济政治条件都是通过影响供求来间接影响国际市场价格的。供给和需求分别从不同的方向影响国际市场的价格。

（1）当供给增加但是需求不变时，国际市场价格下跌。

当某种商品有利可图时，生产者就会加大这方面的投入，从而有更多的这种商品的供给，导致供大于求，市场价格下降，竞争迫使生产者降低价格，低价出售，这种供求关系也直接影响服务的价格变动，但原理是一样的，使服务的需求者处于相同的有利地位，这样，国际服务贸易的价格就会下跌。

（2）当供给减少但是需求不变时，国际市场价格上升。

生产成本的增加、利润的减少都会导致生产者缩小生产规模，从而导致商品短缺，供不应求，市场价格此时呈上升趋势，若没有其他因素的干扰，价格必定上升。这同样适用于国际服务价格的决定，此时，预计国际服务价格上升。

（3）供给与需求同时增加，但是供给增加的幅度大于需求增加的幅度，国际市场价格下跌。

这是一种动态的分析方法，将前面两种情况动态化就是供给和需求同时变化，但是二者的变化速度不相同。只要供给的变化速度快，就是供过于求，国际价格下跌；只要需求的变化速度快，就是供小于求，国际价格上升。

4. 垄断对国际市场价格的影响

垄断能发挥作用的大小，取决于它在某商品的生产和销售过程中或服务产品提供中所占的市场份额及对原料来源、科技发明、专利许可等的控制程度；垄断组织的规模以及市场条件也是影响国际市场价格的重要因素。但是总的来说，市场垄断程度越高，垄断组织操纵市场的力量就越强。

5. 竞争对国际市场价格的影响

垄断和竞争是两个并存的因素，二者对国际市场价格的影响是不同的，竞争仍是影响国际市场价格的一个重要因素。同样，在国际服务市场中，供求变化影响价格，价格的变化也反过来影响供求。

6. 经济周期对国际市场价格的影响

发达的市场经济国家的再生产具有明显的周期性，经济运行是周期性进行的，国际市场价格将随着经济的危机、萧条、复苏和高涨而周期性地变化，经济全球化的影响是使一国经济的变化扩散到多国，使多国的经济相互影响。

此外，国际市场价格还受到政府政策、国际资本流动、经济全球化、地区经济一体化的直接影响以及自然灾害、战争、投机、季节等因素的影响。

二、服务效用价值理论

（一）效用价值理论

效用价值理论是西方经济理论中价值论的主流。该理论认为，只有从创造效用的角度才能把服务劳动的成果列入社会财富之内，才能把服务经济归入国民经济大系统内。

效用是人的劳动所创造的福利。财富是已经积累起来的效用，它可以储存起来以供将来使用，其期限可以超过所有者或受益人的寿命。那么，效用的反面是无效用，无效用也是人的行为的一种结果，它可以使财富减少，从而降低人的福利。

只有当生产者或者所有者在市场上作交易时效用才能变成价值，而无效用只有对那些必须让渡福利以作为获取价值的条件的人才能变成成本。

（二）服务效用价值理论

效用的表现形式有一个历史的演变过程。在缺乏语言和书写工具的漫长历史岁月中，从一个时代到另一个时代，从一代到另一代传递效用的唯一方法是采取有形的形式。由此可知，把效用的概念和有形商品联系起来就是很自然的事情了。比如，造型艺术是传播文化最为可靠的形式。

随着文字的出现，以及记录和传播思想的实用工具的发展与运用，它们本身就是财富的来源。像书本、磁带等，能带给人们远远超过自身价值的效用价值。服务作为一种新的效用形式，在日常生活中，能够给人们创造财富，带来福利和效用。

服务既然可以创造效用，当我们用价格把它表示出来时，它就有了价值。但是，服务的市场价值和它所产生的总社会效用之间并不存在一一对应的关系，效用往往会大于它的市场价值。如果效用被看成是所有生产活动的最终目标，即所有有形和无形的产品都可以按照与最终用户的需求有关的简单需求功能来加以合并或者结合，那么，总效用可以看作是市场价值有效的外部经济的组合效应，亦即已支付和未支付的效用。比如，知道从A地到B地的一条比较直的道路，对来往于两地办事的工作人员来说有特殊的效用，但是它并不产生市场价值。一杯水对于一个干渴的人来说有效用也有市场价值，从广义来说，两种效用的形式几乎是一样的，因为两者都产生福利，但是，前者并不只是满足一个人的需求，而是满足很多人的需求。在对服务进行分析时，需要弄清楚哪些是市场价值的主要决定因素，并将其与构成商品市场价值的因素进行比较。

服务的构成要素中的人力资本、劳动和实物资本所占的比重各不相同，从而决定不同的服务效用，进而决定服务的市场价值。服务生产中所使用的诸多要素的特殊结构，不仅依赖于这些要素的可利用性和成本，也取决于所提供服务的性质。从而有这样的结论：有些服务属于人力资本密集型，另一些服务则属于实物资本密集型，还有一些服务属于劳动密集型。

从供给特点看，服务生产的特殊模式有别于商品生产的模式，因此，它会对于经济机构之间的关系及社会政治结构产生影响，这些经济机构在这种政治结构中开展各种活动。服务的特殊自然属性，一般要求服务的生产者和消费者同时存在并要求在一个地方进行交易，而另外一些服务可以通过通信线路进行输送或者通过卫星传送出去。可以看出，服务生产是一种个性化的生产，如果某种类型的服务可以对不同的消费者产生或多或少的同样数量的效用，即使得服务标准化而非个性化，只有在这种情况下，才有可能使服务生产获得规模经济效益，因为规模经济是对大量相同单位产品而导致单位成本降低这一效应的回应。

因为上面的诸多因素，服务的质量显然存在差别，但是不同质量的服务所产生的效用到底有多少区别就不得而知了。如果从效用持续时间的角度考虑，有些服务是耐用服务，有些服务的耐用性给人一种“只可意会，不可言传”的感觉，但是大部分服务是非耐用服务。耐用服务的典型例子是保险服务。有些服务表现为“只可意会，不可言传”的耐用性是指服务对个人、社会团体和整个经济所产生的不可测度的扩散效应。这些扩散效应可能也不存在市场价值。这就是经济中经常提到的“公共物品”、“社会的一般管理费”、正的“外部性”或“无报酬的产出”等。城市公交车服务不仅对公交乘客提供直接效用，而且对期望找到最终服务需求的潜在顾客提供了可能性。警察的存在作为一种潜在效用资源，可以给居民提供安全感，要比捉拿罪犯所产生的直接效用具有更为重要的意义。这些服务的“外部性”实际上也创造了效用，虽然不是以传统定义的价值形式表现出来的，却是非常重要的，这就引起人们根据它对经济发展过程所做的贡献进行思考。因此，服务的效用价值就由要素的价值（包括知识），以及在不同的经济体制和社会环境中所发挥的功能效用两个部分组成。进入服务生产的诸要素也有有形和无形之分。非熟练劳动和实物资本是有形的单位，其在某一市场上的可利用性是可以比较精确地加以测定的，并受到传统供需原理理论分析的支持。人力资本却不能这样简单地加以测定，但是它的作用却越来越大。

服务效用价值的第二个组成部分是服务在经济中所发挥的功能效用。它既可以传递到其他服务产品上，也可以传递到有形的财富上去。服务产品既可以是中间的，也可以是最终的。服务的功能如果用来增强财富的供应，便是中间的；如果有助于消费者从所购买的商品或者其他服务中获得效用，便是最终的。然而，服务产品既可以同其他商品或服务互补，又可以替代它们。服务功能从本质上是同其他产品互补的，因为如果没有服务，那么它们传递到这些产品上的效用便不存在。例如，若没有帆船这一运动项目，则帆船比赛所创造的效用就不存在。

第六节　服务业对外直接投资相关理论

随着经济全球化向纵深发展，技术革命引致全球产业结构向服务业进行偏移，同时，各国对服务业管制的放松、服务贸易自由化的制度安排以及服务业的特殊性质，进一步使得全球对外直接投资的重点转向服务业（UNCTAD，2004）。然而，服务业对外直接投资的研究却长期滞后于实践发展。

目前，国内外关于服务业对外直接投资的理论研究主要是以传统的制造业对外直接投资理论和国际贸易理论为分析框架。这些理论包括垄断优势理论、产品生命周期理论、内部化理论以及国际生产折中理论等。

一、邓宁的三优势理论

邓宁（Dunning，1989）将其在制造业发展起来的国际生产折中理论扩展到服务部门，进一步讨论了服务业跨国公司在对外投资中三种优势的具体表现形式和特点：

第一，在垄断优势方面，信息、管理、组织和营销技术是服务企业成功的关键。比如对于咨询业和信息服务业的跨国企业而言，其竞争优势的关键在于获得信息与处理信息的能力。由于新兴服务业的知识化和信息化特征，服务业跨国公司比制造业跨国公司的资本密集度更高，技术优势更强，也更易形成世界市场的垄断局面，形成其全球范围内的网络优势。

第二，在区位优势方面，主要表现为东道国具有良好的信息和通信设施、健全的制度和受过培训的人力资源，还表现为东道国不可移动的要素禀赋所产生的优势，如地理位置方便、人口众多等。

第三，在内部化优势方面，由于服务产品的无形性，信息不对称较为明显。另外，服务技术的复制较为容易，即使有专利保护，滥用和扩散的可能性也比较大。克服此类不确定性是许多服务企业选择对外直接投资的重要理由。

根据邓宁三优势理论，服务业对外直接投资出于以下利益考虑：（1）寻求提高效率；（2）寻求战略资产；（3）寻求附属服务；（4）寻求生产资源。不同利益目标决定外资在行业目标选择上的不同。对于我国服务业来说，外来投资主要是为寻求廉价的资源，如对酒店业投资，其中，外资所有权优势表现为资本雄厚、接近服务市场；内部化优势表现为以适宜的价格稳定地获得中间产品及客源，逐步将我国纳入其系统盈利链中；区位优势表现为一定的优惠政策等等。

在邓宁的分析基础上，恩德韦克（Enderwiek，1989）又分析了该理论应用于服务部门时要特别注意的一些问题，如服务业中很多部门是技术复杂性较低的行业，确定企业特定优势较难，跨国经营的非股权方式，如许可证、管理合同、特许经营在服务业中的广泛应用，而这些以市场交换为基础的经营方式对于跨国公司理论中内部化的作用有着重要的意义。

二、服务业跨国公司扩张理论——三阶段理论

Contractor，Kundu 和 Hsu（2003）基于过去对制造业跨国公司的研究，形成新的国际扩张三阶段理论（S 形曲线），并将该理论运用于服务业跨国公司国际扩张的绩效实证研究。

Contractor 等人的三阶段理论认为服务业跨国公司国际化扩张分为三阶段：在最初阶段公司业绩是下降的；随着服务业跨国公司的逐渐向外扩张，公司绩效与国际化程度从最初的负相关转为正相关；而当服务业跨国公司过度扩张时，公司的绩效又开始下降，如此

形成了S形曲线的效果（如图8—8所示）。

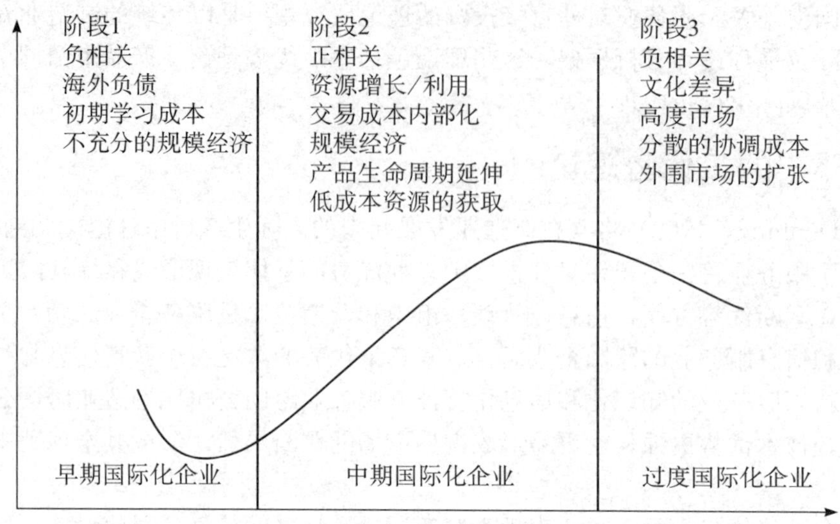

图8—8　三阶段理论

阶段一，向下倾斜的曲线：最初国际扩张的成本和壁垒。由于不熟悉国外市场、环境及文化，企业一开始必须付出较大的学习成本，在企业海外扩张初期，国际运作的规模较小，收入也较少，而且开发新的市场前期投入还有较大的压力。因此，在企业扩张初期业绩是下降的。

阶段二，向上延伸的曲线：国际扩张的收益逐渐实现。在国际扩张中期，更大规模的运作更有效率。资源导向型的企业能够更好地获得低成本投入；市场导向型的企业则能够通过价格歧视、战略性的交叉补贴以及套利等方式获利。

阶段三，向下倾斜的曲线：国际扩张超出了最优范围。过度的国际扩张超出了最优水平，将会使成本的增加超过所获得的利润而损害企业整体绩效。

然而，在现实中会有一些企业越过最优范围，进行过度扩张。Contractor等人的解释是，对于一个企业来讲很难判断何时处于最优的扩张范围，何时扩张过度了。而且有一些企业可能会刻意采取过度扩张的策略，以实现企业长期战略，如占领市场份额、排挤竞争对手、接近知识集群等。

三、发展中国家服务业对外直接投资的理论

邓宁的折中理论很好地解释了发达国家服务业对外直接投资的原因，但事实上发展中国家服务业对外直接投资也一直呈上升趋势，然而，严格来讲，它们的许多跨国公司并不具有邓宁所述的三种优势，因此在解释这部分对外直接投资时需要另辟蹊径。近年来出现了一些专门研究发展中国家对外直接投资动因的理论，其中一部分研究并未将服务业排除在外，下文将对其进行分析。

（一）市场控制理论

绝大多数商品经营都需要中间服务，但每一个中间服务者的服务能力有限，他们只愿意为那些利润大、风险小的商品经营者服务，因此，如果一个厂商的商品或服务不能给中

间商以高额利润，或者该厂商的生产经营风险较大，就难以从中间商那里得到良好的服务。

厂商往往需要在公众心目中树立自己特有的形象，以确定自己的市场地位，所以它有必要控制、影响中间商或自己直接与公众接触；而如果中间商不予合作或合作不好，厂商直接与公众接触就成为必要。

在以上两种条件下，只要具有经济、技术、法律上的可行性，只要对企业的总体发展有利，企业直接控制中间服务，把中间服务纳入自己的运行机制，就成为理性选择。这里的直接成本并不起决定作用，相对优势也不是前提条件，当母公司在发展中国家、中间服务在发达国家时，母公司向发达国家投资，并在发达国家建立自己的商品服务中间机构——子公司、分公司，发展中国家进行直接投资就无可厚非了。

（二）国家利益优先取得论

从国家利益的角度看，多数发展中国家，特别是社会主义国家的企业进行对外直接投资有其特殊性。由于这些国家的企业，尤其是服务企业，按优势论的标准来衡量，根本不具备跨国经营的条件，但在世界经济一体化浪潮的冲击下，国家会出面支持和鼓励企业进行对外直接投资，寻求和发展自身优势。

这种性质的对外直接投资不仅使投资者能够保持资本所有权，并取得资本收入，还使投资者保持对资本运行和使用的控制权，从而获得远比货币收益更广泛的综合效益，主要包括以下几个方面：

（1）资源转换效用。投资国通过对外直接投资，可以直接从国外取得低成本的资源供给，享受东道国提供的基础服务，还能吸收和传播国外先进技术成果和管理知识，这是目前发展中国家鼓励和支持企业对外直接投资最根本的动因之一。

（2）产业结构调整效用。一般而言，东道国向国外进行“一揽子”要素转移的部门，往往是国内发展较为成熟、产品供给相对发育甚至饱和的产业部门。通过直接投资的方式进行生产的跨国界转移，既保证了现有资产的应有价值，又起到了调整和优化国内产业结构的作用。

（3）市场竞争效用。跨国经营企业数目的增多和规模的扩大，会对国内原有的竞争趋势产生不可忽视的影响。一些率先进行对外直接投资的企业，将会因为在国外取得了新的市场空间，或者取得了稳定的资源供给以及新的技术信息等，大大增强自身竞争实力，给国内竞争对手带来新的压力，迫使其效仿先行企业，或者采取对外直接投资方式，或者改进经营、加强研究与开发、提高服务产品质量等，以应对挑战。这些都会对投资国竞争水平的提高、经济活力的增强产生积极作用。

（三）小规模技术理论

竞争优势绝对化是邓宁折中理论的最大缺陷，美国经济学家威尔斯的小规模技术理论对其不足进行了弥补。威尔斯指出，发展中国家跨国企业的竞争优势来自低生产成本，这种低成本是与其母国的市场特征紧密相关的。

威尔斯主要从三个方面分析了发展中国家跨国企业的比较优势：（1）拥有为小市场需要提供服务的小规模生产技术。低收入国家制成品市场的一个普遍特征是需求量有限，大规模生产技术无法从这种小市场需求中获得规模效益，而这个市场空档正好被发展中国家的跨国企业所利用，它们以此开发了满足小市场需求的生产技术而获得技术优势。（2）发展中国家在民族产品的海外生产上颇具优势。发展中国家对外投资的另一个特征表现在鲜明的民族文化特点上，这些海外投资主要是为了服务海外同一种族团体的需要而建立的。一个突出的例子是华人社团在食品加工、餐饮等方面的需求带动了一部分东亚、东南亚国家和地区的海外投资。而这些民族产品的生产往往利用了母国当地资源，在生产成本上占有优势。（3）低价产品销售战略。与发达国家跨国公司的产品相比，物美价廉是发展中国家产品最大的特点。当然，这一特点也自然成为发展中国家跨国企业提高市场占有率的有力武器。

四、服务业对外直接投资的决定因素

国外关于对外直接投资决定因素的研究主要集中在制造业，对服务业对外直接投资决定因素的实证研究较少，认为服务业对外直接投资的决定因素主要表现在以下几方面。

（一）东道国的市场规模

在绝大多数研究中，制造业对外直接投资最重要的决定因素就是市场规模。UNCTAD（2004）在服务业跨国公司投资的实证研究中发现，东道国的市场规模及其增长速度与服务业对外直接投资存在正相关关系。但是，UNCTC（1993）做了一个关于市场规模对美国、加拿大、日本以及欧洲等发达国家以及拉丁美洲、非洲、亚洲等发展中国家服务业对外直接投资影响因素的研究。结果表明，市场规模并不是影响服务业所有行业对外直接投资的最主要决定因素；即使市场规模是某个服务业对外直接投资的重要决定因素，它的重要性相对于制造业对外直接投资而言也要小得多。

（二）母国的经济规模

一些研究表明，母国的经济规模是服务业对外直接投资最重要的决定因素之一。Grunfeld 和 Moxnes（2003）利用重力模型（gravity model）和 OECD 的数据，研究了服务贸易与服务业对外直接投资之间的相互关系。他们发现，随着母国与东道国之间收入水平（GDP）的趋同，服务公司外国附属机构的销售额与出口额的比率会趋于上升。

（三）东道国政府的政策

与制造业的对外直接投资类似，法律规制或者政府干预是服务业对外直接投资的一个主要壁垒。许多国家（主要是发展中国家）在服务业最初发展时，容许对外直接投资进入一些服务行业，但是，对进入金融、电信以及公共事业等在国民经济中占有重要战略地位的行业的外资的持股比例有严格的限制。因此，服务业跨国公司在进行投资决策时就要考虑到东道国相关的政策取向和政策环境的稳定性。根据 OECD（1982，1987）、Walter（1985）和 UNCTC（1988）的研究，东道国政府的政策与规则是当地服务业对外直接投资最重要的决定因素之一。Kolstad 和 Villanger（2008）的研究同时表明，制度质量和民主对于服务业对外直接投资而言比一般的投资风险或政治稳定性更为重要。并且，不同的政治经济变量对不同的国家会产生不同的影响。制度质量对于高收入国家服务业对外直接投资来说非常重要，而民主程度对于发展中国家服务业对外直接投资来说比较重要。

（四）东道国的开放度

UNCTC（1992）设计了一个开放系数来对政府控制与阻止（例如，控制对外直接投资的进入、开业权和所有权）的程度进行主观评价，并且用来估计对流入国国内服务业的对外直接投资的影响。结果发现，这一系数对流入国国内服务业的对外直接投资有显著的影响。Chanda（1997）的研究表明，当一国的出口行业比进口竞争行业更加密集地使用生产者服务的时候，如果出口产业的规模随着贸易自由化的推进不断扩大，那么就会产生对服务业特殊投入的持续需求。因此，在国内对这一投入供给有限的情况下，最终产品贸易规模的扩大将导致对中间服务投资的增多。因此，由一国政府政策所决定的开放度是对外直接投资流向服务业的一个重要决定因素。Kolstad 和 Villanger（2008）则认为，由于许多服务是不可贸易的，东道国的开放度对这些行业对外直接投资的流入影响较小。

（五）服务产品的可贸易性

服务的特点决定了服务产品通常是无形的和无法储存的，这也就意味着服务产品的国际交易只能通过流入一国的对外直接投资或者当地公司在外国跨国公司的特许经营下进行生产来提供。然而，随着信息技术的快速发展，服务产品的可贸易性得到了很大的提高（Sauvant，1986，1990）。服务产品可贸易性的提高降低了以对外直接投资方式提供服务产品的机会。UNCTC（1993）通过以某一服务业中服务产品的出口值占总出口的比重来度量服务产品的可贸易性，发现服务产品的可贸易性对服务业对外直接投资有消极影响。

（六）文化差异

不同的国家具有不同的文化，不同国家的人们也具有不同的生活习惯和需求偏好。服务业的对外直接投资要考虑各国的文化差异，其所生产的服务产品要适当融入当地的文化特色，尽可能多地与当地消费者进行互动和交流，以使企业生产的服务产品适应当地人们的特殊偏好。在这方面，一些研究发现，文化差异是服务业对外直接投资的一个重要决定变量，考虑文化差异因素是服务业对外直接投资成功进行的重要保障。Erramilli 和 Rao（1993）对服务业母国公司的进入模式进行了研究，认为母国与东道国之间的文化差异（文化距离）影响着服务业对外直接投资的选择。

（七）公司的规模

国际化扩张是公司发展壮大的一个重要战略。与小公司相比，大公司更倾向于跨国发展，与制造业中的情况一样，公司的规模是服务业（如银行业与广告业）公司国际化进程中的一个重要决定因素。Ball 和 Tschoegl（1982）利用 20 世纪 70 年代的数据，对在美国加利福尼亚和日本东京的外国银行进行了研究。他们认为，进入这两个地区的外国银行都是资金雄厚、具有强大经营能力的跨国银行，当这些跨国银行在母国发展到一定规模后，就有了国际化的动机。

（八）其他决定因素

国外学者还考察了其他影响服务业对外直接投资的因素，包括东道国人力资本、服务业劳动力成本、服务业发展水平、汇率变动等。

专栏 8—1

国际服务贸易理论的研究进展

20 世纪 80 年代以来，最引人注目的经济现象是，以美国为首的发达国家呈现出经济服务化趋势，这种本质性的变化源于技术革命引发的全球产业结构的重大调整。服务贸易持续超过商品贸易的增长，服务业、服务贸易与服务业国际投资良性互动带动经济迅速增长已是不争的事实。相对于实践的迅猛发展，服务贸易理论研究严重滞后，迄今尚未形成统一的理论分析框架，但作为对服务贸易实践的回应，服务贸易理论的研究价值已受到国际经济学界的普遍重视。

我国对服务贸易研究的关注始于 20 世纪 90 年代初，最初限于对西方理论研究成果的介绍性研究。《服务贸易总协定》的签署和中国服务业市场的逐步开放，极大地推动了服务贸易理论在中国的研究进程，杨圣明、刘力等人对中国近年服务贸易的研究尽收眼底。总体上，服务贸易研究还处于开端，而且焦点集中在《服务贸易总协定》与中国服务市场开放和服务贸易战略选择上，20 世纪 90 年代中期以来的博、硕士论文检索显示：有关论文中《服务贸易总协定》的相关性研究占近九成。国内有些学者提出构建中国特色的服务贸易研究框架和研究体系，引起了国内理论界的关注。

资料来源：庄丽娟．国际服务贸易理论的研究进展及其特征．华南农业大学学报（社科版），2004（1）．

专栏 8—2

保罗·克鲁格曼

保罗·克鲁格曼，现为麻省理工学院经济系经济学教授。克鲁格曼的主要研究领域包括国际贸易、国际金融、货币危机与汇率变化理论。他创建的新国际贸易理论，分析解释了收入增长和不完全竞争对国际贸易的影响。他的理论思想富于原创性，常常先于他人注意到重要的经济问题，然后建立起令人赞叹的深刻而简洁优雅的模型，等待其他后来者的进一步研究。他被誉为当今世界上最令人瞩目的贸易理论家之一，而他在 1994 年对亚洲金融危机的预言，更使他在国际经济舞台上的地位如日中天。他目前担任着许多国家和地区的经济政策咨询顾问。1991 年，他成为麻省理工学院经济系获得克拉克青年经济学奖章的第五人。2008 年，因为在贸易模式上所做的分析工作和对经济活动区位理论的贡献，克鲁格曼获得了诺贝尔经济学奖。

本章小结

传统比较优势理论的适用性即服务贸易发生及贸易模式形成的原因能否用比较优势理论来解释，长期以来在学术理论界存在着两派迥异的观点。一种观点认为比较优势理论不适用于国际服务贸易；另一种观点则认为比较优势理论完全适用于服务贸易。随着服务贸易的发展，许多学者通过对比较优势理论的进一步探讨，对传统的上述两种观点进行若干修正，使其更好地在服务贸易领域发挥作用。

1990年，美国经济学家迈克尔·波特提出了国家竞争优势理论。该理论认为，某国的特定产业是否具有国际竞争力，取决于生产要素，需求状况，相关及支持性产业，企业战略、结构与同业竞争，政府，机遇等六大因素，其中前四个因素是影响产业国际竞争力的决定因素，是相互制约、相互强化的一个系统，共同构成了“钻石模型”。

关于规模经济和不完全竞争条件下服务贸易的代表性理论有克鲁格曼的新贸易理论、琼斯和基尔考斯基的生产区段和服务链理论以及马库森的服务部门专业化（内部积聚）理论。

人类的劳动成果因人类的实践而分为两类：一类是以实物形式存在的劳动成果，另一类则是以非实物形态的服务存在的。因此服务也具有使用价值和价值，也可以用马克思主义的商品二重性来分析。服务的国际市场价格是指在一定条件下形成的市场上实际买卖时所依据的价格。国际市场价格是国际价值的货币表现，国际市场价格的变动受到服务国际价值、货币国际价值、供求关系、垄断和竞争等因素的影响。效用价值论是西方经济理论中价值论的主流，认为只有从创造效用的角度，才能把服务劳动的成果列入社会财富之内，才能把服务经济归入国民经济大系统内。

提出国际生产折中理论的学者邓宁在服务业对外直接投资方面有比较系统的论述，与制造业跨国投资理论相同的是，他仍然提出三优势理论，即所有权优势、内部化优势和区位优势。

邓宁的折中理论很好地解释了发达国家服务业对外直接投资的原因，但近年来发展中国家服务业对外直接投资也一直呈上升趋势，其主要动因有：市场控制理论、国家利益优先取得论和小规模技术理论等。

本章关键术语

比较优势理论	钻石模型	基本要素
规模经济	不完全竞争	内部规模经济
外部规模经济	生产区段和服务链理论	马库森理论
服务价值理论	价值	使用价值
供给价值	需求价值	效用价值理论
三阶段理论		

本章思考题

1. 比较优势理论对服务贸易适用性的三种观点是什么？

2. 国际服务贸易竞争优势理论的六大要素是什么？它们是如何影响服务贸易竞争优势的？

3. 规模经济与不完全竞争优势的基本原理是什么？主要有哪些理论？
4. 服务价值理论的基本观点是什么？
5. 简述邓宁生产折中理论在国际服务贸易中的应用。
6. 简述三阶段理论在服务业跨国公司扩张过程中的应用。

第九章

服务贸易总协定

学习目标

- 理解《服务贸易总协定》产生的背景；
- 了解 WTO 体制下国际服务贸易的发展情况；
- 熟悉《服务贸易总协定》的主要内容；
- 掌握对国际服务贸易的定义及分类。

第一节 《服务贸易总协定》的产生背景

服务贸易的产生几乎是与货物贸易同时起步的，但在漫长的历史发展过程中，服务贸易作为货物贸易的辅助项目，没有能够形成一个独立的商业领域。直到第二次世界大战后，随着社会经济的发展，特别是科学技术的发展，服务贸易崭露头角，在经济生活中发挥着重要的作用，它已不再是货物贸易的被动服务者，而是成为与其并重的国际贸易的不可或缺的部分。随着服务贸易的迅猛发展，多边贸易的谈判重点也正从货物贸易转向服务贸易。第二次世界大战结束后，关贸总协定产生，在它所进行的几轮多边贸易谈判中，货物贸易的大部分市场已经基本开放，其余领域各国在短期内很难取得进展，而服务贸易的自由化才刚刚开始，有着广阔的开放领域。因此，服务贸易的自由化成为多边贸易谈判的主要议题。

一、发达国家积极倡导服务贸易自由化

在经历了 1979—1982 年的经济危机后，美国经济增长缓慢，在国际货物贸易中赤字日增，而在服务贸易领域却占据明显优势，连年顺差。以 1984 年为例，美国的商品贸易

有1 140亿美元的逆差，而服务贸易却有 140 亿美元的顺差。作为世界最大的服务贸易出口国，美国急切地希望打开其他国家的服务贸易市场，通过大量的服务贸易出口来弥补贸易逆差，推动经济增长；而各国对服务贸易不同程度的限制，成为美国利益最大化的障碍。因此，美国积极倡导实行全球服务贸易自由化。

早在东京回合谈判中，美国政府根据《1974 年贸易法》的授权，就试图把服务贸易作为该回合谈判的议题之一。因为当时有更加迫切的问题需要解决，美国没有提出服务贸易的减让谈判，但在东京回合所达成的海关估价、政府采购协议中，写入了一些服务贸易的内容。美国国会在《1984 年贸易与关税法》中，授权政府就服务贸易等内容进行谈判，并授权对不在这些问题上妥协的国家实施报复。发展中国家和一些发达国家抵制美国的提议，起初欧盟对美国的提议疑虑重重，但经过调查发现其自身的服务贸易出口量要大于美国，转而坚决地支持美国。日本虽然是服务贸易的最大进口国，呈逆差态势，但由于在国际贸易中呈现顺差，加之为了调和与美国之间日益尖锐的贸易摩擦，也始终支持美国。

二、发展中国家对服务贸易自由化由坚决抵制到逐步接受

当美国提出服务贸易问题时，绝大多数发展中国家都坚决反对服务贸易自由化，理由如下：

（1）服务业中的许多部门，如银行、保险、证券、通信、信息、咨询、专业服务（如法律、会计等），都是一些资本—知识密集型行业，在发展中国家这些行业很薄弱，不具备竞争优势。

（2）发展中国家的服务部门尚未成熟，经不起发达国家激烈竞争的冲击，过早地实行服务贸易自由化会挤垮这些尚处于幼稚阶段的民族服务业。因此，在这些行业获得竞争力以前，它们不会实施开放。

（3）有些服务行业还涉及国家主权、机密和安全。

随着发达国家在服务贸易谈判问题上的认识逐步统一，发展中国家坚决抵制的立场也有所动摇。首先，一些新兴的发展中国家和地区的某些服务业已取得了相当的优势，如韩国的建筑工程承包就具有一定的国际竞争力，新加坡的航空运输业在资本、成本和服务质量上也具有明显的优势，这些国家希望通过谈判扩大本国优势服务的出口。其次，大部分发展中国家一方面迫于来自发达国家的压力，另一方面也认识到如果不积极地参与服务贸易的谈判，将会形成由发达国家制定服务贸易规则的局面，而自己只能成为被动的接受者，其利益将会受到更大的损害。因此，许多发展中国家也先后表示愿意参加服务贸易谈判。

1986 年 9 月，在乌拉圭的埃斯特角城通过的部长宣言中将服务贸易作为三项新议题之一列入乌拉圭回合多边贸易谈判议程，拉开了服务贸易首次多边谈判的序幕。

三、乌拉圭回合与《服务贸易总协定》

在乌拉圭回合谈判开始之前，关贸总协定组织的几次多边贸易谈判主要涉及的是国际货物贸易的关税减让问题，而没有涉及与关税减让关系不大的服务贸易问题。但随着服务贸易在国际贸易中所占的比重日益增加，服务业较发达的国家强烈要求将服务贸易也纳入

贸易自由化的轨道，而发展中国家对此曾进行了坚决的抵制，但主要迫于发达国家的压力，尤其是自己在货物贸易中的利益仍需要依靠发达国家的支持，最终发展中国家还是作出了让步。1986 年 9 月，关贸总协定缔约方的部长们在埃斯特角城举行的特别缔约方大会上，将服务贸易正式列为新一轮谈判的议题。

经过长期的磋商、妥协与让步，乌拉圭回合谈判最终达成了《服务贸易总协定》(General Agreement on Trade in Service，GATS)，它作为一揽子协议的一部分，对所有成员生效。由于服务贸易涉及的范围很广泛，许多具体问题不可能一下子在一个协定中全部得到解决，因而在乌拉圭回合之后，关贸总协定各成员继续就有关服务贸易的某些具体问题进行协商并取得了一定的成果。乌拉圭回合有关服务贸易谈判的重要成果就是确定了国际社会将继续努力、不断推进服务贸易领域的自由化的宗旨，因此，建立各个具体服务贸易领域的规则协议的活动还将继续下去。目前，服务贸易规则是由几个部门共同组成的一个集合体，包括《服务贸易总协定》正文、附件、各成员的承诺表、若干具体部门的部门会议决议和随后几年陆续签署的若干具体服务部门市场准入的协议。

第二节 WTO 体制与国际服务贸易发展

一、WTO 体制简介

世界贸易组织（World Trade Organization，WTO，简称世贸组织）成立于 1995 年 1 月 1 日，其前身是关贸总协定（General Agreement on Tariffs and Trade，GATT)，其总部设在瑞士日内瓦。WTO 的基本职能主要有：制定和规范国际多边贸易规则，组织多边贸易谈判和解决成员之间的贸易争端。WTO 的最高决策权力机构是部长大会，至少每两年召开一次会议，可对多边贸易协议的所有事务作出决定。部长大会下设总理事会和秘书处，负责 WTO 的日常会议和工作。总理事会设有货物贸易、服务贸易、知识产权三个理事会和贸易与发展、国际收支、行政预算三个委员会。秘书处设总干事一人。

与 GATT 体制相比，WTO 不再仅仅是一个条约性组织，而是拥有更加完善的组织机构和管理机构，因此，它更有能力管理比商品贸易更为复杂的服务贸易。具体来说，WTO 体制有以下几个特点：

1. 制度安排的正式性

关贸总协定是缔约成员之间的契约性文件，并且一直是根据 1947 年的《临时适用协定书》开展活动的；它非常松散，缺乏牢靠的法律基础和组织基础。WTO 体制则不同，它不仅在法律上实现了由临时适用性向正式适用性的转变，而且在 WTO 协定的基础上建立起了一整套组织机构，包括 WTO 本身，下属权力、行政、“司法”和监督等机构。作为真实的国际组织，WTO 是国际法主体，其职员和成员的代表享有与联合国专门机构同等的特权和豁免权等待遇。但 WTO 不是联合国的专门机构，不隶属于联合国。

2. 协定内容的广泛性

GATT 体制以关税减让为起点，逐步建立起了一套有关商品贸易的关税和非关税措施的国际贸易规则。WTO 体制则不仅涵盖了原有的乌拉圭回合新设定的议题规则，包括服务贸易总协定、关于知识产权的协定以及与贸易相关的投资措施等，同时还首次设立了有关其成员贸易政策的定期审议机制，以实现对各成员贸易体制的多边监督。另外，WTO体制还建立了一个较完整的、适用于所有协议的争端机制，以确保多边贸易规则的遵守和执行。

3. 体制本身的统一性

这种统一性体现为各成员在加入WTO的同时，也一并加入WTO的所有规定，即所谓的“一揽子加入”。GATT体制大体上是以GATT文本为主协议，以东京回合达成的非关税方面的9个守则和多边纺织品协定为附属的双层结构。附属协议允许各国包括缔约方和非缔约方根据各自的评价标准，以“点菜式”的方式有选择地加入GATT体制，从而破坏GATT体制的完整性和统一性。这一缺点正好为WTO体制所避免，可以说WTO在这一方面要比GATT体制有所进步。

二、WTO体制下国际服务贸易的发展

1. 服务贸易在国际贸易中的比重不断加大

服务贸易的发展是产业进步的标志。在第二次世界大战以来的半个多世纪里，特别是20世纪70年代以来，国际分工的深化、产业结构的不断调整、科技革命的加剧以及跨国公司的崛起，促使国际服务贸易以高于货物贸易增长的速度迅速发展。1970年，世界服务贸易总额只有710亿美元，而到1980年则猛增至3 830亿美元，10年间增长了4倍多。1980年以后，国际服务贸易依然保持着迅猛增长的势头，年均增长率约为5%，是同期国际货物贸易年均增长率2.5%的两倍。到1993年，世界服务贸易额达到1.03万亿美元，在全球贸易总额中的比重超过1/4。2000年全球服务贸易额为14 573亿美元，增长幅度为5.9%，是1997年以来增长最快的一年。据有关统计资料，1980—2013年，国际服务贸易出口总额已经从3 957亿美元增加到47 202亿美元，增长了近11倍。截至2015年底，服务贸易额占世界贸易总额达到23%，服务领域跨国投资占全球跨国投资的近2/3。

2. 国际服务贸易的范围不断扩展

如果把公认的国际服务贸易项目依据其同商品贸易和直接投资的密切程度加以区分，我们大约可以得到三种类型的国际服务贸易项目。第一类是同国际货物贸易直接相关的古典国际服务贸易项目，如国际运输、国际维修和保养、国际金融服务（主要是贸易结算服务）、商品的批发和零售等。第二类是同国际直接投资密切相关的要素转移性质的国际服务贸易项目，如股票、债券等形式的证券投资收益，经营管理的利润收益，建筑和工程承包等劳务输出以及金融服务业的国际信贷等。最后一类是相对独立于货物贸易和直接投资的新兴产业的国际服务贸易项目，如国际旅游业提供的服务、世界信息网络服务、视听产品与知识产权服务等。20世纪70年代以来，古典国际服务贸易项目的发展主要表现为规模的扩大和数量的增加。例如，1970—1980年，世界运输服务贸易的出口额从255亿美元增加到1 309亿美元，年均增长率达17.8%，低于同期世界服务贸易总额19.7%的年均增长率。这类项目的增长仍然依赖于国际货物贸易的扩大，是当代国际服务贸易中相对稳定增长的部分。要素转移性质的国际服务贸易虽然在最近几十年也有相当的增长，但这种增长多半也属于规模和数量性质的，大体上与世界经济增长率同步。20世纪70年代以来真正构成国际服务贸易迅速发展的是第三种类型的服务贸易项目。它们是国际服务贸易的新

范围、新的增长点。在世界服务贸易的构成中，1980年，国际运输服务占33.85%，国际旅游服务占26.16%，其他服务占39.98%。经过30多年的发展，这种结构有所变化，到2013年，国际运输服务比重下降为19.19%，国际旅游服务下降为25.08%，其他服务则上升为55.63%。

3. 国际服务贸易越来越受到各国的重视

由于国际服务贸易自20世纪70年代以来迅速发展，国际服务贸易市场的竞争日趋激烈，各国为了自己的利益都加大了国际服务贸易的发展力度，并加强了对国际服务贸易领域的研究。特别是自1986年国际服务贸易成为乌拉圭回合的新议题以来，国际服务贸易和国内服务业的发展更成为政府、工商界和学术界关注的热点。许多发达国家的政府拨款资助学术界和智囊机构对这一领域进行专项研究，分析国际服务贸易的经济学含义、现实发展状况、争夺世界市场的策略以及各种可能的政策行为等。而发展中国家一方面对开放金融、保险、运输及商业销售等市场仍持谨慎的保护主义态度，另一方面也开始重视这一领域的研究，力图在这一新的国际经贸领域中真正做到知己知彼，以便在进入和开放国际服务贸易市场的实践中处于主动地位。

4. 国际服务贸易的发展不平衡

(1) 发达国家的服务贸易占据相当大的比重，一般说来，大多数发达国家是国际服务贸易的顺差国，截至2016年底，发达国家占国际服务贸易的主导地位，占全球服务贸易总额接近70%，其中，美国、英国、德国就占全球服务贸易总额的30%左右。近年来，发展中国家和地区的服务贸易也出现了较大幅度的增长，其在国际服务贸易中的地位趋于上升，但与工业发达国家相比，在服务贸易整体规模方面仍有相当大的差距。

(2) 行业发展不平衡。随着服务贸易业全球市场的迅速扩展，在服务业的行业区分越来越细的同时，行业发展速度则明显不同。传统的全球运输服务业仍在增长，但增速已趋缓，年增长率仅为2%；旅游业则增长了6%，而金融服务、电信服务及专利等的增长率则达到7%。

(3) 新兴发展中国家发展势头良好。总体而言，发展中国家在服务贸易领域处于明显的劣势，除了旅游业和劳务汇款等个别项目（即基于劳务输出的项目）之外，它们在服务贸易上几乎全部是逆差。但是，随着发展中国家经济的发展，特别是新兴发展中国家的迅速崛起，其国际服务贸易也得到了迅猛发展。在亚洲服务出口中，海上运输业发展强劲，此外，发展中国家还在旅游、劳务出口方面取得了显著成绩。

第三节 《服务贸易总协定》的主要内容

一、《服务贸易总协定》的框架

1995年1月1日正式生效的《服务贸易总协定》是多边国际贸易体制下第一个有关服务贸易的框架性法律文件，是乌拉圭回合达成的三项新议题之一。服务业的蓬勃发展是20世纪经济发展的主要特征之一，但是在第二次世界大战以前，国际上有关服务贸易的法律仅限于个别领域，且多为双边条约，1948年开始实施的关贸总协定也只是对货物贸易进行了调整。为了在服务贸易领域建立多边原则和规则，增强各国服务贸易管制的透明度，促进服务贸易的逐步自由化，乌拉圭回合最终达成了《服务贸易总协定》。该协定的制定与生效是国际服务贸易的一个重要里程碑，它不仅扩大了关贸总协定机制的管辖范围，而且是迄今为止服务贸易领域内第一个比较系统的国际法律文件。

《服务贸易总协定》正文共6个部分29条，内容包括范围和定义、一般义务和纪律、具体承诺、逐步自由化、机构条款、最后条款。其中，《服务贸易总协定》正文是服务贸易规则的核心内容，是所有成员制定服务贸易政策应遵循的原则，同时，它也为其后制定的若干具体服务部门的协定奠定了基础。

二、《服务贸易总协定》的主要内容

（一）范围和定义

《服务贸易总协定》第1条第1款即开宗明义地阐述了协定的管辖范围，即“各成员影响服务贸易的措施”，这进一步表明了世贸组织是管理各成员政府有关贸易措施的组织，而不直接涉及企业行为。这种措施被进一步定义为：（1）中央政府或地方政府和主管机关所采取的措施；（2）由中央政府或地方政府和主管机关授权的非政府团体所采取的措施。

在《服务贸易总协定》之前，国际上对服务贸易一直没有一个统一的概念。该协定第1条第2款将服务贸易定义为通过以下四种方式提供的服务，即过境服务（cross-border supply）、境外消费（consumption abroad）、商业存在（commercial presence）、自然人流动（movement of personnel）。

（二）一般义务和纪律

这是《服务贸易总协定》的核心部分之一，包括第2条到第15条共14条的内容，规定了各成员必须遵守的责任和纪律，其中最主要的有：

1. 最惠国待遇

《服务贸易总协定》第2条第1款规定：“每一成员对于任何其他成员的服务和服务提供者，应立即和无条件地给予不低于其给予任何其他成员国家同类服务和服务提供者的待遇。”这一条款的最终确定是发达国家与发展中国家彼此争论与妥协的结果。服务贸易中最惠国待遇原则适用的对象不仅包括服务本身，也包括服务的提供者，这一点与货物贸易的最惠国待遇不同。并且在只有部分成员参加的服务分部门协议如《基础电信协议》《金融服务协议》中，各成员所作出的承诺同样要实行最惠国待遇，除非列明了最惠国待遇豁免。

2. 透明度原则

《服务贸易总协定》第3条、第6条和第7条以及其他相关规定保障了世贸组织成员在服务贸易中遵循这一原则。《服务贸易总协定》第3条“透明度”要求每个成员及时公布影响《服务贸易总协定》实施的“所有普遍适用的措施”，也就是那些仅涉及个别服务提供者之外的所有措施，除非存在紧急情况或属于不宜公开的机密资料。各成员在制定对服务贸易有重大影响的新法律、行政法规、命令时，或对现行法律、行政法规、命令做任何修改时，应立即或至少每年向服务贸易理事会报告一次。此外，每一成员还必须在1996年年底前设立一个咨询点，在其他成员要求提供所采取的有关服务贸易的措施或其参与的有关服务贸易的国际协定的营销资料时，应立即予以答复。同时任何成员都可以监督其他成员透明度原则的实施情况，如果认为其他成员采取的措施不利于《服务贸易总协定》的实施，可以通报服务贸易理事会。

3. 发展中国家的更多参与

《服务贸易总协定》考虑到发达国家与发展中国家在服务贸易领域发展的不平衡性，特别规定了要保证发展中国家更多地参与国际服务贸易。第 4 条第 1 款规定了各成员应通过谈判达成具体承诺，以帮助销售渠道和信息网络的建立；发展中国家有竞争力的服务输出部门应放宽市场准入的条件；承认发展中国家有权利通过服务贸易来增强其服务业的竞争能力，同时也认可了发展中国家有权利采取一定的措施来实现上述目标。也就是说，发展中国家在有关市场准入和国民待遇的具体承诺中，出于发展国内服务业的目的，可以提出更多的限制或要求，而发达国家应考虑发展中国家的特殊性，予以理解和认同。

（三）具体承诺

《服务贸易总协定》第三部分是有关成员具体承诺义务的规定，该部分与每一成员提交的服务部门承诺减让表相结合，对该成员发挥效力。成员提交的承诺减让表应符合第三部分有关市场准入和国民待遇的一般规定，同样，有关市场准入和国民待遇的规定只有在成员具体承诺的服务部门才有约束力。这一部分由于涉及各成员的实际义务和权利，成为《服务贸易总协定》中最重要的内容。《服务贸易总协定》第 16 条关于市场准入的规定实际上非常简单，主要是规定每一成员应按其提交的承诺表所表明的相关服务部门开放的期限、限制和条件为另一成员提供市场准入的待遇，即遵守减让表中的市场准入承诺。

（四）逐步自由化

由于乌拉圭回合是第一次将服务贸易列入谈判内容，不可能仅经过一次谈判就解决复杂的服务贸易自由化的诸多问题，有许多具体问题还有待以后继续通过协商、谈判来解决，因此，为了促进服务贸易不断走向自由化的进程，《服务贸易总协定》第三部分为今后具体服务部门的谈判和各成员具体承诺减让表的制定和修改都作出了详细的规定，主要有关于具体承诺的谈判、具体承诺表的内容及其修改等。

（五）《服务贸易总协定》的争端解决机制

乌拉圭回合达成的《争端解决规则和程序谅解协议》（简称《争端解决谅解协议》，即DSU）所确立的统一的争端解决机制适用于服务贸易领域的争端解决，同时《服务贸易总协定》第 22 条“磋商”和第 23 条“争端解决和实施”作为专门针对服务贸易争端解决的条款，是上述统一争端解决机制的补充。

《服务贸易总协定》第 22 条“磋商”条款规定：“每一成员应对任何其他成员可能提出的、关于就影响本协定运用的任何事项的交涉所进行的磋商给予积极考虑，并提供充分的机会。《争端解决谅解》（DSU）应适用于此类磋商。”若按此规定进行的磋商未能取得圆满解决，在一成员方的请求下，服务贸易理事会或争端解决机构应与另一成员方进行磋商。同时，该条第 3 款还规定：“一成员不得根据本条或第 23 条，对另一成员属它们之间达到的与避免双重征税有关的国际协定范围的措施援引第 17 条。在各成员不能就一措施是否属它们之间的此类协定范围达成一致的情况下，应允许两成员中任一成员将该事项提交服务贸易理事会。理事会应将该事项提交仲裁。仲裁人的裁决应为最终的，并对各成员具有约束力。”

《服务贸易总协定》第23条“争端解决和实施”条款的主要内容是：一成员方如果认为另一成员方未能履行其在总协定下的责任和特定义务，即可向争端解决机构申诉，争端解决机构则成立一个单一的专家小组来审核投诉。如果争端解决机构认为情况严重到应采取行动时，可批准一个或几个成员方暂停实施对其他成员方所承担的责任和特定义务。如果一成员方采用的某种措施与总协定并不抵触，但使另一成员方预期可得的合理利益消失或受到损害，另一成员方也可向争端解决机构申诉，由争端解决机构或服务贸易理事会与该成员方磋商，以作出双方满意的调整，包括修改或撤销该措施。如果磋商未果，受损害方可请求争端解决机构授权暂时停止履行其对该成员方在《服务贸易总协定》项下的义务。

第四节　《服务贸易总协定》的评析

一、世贸组织服务贸易的定义及其范围

（一）有关世贸组织服务贸易的定义

在《服务贸易总协定》之前，国际上对“服务贸易”一直没有一个统一的概念，该协定第1条第2款将服务贸易定义为通过以下四种方式提供的服务，即过境服务、境外消费、商业存在、自然人流动。

《服务贸易总协定》第1条第3款还指出，其所规定的服务指除政府当局为实施职能所需的服务之外的所有部门的一切服务。

由此可见，《服务贸易总协定》中关于服务贸易的定义是相当宽泛的，这种规定利弊并存。其有利性表现在：总协定的界定是目前为止对服务贸易的定义中最简单明了、最有利于对服务贸易进行分类和描述的，它的确定对服务贸易的发展和管理产生了重要影响。同时，这一宽泛的定义会产生一些复杂问题，如人们难以确定所交易服务的“原产地”，这种情况所造成的混乱在投资方面表现得尤为明显。由于全球化的影响和设立机构的贸易性质，分辨服务贸易的所有权是较为困难的。

（二）服务贸易所涉及的范围

世贸组织根据《服务贸易总协定》的规定，按照GNS（一般国家标准）服务贸易分类法，将服务贸易分为11大类142个服务项目。

（1）商业性服务。商业性服务指在商业活动中涉及的服务交换活动，其中既包括个人消费的服务，也包括企业和政府消费的服务。主要包括专业性服务、计算机及相关服务、研究与开发（R&D）服务、房地产服务、无经纪人介入的租赁服务、其他商业服务。

（2）通信服务。通信服务主要指所有有关信息产品操作、存储设备和软件功能等的服务。主要包括邮政服务、快件服务、电信服务（如声频电话服务、电报服务、传真服务、电子邮件等）、视听服务（如电影与录像带的生产与批发服务、电影放映服务等）以及其他服务。

（3）建筑及有关工程服务。建筑及有关工程服务主要指工程建筑物从设计、选址到施工的整个服务过程。具体包括建筑物的一般建筑工作、民用工程的一般建筑工作、建筑物

的安装与装配工作、建筑物的完善与装饰工作、其他服务。

(4) 销售服务。销售服务指产品销售过程中的服务。主要包括代理机构的服务，批发、零售服务，特约代理服务，其他销售服务等。

(5) 教育服务。指各国在初等教育、中等教育、高等教育、成人教育和其他教育中的服务交往，如互派留学生、访问学者等。

(6) 环境服务。这类服务主要包括污水处理服务、废物处理服务、卫生及其相关服务和其他服务。

(7) 金融服务。指保险业和银行及相关的金融服务活动，主要包括所有保险及与保险有关的服务、银行及其他金融服务（保险除外），例如公众存款及其他可偿还资金的承兑；所有类型的贷款，包括用户信用、抵押信用、商业交易的代理与融资；金融租赁服务；所有支付货币的传递服务；保证与承诺服务；户主账户或顾客账户的交易服务；各种证券的发行服务等等。

(8) 健康与社会服务。主要指医疗服务、其他与人类健康相关的服务、社会服务等。

(9) 旅游及相关服务。指宾馆、饭店提供的住宿、餐饮及相关服务，旅行社及旅行经纪人服务社及导游服务等。

(10) 娱乐、文化与体育服务。指不包括广播、电影、电视在内的一切文化、娱乐（包括剧团、乐队与杂技表演），新闻机构服务，图书馆、档案馆、博物馆及其他文化服务，体育及其他娱乐服务。

(11) 运输服务。主要指货物运输服务，包括海运服务、内河航运服务、空运服务、空间运输服务（如航天发射服务）、铁路运输服务、公路运输服务、管道运输服务及所有运输方式的辅助性服务（如货物处理、存储与仓库服务、货运代理服务等）。

由此可以看出，国际服务贸易的内容十分丰富，而且随着科技进步和国际经贸交流的加强，国际服务贸易还将涵盖越来越多的新领域。

二、世贸组织成员在服务贸易领域的一般义务和纪律

(一) 最惠国待遇

最惠国待遇不仅是关贸总协定对货物贸易所确立的首要原则，也是服务贸易的基本原则。在谈判初期以美国为首的发达国家要求采用有条件的最惠国待遇，在服务贸易领域实行互惠与对等，拒绝“搭便车”(free rider)。而广大发展中国家则坚持延用无条件最惠国待遇，因为“有条件”的最惠国待遇意味着：如果发展中国家达不到一定水平的自由化，就不能分享《服务贸易总协定》的减让措施，而由于历史及各方面原因，发展中国家的服务业水平普遍较低，实施服务贸易的自由化有许多困难。在经过多次磋商谈判之后，终于将最惠国待遇条款明确为“无条件”(unconditionally) 的最惠国。

服务贸易的最惠国待遇原则，即每一方给予任何其他参加方的服务或服务提供者的待遇，应立即无条件地以不低于这样的待遇方式给予任何其他参加方相同的服务或服务提供者。但服务贸易的最惠国待遇有两个例外：一是《服务贸易总协定》第 2 条第 3 款规定的过境服务贸易；二是第 2 条第 2 款规定的参加方在谈判中可提出要求免除最惠国待遇义务的部门与措施。但这种免除最惠国待遇的年限不能超过 10 年。最惠国待遇是无条件的，

但考虑实际情况，《服务贸易总协定》第 2 条第 2 款规定了最惠国待遇责任的若干例外，这些例外见于免除第 2 条义务的附件。最惠国待遇例外和豁免的存在根据，首先是达成总协定所需要的妥协，其次是拒绝非互惠的进入。

（二）透明度原则

为了实现《服务贸易总协定》序言中的各项目标，第 3 条规定，各成员方在服务贸易领域中的各种法律与管制措施应具有透明度。为此，第 3 条从以下几个方面规定了成员方的基本义务：

（1）立即公布相关措施。第 1 款规定，每一成员应迅速公布有关或影响《服务贸易总协定》运用的所有普遍适用的措施。除非紧急情况，此项措施的公布起码应在其生效之日，这里所指的“措施”既包括各成员关于服务贸易的各项法律，也包括各成员涉及服务贸易的行政管理措施，而且成员之间及成员与非成员之间有关服务贸易的国际协定亦应包括在内。上述措施即使不能公布，也应以其他方式公开化。

（2）每年向理事会报告新的或更改的措施。根据该条第 3 款的规定，如果新的立法或对现行法律、规章或行政指令的任何修正对该成员依本协议所具体承诺的服务构成重大影响，各成员应将其及时并每年向服务贸易理事会报告。

（3）设立咨询点（inquiry points）。根据第 4 款的规定，如果其他成员就上述事项请求某一成员提供详细情况，该成员应及时予以答复，并设立咨询点，咨询点应在《建立世界贸易组织的协定》(Agreement Establishing the WTO）生效后的两年内设立。就每一发展中成员而言，这一期限经协商可以适当放宽。咨询点无须成为法律和规章的保存处。

对于透明度原则，总协定有例外规定，即所谓“紧急状态下”的豁免。但是，即使由于总协定认可的原因使得某一成员不能按照要求公布“所有措施”，该成员也应公布这一消息，以使各方了解这一情况，便于作出相应决策。

（三）发展中国家的更多参与

《服务贸易总协定》的序言中提出两点希望，其中之一就是“期望便利发展中国家更多地参与和扩大服务贸易出口，特别是通过增强其国内服务能力、效率和竞争力”。为此，第 4 条专门规定，各成员方要通过谈判具体承诺的方式来促进发展中国家的更多参与。承诺的内容应涉及：

（1）着重通过商业基础上的技术准入方式提高发展中国家的国内服务能力及其效率和竞争力；

（2）改进发展中国家的销售渠道和信息网络；

（3）对于发展中国家具有出口利益的各部门和供给方式给予市场准入的自由化。

第 2 款进一步规定，发达国家成员在《建立世界贸易组织的协定》生效后的两年内，应建立向发展中成员的服务提供者提供信息的联络点；其他的成员在可能的范围内亦应如此。联络点的业务应包括：（1）有关提供商业和技术方面的服务资料；（2）有关登记、认可和获得服务业专业资格方面的服务资料；（3）获得服务技术的可能性。

第 3 款专门为最不发达国家成员参与服务贸易规定了优惠条件。在实施上述两款时，应优先考虑到不发达国家成员，根据其特殊的经济状况与在发展经济、贸易和财政上的需要，对这些国家在接受各种谈判的具体承诺中的严重困难给予特殊考虑。

（四）促进经济一体化原则

《服务贸易总协定》关于经济一体化的第5条与关贸总协定第24条的规定如出一辙，对如何促进全球服务贸易一体化发展作出了具体规定。

《服务贸易总协定》第5条允许成员参加双边或多边服务贸易自由化协议，但规定所参加的协议必须符合两个条件：

（1）从服务部门的数量、涉及的贸易总量及服务提供方式来衡量，这类协议必须适用于众多的服务部门，并且不得事先规定排除某一提供方式；

（2）在市场准入与国民待遇方面实质性地消除所有歧视，包括现行的任何歧视措施，并且禁止采用新的歧视措施，但如果这类措施是根据《服务贸易总协定》第11条“支付和转移”、第12条“保障国际收支的限制”和第14条“一般例外”及附则“安全例外”作出的，则可以允许。

（五）国内规章

每一个国家为了维护本国的服务业秩序，都会根据自己的国情和政策制定各种管理其境内服务贸易的法律和规章。为确保《服务贸易总协定》的目标得以实现，其第6条为成员制定国内规章规定了一般纪律。

（六）对限制竞争行为的约束

服务贸易市场往往存在高度垄断，加之某些服务部门专营性和限制性商业惯例的使用，都会产生限制竞争的作用。因此，《服务贸易总协定》第8条“垄断和专营服务提供者”以及第9条“商业惯例”对这些限制竞争的行为作出了约束。

在反垄断、反限制竞争行为的立法和司法实践方面，发达国家和发展中国家存在较大的差距。发达国家已有很长的规范历史，而发展中国家大多在近年来才刚刚开始这方面的工作，如果在《服务贸易总协定》中对限制竞争行为作出严格规定，发展中国家目前则很难接受。今后，随着多边贸易谈判的不断开展，这一方面的国际规范会不断增强，发展中国家应密切关注这方面的动态，因为谈判的结果将会在很大程度上影响其贸易利益。

三、《服务贸易总协定》的具体承诺

对市场准入和国民待遇的具体承诺是《服务贸易总协定》制度下各成员的特定义务。根据《服务贸易总协定》的规定，市场准入和国民待遇不是自动适用于各服务部门，而是要通过谈判由各成员具体确定其适用的服务部门。各成员有权决定在其承诺表中列入哪些服务部门及维持哪些条件和限制。协定将市场准入和国民待遇的概念分开给出，各成员的承诺表分为两个单独栏目，将能够开放的部门、分部门及给予国民待遇的资格、条件等分别列出。

（一）市场准入

《服务贸易总协定》第16条规定，在服务贸易中的市场准入方面，每个成员对任何其他成员的服务和服务提供者给予的待遇，不得低于其在具体承诺减让表中所同意和列明的条款、限制和条件。第16条第2款列明了必须在减让表中确认的市场准入限制措施，包括：

（1）无论以数量配额、垄断、专营服务提供者的方式，还是以经济需求测试要求的形式，限制服务提供者的数量；

（2）以数量配额或经济需求测试要求的形式限制服务交易或资产总值；

（3）以配额或经济需求测试要求的形式，限制服务业务总数或以指定数量单位表示的服务产出总量；

（4）以数量配额或经济需求测试要求的形式，限制特定服务部门或服务提供者可雇用的、提供具体服务所必需且直接有关的自然人总数；

（5）限制或要求服务提供者通过特定类型法律实体或合营企业提供服务的措施；

（6）以限制外国股权最高百分比或限制单个或总体外国投资总额的方式限制外国资本的参与。

（二）国民待遇原则

与货物贸易领域的国民待遇制度不同，服务贸易领域的国民待遇不是一般义务，而是一项特定义务，各成员只在自己承诺开放的服务部门中给予外国服务和服务提供者以国民待遇。

《服务贸易总协定》第17条规定，对于列入减让表的部门，在遵守其中所列任何条件和资格的前提下，每一成员在影响服务提供的所有措施方面给予任何其他成员的服务和服务提供者的待遇，不得低于其给予本国同类服务和服务提供者的待遇。这种国民待遇的给予和获得并不在乎其给予任何其他成员的服务和服务提供者的待遇与给予本国相同服务和服务提供者的待遇的“形式”是否相同，只要实施的结果相同就可以了。反之，如果形式相同或不同的待遇改变了竞争条件，使其有利于国内服务和服务提供者，就被认为实施了歧视待遇而违背了该条款。

此外，《服务贸易总协定》中关于国民待遇的规定还涉及本国服务提供者与外国服务提供者的公平竞争机会问题，但这一概念十分宽泛，发达国家往往借此将触角伸到发展中国家的国内政策领域。例如，许多发展中国家对外国银行在其境内提供银行服务往往有业务范围和地域的限制，而发达国家则认为在发展中国家营业的该国银行与当地银行处于不公平的竞争地位，因而认为没有得到国民待遇。另外，发展中国家实行的外汇管制措施也常被发达国家认为是对外国银行参与公平竞争的机会造成了潜在的损害。

（三）具体承诺减让表的制定与修改

《服务贸易总协定》第20条第1款规定，各成员应根据总协定第三部分制定各自的具体承诺减让表（schedules specific commitments）。在已作出承诺的部门，承诺减让表应具体包括以下内容：（1）有关市场准入的条款、限制和条件；（2）有关国民待遇的条件和资格；(3) 有关其他具体承诺的履行；(4) 各项承诺实施的时间框架；(5) 各项承诺生效的日期。根据该条第2款的规定，不符合市场准入和国民待遇的各项措施应由专门栏目注明。该条第3款明确指出，各成员的具体承诺减让表应作为总协定的附件并成为总协定的组成部分。

专栏9—1

WTO与多边贸易体制

WTO成立于1995年1月1日，其前身是关贸总协定，总部设在瑞士日内瓦。WTO

是世界上最大的多边贸易组织，成员的贸易量占世界贸易量的95%以上。WTO与世界银行、国际货币基金组织并称为当今世界经济体制的“三大支柱”。GATT共主持了8个回合的多边贸易谈判，已完成的持续时间最长的一轮为乌拉圭回合谈判。该回合从1986年开始，前后长达7年半之久，其重要成果之一就是创立了WTO，现行的多边贸易体制的基本框架也是在这一次谈判中形成的。目前，新一轮WTO多边会谈于2002年启动，称为多哈回合谈判。多边贸易体制的发展面临着更大的机遇与挑战。

专栏 9—2

多哈回合与服务贸易谈判

多哈回合是世界贸易组织主持的第一轮多边贸易谈判。此前，在世界贸易组织前身关贸总协定的主持下，已举行过8轮多边贸易谈判。

随着知识经济时代、服务经济时代和信息技术时代的到来，WTO的谈判领域日益丰富，涉及21世纪国际经贸的诸多新领域。2002年初全面启动的多哈回合谈判的范围包括8大议题，即农业、非农产品市场准入、服务贸易、规则谈判、贸易与发展、争端解决、知识产权、贸易与环境问题。由这些议题可以看出，WTO的国际代表性正在不断加强，其成员结构发生了深刻变化，管辖的范围更是空前广泛——WTO已突破了其名称所涵盖的范围，成为名副其实的“世界贸易组织”。

《服务贸易总协定》是乌拉圭回合的重要成果之一，于1995年1月1日正式生效，分为两大部分：第一部分是法律框架，第二部分是WTO各成员的服务贸易承诺减让表。服务贸易主要包括金融服务、基础电信、海运服务、专家服务、自然人移动等。服务贸易谈判与农业谈判、非农产品市场准入谈判并称为多哈回合的三大市场准入谈判。2002年初启动多哈回合时，部长宣言重申了各成员根据《服务贸易总协定》对服务业提供进行管理和制定新规则的权利。

在2005年12月举行的WTO香港部长级会议上，各成员一致同意将诸边方法作为对传统双边“要价—出价”谈判模式的补充。通过明确告知一方对其主要贸易伙伴在某一部门的最小市场准入要求，这些诸边要价旨在加速服务贸易谈判的进展步伐。

特定领域的要价主要包括：通信、金融服务、计算机及相关服务、分销服务、快递服务、能源服务、环境服务、法律服务、建筑/工程服务、视听服务以及教育，其他的诸边要价包括运输服务、海运服务、农业服务以及后勤服务等。

一些收到要价的国家已经初步表明其在多哈回合其他谈判结果落实的情形下可以作出的让步，并且已经初步表明了禁区可能在哪儿，以及在什么地方留有变通余地。

本章小结

20世纪80年代以来，随着服务贸易在国际贸易中所占的比重日益增加，服务业较发达的发达国家强烈要求将服务贸易也纳入贸易自由化的轨道，而发展中国家迫于发达国家的压力，对服务贸易自由化由坚决抵制转向逐步接受。1986年9月，在关贸总协定的第八轮谈判（乌拉圭回合谈判）中，最终达成了《服务贸易总协定》。该协定的制定与生效是国际服务贸易的一个重要里程碑，它不仅扩大了关贸总协定机制的管辖范围，而且是迄今为止服务贸易领域内第一个较系统的国际法律文件。

《服务贸易总协定》的主要内容包括服务贸易的定义、该协定的管辖范围、各成员的普遍义务及具体承诺等诸多方面。该协定规定了各成员必须遵守的一般义务和纪律，其中最主要的原则有最惠国待遇原则、透明度原则、发展中国家的更多参与原则、促进经济一体化原则、对限制竞争行为的约束等。另外，本章还介绍了WTO体制及在该体制下国际服务贸易的发展状况。

本章关键术语

《服务贸易总协定》	WTO	商业性服务	通信服务
金融服务	最惠国待遇	透明度原则	承诺减让表
服务贸易自由化	争端解决机制	市场准入	国民待遇原则

本章思考题

1. 简述《服务贸易总协定》产生的背景。
2. 简述服务贸易的定义。
3. 在WTO体制下，国际服务贸易的发展有哪些重要特点？
4. 《服务贸易总协定》对世界贸易组织成员应履行的普通义务做了哪些具体规定？
5. 《服务贸易总协定》对市场准入和国民待遇问题做了哪些具体规定？

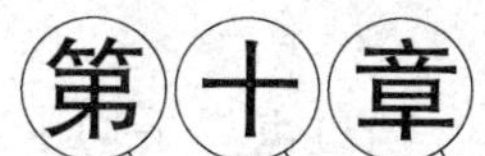

第十章 WTO 与中国的服务贸易

学习目标

- 理解我国服务市场开放的必要性；
- 了解我国主要服务业的开放情况；
- 掌握加入世界贸易组织对我国服务业市场所产生的影响。

第一节 我国服务业市场开放的必要性

一、我国服务业的发展现状

进入21世纪以来，我国的服务业（即第三产业）有了长足的发展，据国家统计局的数据显示，2005年我国第三产业产值为77 427.80亿元人民币，2010年达到182 038亿元人民币，2015年则高达344 075亿元人民币。过去10年间我国服务贸易的平均增长速度高于国民经济的增长速度，也高于国内服务业的增长速度。2005年我国服务贸易进出口总额为1 624.39亿元，2010年增至443.53亿美元，2015年高达534.03亿美元。服务贸易的迅速发展对国内服务业的发展起到了重要的推动作用，第三产业的从业人数也有了大幅度增长。近年来我国服务业除了传统行业有较大发展外，金融、保险、邮电通信等新兴行业增长得最快。有些专项服务项目，如卫星发射，也取得了令人瞩目的成绩。这些对我国服务业与国际接轨进而发展国际服务贸易是极为有利的。另外，我国服务贸易的出口结构也有了明显变化。在出口方面，2005年商品相关服务占16.96%，运输占19.66%，旅游占37.33%，其他占26.04%，而到了2016年，商品相关服务占11.39%，运输占16.24%，旅游占21.23%，其他占51.05%。显然，运输、旅游的比重明显下降，其他服务贸易的比重明显上升。

在2006—2015年十年间，我国服务出口年增长速度平均为11.9%，超过世界平均水平。2006年，我国的服务贸易出口增长了19.9%，超过世界平均水平12.8%；而2007年我国服务贸易出口更是增长了33.4%，居世界服务贸易国家前列。我国服务贸易的世界排名以及世界贸易比重稳步上升，2015年占世界贸易的比重达13.6%。

虽然我国服务贸易的增长速度较快，但整体出口规模与我国经济实力相比仍较小，与货物贸易相比也处于劣势。从2015年中国服务贸易出口占出口总额比例表（见表10—1）可以看出，2015年服务贸易的出口在全国出口总额中的比例只占9.2%，低于世界平均水平23.1%；中国货物贸易出口占世界出口的13.8%，而服务出口仅占4.5%，不及货物贸易的三分之一。很明显，从技术角度来看，我国服务贸易出口处于劣势，其比较优势不如货物贸易出口。需要注意的是，我国从20世纪90年代初开始就是服务贸易净进口国，服务贸易逆差逐年增大（见表10—2）。服务项下逆差呈扩大趋势说明了我国出口能力相对较弱及其他国家对中国的服务出口存在限制，同时也说明目前我国服务贸易还处于相对落后水平，尚未达到理想状态。

表10—1　　2015年中国服务贸易出口占出口总额比例表

	出口总额（10亿美元）	服务贸易出口额（10亿美元）	比例（%）	
			货物	服务
世界	21 063.61	4 862.01	76.92	23.08
中国	2 360.31	217.56	90.78	9.22

表10—2　　中国服务贸易平衡情况　　单位：百万美元

年份	出口	进口	差额
2011	201 047	247 844	−46 797
2012	201 576	281 300	−79 724
2013	207 006	330 608	−123 602
2014	219 131	432 823	−213 692
2015	217 556	435 847	−218 291
2016	208 488	453 014	−244 526

二、我国在发展服务贸易过程中存在的主要问题

1. 我国服务贸易内部结构不合理

随着科学技术的发展，特别是服务技术的进步，国际服务贸易的发展结构发生了深刻的变化。世界服务结构朝着技术知识密集型方向发展，与科技有关的服务业和以高科技为手段的服务贸易在世界服务贸易中所占的比重呈上升趋势。而我国在现代服务贸易领域起步较晚，尚处于较不发达的发展阶段。目前，我国服务贸易主要集中于远洋运输、劳务工程承包和旅游等劳动密集型部门和资源禀赋优越的部门。2016年，在我国服务贸易出口中，运输服务出口的比重为17.81%，旅游服务出口的比重为57.72%，而其他商业服务出口（包括金融、保险、计算机、咨询、电信和邮电等现代服务贸易）仅为24.47%。而同期全球范围的金融服务、计算机和信息服务，以及其他专业服务等现代服务的贸易占整

个服务贸易的一半。

2. 服务业发展落后，整体竞争力较弱

我国是一个服务业发展相对落后的国家，就GDP的产业构成百分比来看，我国的服务业发展远远落后于许多发达国家和中等收入国家。据世界银行统计，发达国家服务业占GDP的比重一般为60％～80％，中等收入国家平均达到50％左右，而我国仅为GDP的1/3。我国服务业发展不仅表现为规模小，同时表现为档次低，服务产品的出口竞争力较弱。近几年来，我国服务业的国际竞争力并没有太大的提高，服务贸易从整体上看一直处于逆差状态，且呈不断扩大趋势。这从一个侧面反映了我国发展服务业的任务是相当迫切和艰巨的。我国服务业发展相对滞后，比重低，在很大程度上影响了服务贸易总体国际竞争力的提升。制约我国服务业发展的主要原因有：一是商品和企业的市场化程度低，服务业的垄断经营现象严重，公共服务、运输邮电、金融保险、房地产等领域政府定价的成分大，缺乏合理的市场竞争，行业发展缺乏活力；二是服务的社会化程度不高，服务行业与农业、工业和建筑业之间的专业分工协作关系尚未形成；三是服务基础设施落后，从业人员素质低，技术落后。

3. 服务贸易管理体制滞后

目前，我国对外服务贸易管理方面仍有许多缺陷。中央和地方在服务业国际贸易的政策和规章方面存在差异性，缺乏统一的促进服务贸易发展的协调管理部门。服务贸易的发展政策缺乏透明度，各有关职能部门在服务贸易方面实行多头管理，容易造成责任不明确、交叉和条块分割、经营秩序混乱以及行业垄断。

4. 服务贸易立法不够健全

近年来，我国服务贸易立法有了较大改观，现在已经颁布了一批涉及国际服务贸易领域的重要法律法规，如《海商法》、《保险法》、《中国人民银行法》、《商业银行法》、《广告法》、《建筑法》和《律师法》等，这些法律法规对构建真正适应我国市场经济和国际通行规则需要的统一开放、有序竞争、规范管理的服务贸易体制起到了重要作用。但是，与服务贸易广泛的内涵和国际服务贸易发展的要求相比，仍存在较大的差距。目前我国尚未形成一个关于服务业的一般性法律，相当一部分领域的法律仍处于空白状态，已有的规定主要表现为各职能部门的规章和内部文件不符合国际运作惯例，不仅立法层次低，而且缺乏协调，从而影响了我国服务贸易立法的统一性和透明度。

5. 服务贸易专业人才缺乏

现代服务业是一种人力资本密集型产业。在全世界范围内，服务产业的发展正处于由劳动密集型向技术人力密集型转变的过程中。产业性质决定贸易性质，新兴服务贸易在贸易总额中的相对份额不断扩大。而作为决定国际服务贸易比较优势的人力资本状况，目前在我国并不理想。服务贸易方面的人才奇缺，尤其是新兴服务业和知识型服务业所需的外向型高级人才更加缺乏。以教育程度在全国处于较高水平的上海为例，1997年上海每万名人口中专业技术人员不足600名，其中26.9％为工程技术人员，36.4％是教育、科研和卫生系统人员，12.5％是商业技术人员，金融、保险专业技术人员不足10％；经过专门训练和培养的服务业人才中，涉外人才所占比重偏低。发展服务贸易不仅需要一般的金融、保险、运输、旅游等方面的人才，更需要一批精通国际金融、国际运输、国际商法等业务的人才。我国与发达国家在服务贸易方面的差距，归根到底是人才方面的差距。

三、我国服务市场开放的必要性

服务业的迅速发展是20世纪世界经济发展的主要特点之一，是21世纪世界经济发展的主旋律。更为重要的是，未来最具活力的行业，如计算机服务、金融服务和电信等绝大部分都属于服务业。在现代经济生活中，服务仍然是所有经济活动的中心，没有现代化的服务，就谈不上现代化的经济。当我们谈论21世纪的世界经济时，实际上是在谈论一个以服务业为基础的经济。因此，在符合我国国情的前提下，充分开放我国的服务业市场，加快我国服务贸易自由化的进程，是顺应全球经济一体化的必然要求。

1. 发展服务贸易是我国经济发展的必然要求

当生产制造业发展到一定阶段之后，商品流通、金融保险、仓储运输、通信资讯等服务便会从第二产业中分离出来，成为独立的产业部门，反过来推动生产制造业的发展，因此，货物贸易的迅速发展必然带动并且要求服务贸易也迅速发展。由于我国服务贸易对货物贸易的匹配程度远低于世界平均水平，因此从某种意义上说，服务贸易的滞后已成为我国外贸增长的“瓶颈”。

国内服务业的对外开放和服务贸易的发展，将带动货物贸易的发展。一方面，在服务生产中物资投入越来越重要，即现代服务业越来越广泛地采用现代化设备，如计算机、通信设备、交通工具等，服务业的进出口必将带动这些相应“硬件”的进出口；另一方面，由于采用优质廉价的进口服务，我国可以降低物资生产的成本，提高质量，增强货物出口的国际竞争力，从而增加商品收入。

2. 发展服务贸易是我国加入世贸组织、参与国际竞争的需要

WTO协议的内容不仅包括货物贸易，而且包括服务贸易和与贸易有关的知识产权。如果说1994年以前我国“入关”谈判主要涉及的是货物贸易，那么1994年以后的谈判重点则转向了服务贸易。《服务贸易总协定》第19条规定：“为推行本协定的目标，各成员应不迟于《WTO协定》生效之日起5年开始并在此后定期进行连续回合的谈判，以期逐步实现更高的自由化水平。此类谈判应针对减少或取消各种措施对服务贸易的不利影响，以此作为提供有效市场准入的手段。此进程的进行应旨在互利基础上促进所有参加方的利益，并保证权利和义务的总体平衡。”因此，中国加入WTO之后，除了享受多边贸易体制带来的好处，还必须毫不例外地开放国内的服务贸易市场，让自己的服务业走向世界，参与全球服务贸易竞争。

3. 有利于更好地参与新一轮的世界范围内的产业结构调整

经过半个多世纪的发展，服务业已日臻成熟，它与制造业一样，正在世界范围内进行结构调整。发达国家意欲通过海外服务业投资向发展中国家转移劳动密集型、资本密集型服务产业，我国应积极参与新一轮的服务业结构调整，承接发达国家继续转移出来的服务产业。在我们实现对世界贸易组织的具体承诺的同时，适时制定相应的服务业政策，顺利承接此次服务业转移浪潮，则一定能够调整国内产业结构，优化产业结构水平。

4. 可以更好地发挥我国人力资源、自然资源的优势

通过加入世贸组织，可以使我国资源进入国际优化配置的总渠道，即将我国的劳动

力、土地、自然资源、政府的宏观调控等优势与国外的资金、现成技术和管理等优势资源进行优势互补，从而为经济特别是对外贸易进入新的快速发展阶段提供更好的机遇。而新型服务行业的诞生必然也会带来新的就业机遇，提高我国的就业率，为国内大中型企业的富余人员寻找出路。

5. 有利于促进我国服务业的发展

服务业是服务贸易的基础，服务业的迅速发展可以促进服务贸易的迅速发展，反过来，服务贸易的发展也会推动服务业的发展，因此，开放我国的服务业可以引进国外现成的管理方法、技术和经验，有利于提高本国国内服务业水平。

第二节 加入WTO与我国主要服务业的开放

加入WTO意味着服务贸易自由化进程将向前推进，会给我国服务业带来重要影响。具体到每一个行业，由于开放程度、竞争力、劳动、技术、资本密集程度不同，因而受影响的强度也会不一样。

一、电信

电信产业是我国通过引进、开发逐步建立起来的具有高新技术特点的新兴工业，基础电信由政府垄断经营，其兴衰关系到国民经济发展的全局。我国的电信产业主要集中在以南京、上海为龙头的长江三角洲经济区和以北京、天津为核心的环渤海经济区，特别是南京的电信产业在国内外都享有盛名。至2015年底，我国拥有移动电话用户总数12.71亿户，2015年通信业务总量达23 346.3亿元，成为国民经济的支柱产业之一。

（一）我国电信业在加入WTO时的具体承诺

在电信领域，中国在增值电信服务、基础电信的寻呼服务、移动电话和数据服务①、国内业务②、国际业务③等几方面作出了承诺。

1. 增值电信服务

增值电信服务指电子邮箱、语音邮箱、在线信息和数据检索、电子数据交换、增值传真服务（包括储存和发送、储存和检索）、编码和规程转化、在线信息和/或数据处理（包括交易处理）。

中国在加入WTO时允许上海、广州和北京设立中外合资增值电信企业，并在上述城市内提供服务，无数量限制，外资比例不超过30%；加入WTO后1年内，开放地域将扩大至成都、重庆、大连、福州、杭州、南京、宁波、青岛、沈阳、深圳、厦门、西安、太原和武汉，外资比例不超过49%；加入WTO后2年内，取消地域限制，外资比例不超过50%。

① 包括模拟/数据/蜂窝服务、个人通信服务。

② 包括语音服务、分组交换数据业务、电路交换数据业务、传真业务、国内专线电路租用服务。

③ 包括语音服务、分组交换数据传输业务、电路交换数据传输业务、传真业务、国际闭合用户群语音和数据服务（允许使用专线电路租用服务）。

2. 基础电信服务

基础电信服务主要指寻呼服务。

中国在加入WTO时允许在上海、广州和北京设立中外合资企业，并在上述城市内及城市之间提供服务，无数量限制，外资比例不超过30%；加入WTO后1年内，开放地域将扩大至成都、重庆、大连、福州、杭州、南京、宁波、青岛、沈阳、深圳、厦门、西安、太原和武汉，外资比例不超过49%；加入WTO后2年内，取消地域限制，外资比例不超过50%。

3. 移动电话和数据服务

中国在加入WTO时允许在上海、广州和北京设立中外合资企业，并在上述城市内及城市之间提供服务，无数量限制，外资比例不超过25%；加入WTO后1年内，开放地域将扩大至成都、重庆、大连、福州、杭州、南京、宁波、青岛、沈阳、深圳、厦门、西安、太原和武汉，外资比例不超过35%；加入WTO后3年内，外资比例不超过49%；加入WTO后5年内，取消地域限制。

4. 国内及国际基础电信业务

加入WTO后3年内，允许在上海、广州和北京设立中外合资企业，并在上述城市内及城市之间提供服务，无数量限制，外资比例不超过25%；加入WTO后5年内，地域将扩大至成都、重庆、大连、福州、杭州、南京、宁波、青岛、沈阳、深圳、厦门、西安、太原和武汉，外资比例不超过35%；加入WTO后6年内，取消地域限制，外资比例不超过49%。

（二）开放给我国电信业带来的影响

信息是重要的战略资源，目前全球电信市场94%已经开放。西方发达国家的跨国公司一直觊觎我国巨大的电信市场，急于利用直接投资方式兼并我国电信工业的精华。加入世贸组织后，电信市场将进一步开放，例如，入世前仅可以同我国进行设备交易的美国电报电话公司，在中国入世时可以拥有中国电信企业49%的股份，两年后这一比例可增至50%。可见，入世将对我国电信业的发展产生深远影响，具体表现为：

1. 对国内市场产生巨大的冲击

外商进入不会承担普通服务的义务，不会去边远地区架设电线。为了获得丰厚的利润，它们将在大城市开发业务，因此，中国电信、中国联通、中国移动等处于主导地位的电信运营商就会面临转变观念、提高竞争力的紧迫问题，关键技术的缺乏和管理机制的僵化，将是困扰我国民族通信产业发展的主要障碍。

2. 可为设备制造企业创造新的商机

中国电信设备市场的对外开放程度和透明度都很高，在引进设备和技术时遵循了公平竞争的市场原则。在与诺基亚、摩托罗拉、爱立信等著名跨国企业的合作中，中方积累了一定的经验，培养了相应的技术人员，因此有助于设备制造企业生产能力和科研能力的提高，从而开发新产品，开辟新市场，扩大效益；同时，由于产权明晰和服务质量的提高，用户将会受益。从国际电信的发展经验来看，电信市场的自由化进程将导致电信资费迅速下调。如1994年，英国的前国有企业——英国电信在实行开放和民营化的过程中，电话费平均下降了50%。

二、银行业

（一）中国政府在银行服务领域的四项承诺

（1）审慎性发放营业许可证，即在营业许可上没有经济需求测试或数量限制。

（2）外汇业务及时开放，取消地域和服务对象限制。

（3）人民币业务分阶段开放。加入 WTO 后 4 年内分五批逐步开放 20 个城市的地域限制，5 年内取消所有地域限制。在服务对象上，加入 WTO 后 2 年内，允许外资银行为中资企业提供人民币业务；5 年内，允许外资银行经营人民币零售业务。并且，设在中国某一地区并获准经营人民币业务的外资银行可以向其他已开放人民币业务地区的客户提供服务。

（4）金融咨询类业务及时开放。加入 WTO 时，允许外资机构在中国从事有关存贷款业务、金融租赁业务、所有支付及划汇服务、担保及承兑、公司并购及证券投资咨询服务、中介服务和其他附属服务。

此外，在非银行金融机构从事汽车消费信贷方面，加入 WTO 时允许合资和独资。

在证券领域的承诺是：加入 WTO 时，外国证券机构驻华代表处可以成为所有中国证券交易所的特别会员。允许外国服务提供者设立合营公司，从事国内证券投资基金管理业务，外资比例可以达到 33%。

加入 WTO 后 3 年内，从事国内证券投资基金管理业务的中外合营公司中，外资比例可以达到 49%。允许外国证券公司设立合资公司，外资比例不超过1/3。合资公司可以（不通过中方中介）从事以下业务：A 股的承销，B 股和 H 股、政府和公司债券的承销和交易，基金的发起。

（二）我国银行业的开放状况

2015 年国务院修改《中华人民共和国外资银行管理条例》，首先在外资银行准入条件方面进行了放松，主要包括：一是对外商独资银行、中外合资银行在中国境内设立的分行，不再规定其总行无偿拨给营运资金的最低限额。二是不再将已经在中国境内设立代表处作为外国银行（外国金融机构）在中国境内设立外商独资银行、中外合资银行，以及外国银行在中国境内初次设立分行的条件。其次，对外资银行营业性机构申请经营人民币业务的条件也进行了调整，包括：将在中国境内的开业年限要求由 3 年以上改为 1 年以上，不再要求提出申请前 2 年连续盈利，并规定外国银行的 1 家分行已获准经营人民币业务的，该外国银行在中国境内设立的其他分行申请经营人民币业务不受开业时间的限制。

此外，中国还开放了汽车融资金融服务。

（三）开放对我国银行业的影响

我国目前已经形成了以中国人民银行为领导、三大政策性银行和四大国有商业银行为主体、包括多家股份制的全国性和区域性商业银行在内的银行体系。但是中国人民银行的金融监管能力比较弱，监管范围窄，力度小，标准不统一，风险预警和监控机制远未建立，四大国有商业银行资产质量不高，资产回报率远低于西方银行平均 2%的水平，国际竞争力与外资银行相距甚远。因此，入世后我国金融服务业将面临空前的挑战和机遇。

1. 导致中国金融格局出现巨大的变化

加入 WTO 后中国金融市场不会在短期内出现剧变，因为现有商业银行在全国拥有 14 万个网点，国有企业在改革期间对中资银行的依存度较大，预期外资银行不可能在短期内从中资银行抢走大量客户。但是，在华外资银行在税务、经营体制和管理经验以及分配激励制度上较国内银行享有优势。随着我国加入 WTO 的步伐加快，外资金融机构将越来越多地享受国民待遇，而市场的进一步开放也意味着在华外资金融机构的数量将不断增加。预期外资银行进入中国市场，在今后 5～10 年将改变我国的金融格局。

2. 进一步加快我国金融业的发展

外资银行和保险公司的进入，将促使我国金融业加快改革步伐，用现代企业制度改革国有商业银行，建立全社会的信用体系，增强机构和个人的守信度，改善服务质量，提高竞争能力。通过外在压力和内在动力的结合，逐步建立起适应国际规则、具有国际竞争力的中国金融企业，推动我国金融业整体素质的提高。

3. 有利于中国银行业的国际化发展

在外资银行不断进入的同时，加快中资企业和银行“走出去”的步伐是中国对外开放的重要内容。特别是通过海外中资银行业的发展来促进海外中资企业的发展，使更多的中资企业在海外设立分支机构，直接参与国际竞争。

4. 可能会使我国商业银行面临强大的人才竞争压力

外资银行在中国拓展业务，首先需要的是大量熟悉银行业务、拥有众多客户关系的资深银行职员。它们会以高薪、出国培训机会以及优越的工作环境等条件，吸引大量国内银行的优秀人才。中国四大国有商业银行与外资银行在收入方面的巨大差距将导致许多优秀业务骨干跳槽，而人才的流失又将进一步恶化中资银行的相对竞争地位。

三、旅游业

（一）中国政府对旅游及相关服务的承诺

1. 对饭店（包括公寓楼）和餐馆的承诺

（1）外国服务提供者可以通过合营企业形式在中国建设、改造和经营饭店及餐馆设施，并且允许外资拥有多数股权。加入 WTO 后 4 年内，取消地域限制，允许设立全资子公司。

（2）在自然人移动方面，允许外方经理、专业人员包括厨师和高级管理人员在与中国境内的合资饭店和餐馆签订合同之后，在中国提供服务。

2. 对旅行社和旅游经营者的承诺

满足以下条件的国外服务提供者可以自加入时起以合资旅行社/旅游经营者的形式在中国政府指定的旅游度假区以及北京、上海、广州和西安提供服务：

（1）旅行社/旅游经营者主要从事旅游业务；

（2）每年全球收入超过 4 000 万美元；合资旅行社/旅游经营者的注册资金应不少于 400 万元人民币。

加入 WTO 后 3 年内，注册资金应不少于 250 万元人民币，并且允许外资拥有多数股权。

加入 WTO 后 6 年内，允许设立外商独资子公司，取消地域限制。取消对合资旅行社/旅游经营者设立分支机构的限制，对外资旅行社/旅游经营者的注册资金要求与国内旅行社/旅游经营者相同。

旅行社/旅游经营者的业务范围如下：

（1）向国外旅行者提供可由在华交通和饭店经营者直接完成的旅行和饭店住宿服务；

（2）向国内旅行者提供可由在华交通和饭店经营者直接完成的旅行和饭店住宿服务；

（3）在中国境内为中外旅游者提供导游；

（4）在中国境内提供旅行支票汇兑业务；

（5）合资或独资旅行社/旅游经营者不允许经营中国公民出境及赴香港、澳门和台湾地区的旅游业务。

（二）开放对我国旅游业的影响

从我国的国情来看，发展国际服务贸易的优势资源主要有劳动力资源、文化资源和自然资源，这些都是难以转移到国外的，因此吸引消费者前来我国接受服务的“消费者流动”的旅游业前景将十分广阔。从目前旅游业的开放程度来看，我国加入 WTO 对于一些开放程度相当高的行业特别是饭店业基本没有什么影响，对旅行社行业影响最大的可能是目前获利颇丰的入境和出境旅游业务。具体反映在以下几个方面：

1. 加入 WTO，将有利于旅游业的可持续发展，使旅游业在开放中深化改革，规范秩序

在进入国际市场之前，需要形成真正的市场主体，而开放可以为我国赢得更有利的外部国际环境，这就为体制、管理和经营与国外旅游企业尚有差距的中国旅游企业带来调整和完善的机遇，有利于我国建立比较稳定的国际服务贸易秩序，将国内旅游贸易与世界旅游贸易融为一体。

2. 有利于入境旅游市场的扩大

世界贸易组织对环保产业制定了各种保护条款，我国环保产业将因此进入黄金时代，从而改善旅游环境，吸引更多国外游客。此外，加入 WTO 后，国外企业会抓住商机，进军中国市场，由此带动商务旅游的繁荣。

3. 我国旅行社行业会受到冲击，将影响旅游业的效益

WTO 要求国际贸易对等服务，在旅游业表现为人员要有进有出，因此我国将逐步放开公民出境旅游。同时，随着旅游业扩大开放，以及行业竞争的加剧，外方旅行社将撇开我方旅行社，形成海外客源一条龙服务体系，这些都会引起收入的境外转移，从而影响我国旅游业的效益。

四、保险业

（一）中国政府在保险领域的承诺

（1）针对跨境提供，除再保险，国际海运、空运和运输保险，以及大型商业险经纪，国际海运、空运和运输保险经纪，再保险经纪业务外，不作承诺。

（2）针对境外消费，除保险经纪不作承诺外，其他未作限制。

（3）针对自然人移动，除跨行业的水平承诺（即包含保险业在内的普通承诺）外，对其他不作承诺。

(4) 针对商业存在，在市场准入方面的承诺如下：

第一，企业设立形式。加入 WTO 时，允许外国非寿险公司在华设立分公司或合资公司，合资公司中外资比例可达到 51%；加入 WTO 后 2 年内，允许外国非寿险公司设立独资子公司，取消对企业设立形式的限制。

入世时，允许外国寿险公司在华设立合资公司，外资比例不超过 50%，外方可以自由选择合资伙伴。合资企业投资方可以自由设定合资条款，只要它们在减让表所作的承诺范围内。

加入 WTO 时，允许设立合资保险经纪公司，外资比例不超过 50%；加入 WTO 后 3 年内，外资比例可以达到 51%；加入 WTO 后 5 年内，允许设立全资外资子公司。

随着地域限制的逐步取消，经批准，外资保险公司可以设立分支机构，对其设立分支机构不再使用首次设立的资格条件。

第二，地域限制。入世时，允许外国寿险公司、非寿险公司及保险经纪公司在上海、广州、大连、佛山提供服务；加入 WTO 后 2 年内，区域范围扩大至北京、成都、重庆、福州、苏州、厦门、宁波、沈阳、武汉和天津；加入 WTO 后 3 年内，取消地域限制。

第三，业务范围。加入 WTO 时，允许外国非寿险公司从事没有地域限制的“统括保单”大型商业险，以及提供境外企业的非寿险服务、在华外商投资企业的财产险、相关责任险和信用险服务；允许外国（再）保险公司以分公司、合资公司或独资子公司的形式提供寿险和非寿险的再保险业务，并且没有地域限制或发放营业许可的数量限制。加入 WTO 后 2 年内，允许外国非寿险公司向中国和外国客户提供全部非寿险服务；允许外国寿险公司向外国公民和中国公民提供个人（非团体）寿险服务。加入 WTO 后 3 年内，允许外国寿险公司向中国公民和外国公民提供健康险、团体险和养老险/年金险服务。

第四，营业许可。加入 WTO 时，营业许可的发放不设经济需求测试或许可的数量限制。申请设立外资保险机构的资格条件为：投资者应为在世贸组织成员中有超过 30 年经营历史的外国保险公司；必须连续两年在中国设立代表处；在提出申请前一年年末总资产超过 50 亿美元，保险经纪公司除外。

(5) 关于大型商业险的定义，是指对大型工商企业的保险。其标准为：中国入世时企业年保费超过 80 万元人民币，而且投资额超过 2 亿元人民币；入世后 1 年内，企业年保费超过 60 万元人民币，而且投资额超过 1.8 亿元人民币；入世后 2 年内，企业年保费超过 40 万元人民币，而且投资额超过 1.5 亿元人民币。

(6) 关于法定保险的范围，中国承诺，中外直接保险公司目前向中国再保险公司分保 20%，这一比例在中国加入 WTO 时不变，加入 WTO 后 1 年内降至 15%，加入 WTO 后 2 年内降至 10%，加入 WTO 后 3 年内降至 5%，加入 WTO 后 4 年内取消法定保险比例。但是，外资保险公司不允许经营机动车辆第三者责任险、公共运输车辆和商业用车司机及承运人责任险等法定保险业务。

(7) 根据有关双方协议的保险执照发放工作已经完成。

(8) 关于保险“统括保单”经纪业务，将实行国民待遇。

关于保险经纪公司申请资格，除上述 30 年经营历史和连续两年设立代表处的要求外，对其资产规模的要求为：加入 WTO 时，超过 5 亿美元；加入 WTO 后 1 年内，超过 4 亿

美元；加入 WTO 后 2 年内，超过 3 亿美元；加入 WTO 后 4 年内，超过 2 亿美元。

（二）我国保险业的开放情况

目前，中国已经基本实现了对保险服务行业所作的所有承诺，除了外资保险公司不得经营机动车第三者责任险，外资设立寿险公司必须合资且持股比例不超过 50%等限制外，已基本实现保险行业的全面对外开放。2005 年是中国保险实现全面开放的第一年。到 2005 年年底，中国对外资保险公司的地域和业务范围无任何限制：外资保险公司亦可在中国任何一座城市布网设点；外资寿险公司也可向中国公民和外国公民提供健康险、团体险和养老金/年金险服务，这意味着外资保险公司可在华从事全面的寿险和非寿险业务。另外，中国还取消了再保险的强制分保规定，降低了对外资经纪公司总资产的要求，并允许设立独资的保险经纪公司。

第三节　加入 WTO 对我国服务业市场开放的影响

中国在加入 WTO 的同时，也接受了世界贸易组织的一揽子协议。其中，与我国服务业市场开放最为密切的就是《服务贸易总协定》。在乌拉圭回合上达成的《服务贸易总协定》实施后，对中国服务业的影响是双重的，既会给中国服务业的发展创造良好的国际、国内环境，又会因外国服务企业的大举进入而给中国服务市场落后的服务业形成一定的冲击。根据《服务贸易总协定》的基本内容，本书认为加入世界贸易组织对中国服务市场的影响主要有：

（一）进一步加快服务市场开放化和市场化的步伐

《服务贸易总协定》的基本宗旨是全球服务贸易的自由化。这一总协定是由 120 多个国家和地区共同签署的。《服务贸易总协定》依据权利和义务平等的原则，要求各缔约方承担服务贸易自由化的义务，即为取消或减少服务贸易自由化的障碍，各方应通过定期谈判致力于减少或取消对服务贸易有效市场准入产生的影响，因而要求各成员对外开放本国或本地区的服务贸易市场。

对外开放中国的服务市场，对尚处于落后线上的中国服务贸易业无疑会形成一定的冲击，必然也会遇到来自服务贸易发达国家的强有力的竞争。但对外开放对一国经济发展的推动作用也是十分明显的，这已被中国数十年改革开放以及世界其他国家的开放实践所证明。对外开放的正向效应也同样适合于服务贸易领域。它可以突破封闭条件下需求和资源的双重制约，极大地提高服务资源的匹配效率；通过引进外国先进的技术和管理，改变中国服务业的落后状况，并且有利于加快中国新兴服务业的建立和发展。同时，服务贸易市场的对外开放，必将增大中国服务企业走向国际市场的动力和压力，发挥中国服务资源的比较优势与国外同类企业展开竞争，在激烈的竞争中加快发展中国的服务贸易。

放宽限制、开放市场是服务业发展的关键。加入 WTO 后，部分服务行业的市场准入将不再仅仅受国内有关部门的控制，而是要执行我国政府对世贸组织的承诺，这将有利于打破国内部分行业的垄断局面，增强国内服务市场的竞争性，有利于国内行业学习国外的先进经验，促使国内服务业提高服务质量和水平，从而进一步推动我国服务业的发展和国际竞争力的提高。在金融、电信等行业引入适度的竞争，一方面可以促进这些行业本身的发展，另一方面有助于降低金融、电信等服务的价格，从而提高制造业和整个社会的竞争力。

（二）具有比较优势的服务业出口将得到更多的机会

加入WTO有利于我国服务业充分利用《服务贸易总协定》的规则，为中国服务业市场走向国际市场创造有利的条件。在乌拉圭回合中达成的《服务贸易总协定》，在逐步实现世界各国服务贸易的国际化方面迈出了重大一步，从而使国际服务贸易的行动和发展有章可循。如“最惠国待遇”就可以享受其他国家的无条件最惠国待遇，使中国服务贸易在进入国际市场时能取得和其他国家一样的有利条件，而不遭受歧视。“国民待遇”也是如此。

加入WTO后，我国具有比较优势的服务业出口将得到更多的机会。我国服务贸易在劳动密集型和资源密集型的行业，如在国外工程承包及劳务输出、远洋运输服务、人造卫星发射服务，以及旅游服务方面存在比较优势。2001年，我国对外工程承包和劳务及涉外咨询全年实现营业额112.3亿美元，年末在外务工人数约400万人。在旅游业方面，2001年我国实现旅游外汇收入177亿美元，位居亚洲第一，世界第六。服务贸易自由化将会带动我国国际旅游业的发展，对国内旅游业也会产生一定的积极影响。由于入境旅游方面的限制条件变得更加宽松，对外国游客的吸引力将会增加；同时外资全面进入我国旅游业之后，旅游资源开发的深度和力度都将有所加强。

（三）有利于引入新的服务种类，提高服务市场的竞争性

加入WTO后，中国服务贸易市场将更大程度地对外开放，从而不可避免地会出现一些服务行业，特别是新兴服务行业。

一方面，我国服务业的落后在很大程度上表现为服务种类和品种的缺乏，许多服务领域需要填补“国内空白”。在世界贸易组织划分的143个行业中，我国商业化的税务服务、民意测验服务、安全调查服务、信用查询与分析服务等行业，基本上处于空白状态。在许多行业，具体的服务领域、服务品种还存在大量空白。服务市场的开放和外资的进入，将在相当程度上弥补我国服务业发展中的各种空白，使服务业得到全面的发展，满足国内经济发展和人民生活的各种需要。

另一方面，面对服务业市场的开放，我国的新兴服务业也将遇到国外投资者强有力的竞争，甚至可能在一定程度上影响其发展。这就要求我们尽快制定科学的服务产业发展战略，以及适时有效的服务贸易市场准入策略，利用《服务贸易总协定》中的有关规定，对中国的服务业尤其是幼稚服务业进行一定程度的保护，在保护中发展，在保护中逐渐开放。

（四）有利于改善我国的投资环境

加入WTO后，中国必将加大对服务业改革开放的力度，从而进一步完善中国市场的投资环境，吸引更多的外资进入中国。中国加入《服务贸易总协定》后，市场将会进一步开放，将会吸引更多的外资进入中国的服务领域。这不仅能改变中国服务业的落后状况，加快中国服务业的发展，还能为其他产业的发展和吸引更多的外资创造更为有利的环境。

投资环境不仅体现在厂房、公路、通信、电力供应等硬件的好坏方面，而且越来越多地体现在金融、分销、专业服务等生产性服务的完备与否和质量优劣等方面。我国服务业总体上落后，而生产性服务更为落后，这正是外国投资者看中我国市场的重要原因。服务业的对外开放将吸引更多的外资进入我国服务业，这将有力地促进服务业，特别是生产性服务业的快速发展，改善我国投资的软环境，进而带动国内整个经济的发展。

（五）有利于在更深的层次上参与世界性经济结构的调整

全球服务业在经过了半个世纪的大发展后，在经济全球化趋势的推动下，也在酝酿着世界范围的结构调整。加入 WTO，有利于我国借发达国家向海外转移劳动密集型、资本密集型服务业之机，吸引外国投资，改善我国服务业的内部结构；也有利于我国服务提供者进入国际市场，实施“走出去”战略，扩大服务贸易出口。

（六）加入 WTO，在给中国服务业带来机遇的同时也会带来一些挑战

由于当前国际服务贸易主要是发达国家占据主导地位，尽管《服务贸易总协定》是多方谈判协商的产物，也考虑到了发展中国家的利益，但总体而言，《服务贸易总协定》的基本内容对发达国家还是有利的。首先，在一段时期内，发达国家和发展中国家会呈现出非均衡发展的状况，发达国家服务贸易的发展速度会进一步加快，它们在国际服务贸易中的顺差会扩大，而像中国这种服务贸易尚不发达、服务贸易逆差大的发展中国家可能会出现发展速度相对放慢的态势。其次，在实施了《服务贸易总协定》后，中国的传统服务业可能会通过引入外资和先进技术，得到较快的发展并提高其技术含量；而信息资讯、高技术服务、数据处理、金融保险业等新兴服务业的发展会受到较大程度的影响；一些服务业市场的过度开放会影响到国家的社会经济安全。因此，有必要采取相应的市场准入措施，保护民族服务业的发展和国家安全。再次，《服务贸易总协定》的实施会在一定程度上影响到中国的国际收支状况。近年来，中国的服务贸易一直处于逆差状态，进一步开放服务贸易市场会使逆差拉大，进而影响到中国的国际收支平衡。

总之，加入 WTO，在实施了《服务贸易总协定》之后，对中国服务业发展的影响是双重的。一方面，中国可以利用对外开放的正向效应，加快发展服务业，利用良好的国际环境，进入国际市场；另一方面，对外开放中国的服务贸易市场，也会对中国的服务业形成一定的冲击，这就要求中国利用《服务贸易总协定》的规则，制定科学的服务业发展战略，实施一定程度的服务贸易市场准入限制措施，在有效的保护中发展和逐步开放国内服务市场。

专栏 10—1

加入 WTO 与中国银行业的对外开放

1999 年 11 月 15 日，中美就中国加入世界贸易组织达成正式协议，这为中国最终加入 WTO 扫清了最大的障碍。2000 年 5 月 19 日，中国与欧盟就中国加入世界贸易组织达成正式协议，从而使中国加入 WTO 的步伐大大加快。2001 年年底在多哈会议上，中国正式成为 WTO 的成员。

入世意味着我国各行业将面临更进一步的开放，金融业也不例外。自1995年WTO成立以来，各成员继续对金融业进行一系列的谈判，并于1997年12月13日最终达成新的金融服务协议（FSA），对该行业的开放提出了更高的要求。中国加入WTO后，按照《服务贸易总协定》的基本原则和新的金融服务协议（FSA）的要求开放金融服务业将成为必然趋势。虽然入世后中国的金融业并非全部开放，而是视情况开放：加入WTO 2年后，获得许可的外资银行可以开办人民币业务；5年后，中国将进一步开放银行业，但仍在股权、地域和业务范围上对外资银行进行限制。但是，中资金融机构不仅由于目前的制度安排在与外资金融机构的竞争上处于劣势，而且在经营管理方面将面临挑战。与此同时，入世后我国的银行也可以充分参与国际银行业的竞争，在竞争中谋求更大的发展。因此，加入WTO后，作为中国金融机构主体的中国银行业将机遇与挑战并存。

专栏10—2

WTO开放钟声响起，中国服务业“与狼共舞”

以2005年为分界线，我国服务业最敏感的领域将陆续到达加入WTO承诺的终点，除少数行业外，大部分将取消限制，允许外商独资或控股。比如，银行业将取消对外资银行从事人民币业务的地域和客户限制；保险业将取消强制分保，并允许设立外商独资保险经纪公司；分销业将允许外商开展所有进口和国产产品的佣金代理和批发，从事特许经营、直销、零售服务，没有股权比例和地域之限；证券业也允许外商设立合营公司，从事国内证券投资基金管理业务，外国证券机构可直接进行B股交易；旅游业将允许设立外资独资子公司，在华建设、改造和经营饭店、餐馆，外商独资旅行社不受地域限制；电信业允许外资在移动话音和数据服务中的比例达到49%，到2006年年底取消地域限制，基础电信的国际国内业务范围也将进一步放开。

本章小结

服务业的迅速发展是20世纪世界经济发展的主要特点之一，并且是21世纪世界经济发展的主旋律。发展服务贸易是我国经济发展的必然要求，是我国加入世贸组织、参与国际竞争的需要，同时有利于我国更好地参与新一轮的世界范围内的产业结构调整，可以更好地发挥我国人力资源、自然资源的优势，从而促进我国服务业的发展。因此，开放我国的服务业是非常必要的。

随着我国加入WTO，中国政府在服务贸易的许多领域作出了具体的承诺，本章主要介绍了电信、金融、旅游、保险这几个行业的开放情况以及近几年的发展情况。加入世贸组织，给我国的服务业带来了许多机遇：可以进一步加快服务市场开放化和市场化的步伐；使具有比较优势的服务业出口得到更多的机会；有利于引入新的服务种类，加剧服务市场的竞争性；有利于在更深的层次上参与世界性经济结构的调整并改善我国的投资环境。然而，加入世贸组织在给中国服务业带来机遇的同时，也会带来一些挑战。

本章关键术语

增值电信服务	基础电信服务	合格境外机构投资者
营业许可	大型商业险	法定保险

本章思考题

1. 我国为什么要开放服务业市场?
2. 我国在发展服务贸易时遇到的问题主要有哪些?
3. 简述我国主要服务业开放的情况。
4. 简述加入WTO对我国服务业市场开放所产生的影响。

第十一章 主要的国际服务贸易产业（上）

学习目标

- 掌握国际运输服务贸易的概念及内容；
- 熟悉国际和国内运输服务贸易的发展现状；
- 理解并掌握国际旅游服务贸易的概念及其作用；
- 了解国际及我国旅游服务贸易的发展现状；
- 了解国际电信服务贸易的发展特征。

第一节 国际运输服务贸易

一、运输服务贸易概述

国际运输是指国家或地区之间的运输，从广义上说，泛指交通运输部门、外贸部门或其他货主和货运代理人办理的运输业。这三方面业务的工作性质既有区别，又密不可分。从狭义上说，国际运输服务贸易是指以运输为主要交易手段所进行的国际贸易活动，即贸易的一方为另一方提供运输服务，以实现货物或其他商品在空间上的移动。通常我们所说的国际运输主要是指海洋运输服务。运输服务贸易按运输的对象可以分为货物运输服务贸易和旅客运输服务贸易；按贸易主体的性质可以分为国际运输服务贸易和国内运输服务贸易。

（一）海洋运输服务贸易

目前全世界的国际商品贸易中，三分之二以上的货物是通过海洋运输实现的。在我国进出口货运总量中，海洋运输的比重高达80％～90％。由此可见，海洋运输在国际运输服务贸易中占有极其重要的地位。海洋运输的主要特点是：(1) 通过能力大。海洋运输可以利用四通八达的天然航道，它不像火车、汽车那样受轨道和道路的限制，故其通过能力很大。(2) 运量大。海洋运输船舶的运输能力远远大于铁路运输车辆，如一艘万吨船舶的载重量一般相当于 250～300 个车皮的载重量。(3) 运费低。按照规模经济的观点，由于运量大、航程远，分摊于每货运吨的运输成本就少，因此海洋运输的运价相对低廉。海洋运输的不足之处就是受自然条件影响较大，运输速度较其他运输方式慢，且风险相对较大。

海洋运输的主要方式有：

1. 班轮运输服务

班轮运输，又称定期租船运输，是指在某一航线上提供的，按公布的船期表发船，并挂靠既定港口的一种规则化的船舶运输服务。它的服务对象是非特定的、分散的众多货主。

班轮运输是在不定期租船的基础上发展起来的，迄今为止已有 150 多年的历史。目前班轮运输是海上运输的经营方式之一，它已遍及世界各海域和主要港口，有力地促进了国际贸易的发展。这种运输方式具有以下特点：

(1)“四固定”，即固定的航线、固定的港口、固定的船期和相对固定的费率。这是班轮运输的基本特点。

(2) 班轮运价包括装卸费用，即由承运人负责配载装卸货物的全部费用。

由于班轮运输具有上述特点，采用这种运输方式，有利于一般杂货和不足整船货物的小额贸易货物的运输。同时，由于时间有保证，运价固定，为贸易双方洽谈价格和装运条件提供了方便。另外，由于承运人负责装卸和理舱，托运人只要把货物交给承运人即可，程序简单，方便了货主，这些都有利于国际贸易的开展。

2. 租船运输服务

租船运输，又称不定期租船运输，是承租人从船东处租入船舶进行运输的一种服务形式。在租船运输中，船舶所有人和租船人通常就租船条件及条款进行谈判。当双方就谈判中的主要条件达成一致意向时，由船舶所有人或租船人订立租船合同。因此，在从事租船运输时必须签订租船合同。租船业务包括航次租船、包运、期租船和光租船四种形式。

租船运输具有以下特点：

(1) 适合运输低值的大宗货物，如粮食、煤炭、矿砂等，而且一般是租用整船装运。据统计，在国际海洋运输中，租船运输量约占 80%，因此，租船运输在海洋运输中发挥着重要的作用。

(2) 租船运输无固定航线、固定装卸港和航期，而是根据货主的货运需要和船东的供船需要，由双方洽谈租船条件，并以租船合同的形式加以肯定。

(3) 租船运价受租船市场供求关系的影响，船多货少时运价较低，反之较高。

纵观世界航运发展史，无论是航运发达国家还是不发达国家，只要有海洋货物运输的需求，都离不开租船运输，即使是有庞大船队的国家，也不能完全不使用租船运输。

3. 海运代理服务

海运代理服务包括货运代理、海运经纪业和船舶代理行，它们也是海运服务贸易的组成部分。

货运代理又称报关行或运输行，是指以收取佣金为报酬，为货主办理货物进出口报关手续，或以自己的能力难以接受海上货物运输的托收，而将自己承运的货物交由船舶营运人运输的行业。

海运经纪业是指海运经纪人以中间人的身份代办业务的洽谈，促成交易的一种行业。在海上运输中，有关货物的订舱和揽载、托运和承运、船舶的租赁和买卖等项业务，虽然常由交易双方直接洽谈，但由海运经纪人作为媒介代办洽谈的做法已成为传统习惯。

船舶代理业是指接受船舶经营人或船舶所有人的委托，为其在港船舶代办在港的一切业务的行业。通常将为船公司代办船舶在港应办的各项业务和手续，或代为揽货的代理人称为船舶代理人。如果再进一步细分，可将为船舶营运人（或承运人）代办在港船舶业务的代理人称为船舶营运人（或承运人）代理人；而将为船舶所有人代办船舶在港业务的代理人称为船舶所有人代理人。另外，在船舶营运人代理人中，如果为船舶营运人代办揽货业务，则是揽货代理人，他们只代办在卸货港卸货、保管货物和向收货人交付货物业务。

(二) 其他国际运输服务贸易形式

1. 铁路运输服务

在国际货物运输中，铁路运输（rail transport）是仅次于海洋运输的主要运输方式，海洋运输的进出口货物大多也是靠铁路运输进行货物的集中和分散的。

铁路运输有许多优点：(1) 受气候条件的影响较小，可保障全年的正常运输。(2) 办理铁路货运的手续比海洋运输简单，而且发货人和收货人可以在就近的始发站（装运站）和目的站办理托运和提货手续。(3) 铁路运输具有较高的准确性，运行时刻表按分钟编制。(4) 运量较大，运输速度较高。铁路运输的运输量比航空运输和公路运输大得多，在货物运输安全方面又优于海洋运输。另外，在速度方面，铁路运输大大高于海洋运输，也快于公路运输，而其成本又相对较低。因此，在毗邻的国家之间，铁路运输也成为许多商家的重要运输方式之一。

2. 航空运输服务

航空运输的工具是飞机，飞机的运送速度在各种运输方式中是最高的。这一方面为商品抢行就市、卖得好价钱提供了有利的手段；另一方面，这一运输方式最适合鲜活商品、易腐商品和季节性商品的运输，而且为高价商品的快速运送、减少在途资金积压提供了可靠的保证。

航空运输的主要业务形式有班机运输和包机运输两种。班机运输是指定期开航的定航线、始发站、到达站和途经站的航空运输。班机能安全、迅速并准确地到达世界上各个地点，使收、发货人能掌握货物启运和到运的时间和地点。班机运输一般是客货混合运输，并以客运为主，这时货运有限且运价较高。包机运输又可分为整架包机和部分包机两种。整架包机是指航空公司或包机代理公司，按照与租机人事先约定好的条件和租机费率，将整架飞机租给包机人，从一个或几个航空站装运货物至指定目的站的运输方式。它适合于运输大宗货物，运费随市场的供需情况而变化，一般来说，包机运输的运费低于班机运输。部分包机是指几家航空货运代理公司或发货人联合包租一架飞机，或者是由包机公司把一架飞机的舱位分租给几家货运代理公司，它适合于不足整机的货物运输。

3. 公路运输服务

公路运输具有高度的机动性和灵活性，可深入广大内陆地区和各个角落，但运载量小，运输成本也较铁路运输和海洋运输高。公路运输比较适合短途运输和接壤邻国之间的贸易运输。此外，公路运输的最大作用还在于可与其他运输方式配合，以实现“门对门”运输。因为在“门对门”运输中，无论使用什么运输工具，在进出航空机场、水运港区或铁路车站时，都需要公路运输工具——汽车来配合完成两端的运输任务。

4. 国际多式联运运输服务

国际多式联运运输是指由多式联运经营人使用至少两种不同的运输工具，将货物从一国境内接管货物的地点运至另一国境内指定交付货物的地点。国际多式联运运输通常以集装箱为运输单位。在传统的单一运输方式下，由具体承运人或其代理或托运人签订运输合同，若涉及多程运输，还要由托运人寻找代理，或前承运人以托运人的身份再次向后一程承运人托运。这样做不仅手续繁、易出错，而且由于各段承运人都从自身的利益出发，最终很可能构成一些不合理的运输。多式联运是由一个既不是发货人的代表，也不是承运人的代表，并且担负着履行多式联运合同责任的人来经营。严格地说，国际多式联运经营人是指其本人或通过其代表与货主订立多式联运合同的任何人。

概括起来，国际多式联运运输有以下特点：(1)“一人”。即有一个统一的国际多式联运经营人。在多式联运运输中要有一个统一的经营人来承担多式联运合同的订立，并且负责整个多式联运运输的安排及经营。(2)“一单”。是指多式联运运输全程有统一的联运单据。这是一份证明多式联运合同及多式联运经营人已接管货物，并将负责按照合同条款交付货物的全程运输单据，即多式联运全程使用一张单据。同时，在多式联运合同中，所有货物的接管和交付必须发生在两个或多个国家境内；另外，多式联运经营人根据货物的种类和去向，向托运人报出一个全程单一费率，实行全程单一的运费费率。国际多式联运运输的上述特点，使其具有管辖简单、结算方便、货主可提前收汇、运送准确、运输路线更加合理等优越性，因此具有极强的生命力。

二、国际运输服务贸易的发展现状

随着经济全球化和世界一体化趋势的发展，各国间的贸易合作更加密切，全球运输行业的发展也呈现出不断加快的趋势。国际贸易总运量的80%～90%是利用海上运输完成的。1980—2014年，运输服务贸易进口额和出口额在服务贸易中所占的比例稳中有降，但仍然是服务业的重要部门。下降的主要原因是近年来商业服务业、金融等其他现代服务业得到了迅速发展。2014年世界服务贸易出口额和进口额分别为49 400亿美元和47 800亿美元，世界运输服务贸易出口总额和进口总额分别为9 550亿美元和11 650亿美元，分别占比19.33%、24.37%。

表11—1是2014年世界运输服务贸易前15名进出口国家和地区情况。2014年，世界运输服务出口排名前三位的国家和地区分别为欧盟、美国和新加坡，运输服务出口额分别为4 137亿美元、899亿美元和448亿美元。2014年，世界运输服务进口排名前三位的国家和地区分别为欧盟、中国和美国，运输服务进口额分别为3 663亿美元、962亿美元和943亿美元。

表 11—1　**2014 年世界运输服务贸易出口与进口前 15 名国家和地区情况**　单位：十亿美元

	出口国家和地区	出口额	占世界出口比重（%）	比 2013 年增长（%）	进口国家和地区	进口额	占世界进口比重（%）	比 2013 年增长（%）
1	欧盟	413.7	43.3	3	欧盟	366.3	29.9	2
2	美国	89.9	9.4	3	中国	96.2	7.9	2
3	新加坡	44.8	4.7	0	美国	94.3	7.7	4
4	日本	39.5	4.1	0	印度	77.3	6.3	35
5	中国	38.3	4.0	2	日本	45.8	3.7	−2
6	韩国	35.3	3.7	−6	阿拉伯	45.5	3.7	5
7	中国香港	31.6	3.3	1	新加坡	39.3	3.2	4
8	挪威	22.1	2.3	5	韩国	31.6	2.6	4
9	俄罗斯	20.5	2.1	−1	泰国	26.7	2.2	−6
10	印度	18.6	2.0	10	加拿大	22.4	1.8	−4
11	土耳其	14.3	1.5	9	沙特阿拉伯	19.9	1.6	4
12	瑞士	13.5	1.4	4	中国香港	18.4	1.5	2
13	加拿大	13.3	1.4	−4	俄罗斯	15.4	1.3	−12
14	中国台北	11.1	1.2	10	澳大利亚	15.1	1.2	−9
15	埃及	9.8	1.0	4	巴西	14.9	1.2	−2
	总计	816.3	85.4		总计	929.1	75.8	

资料来源：WTO，International Trade Statistics 2015.

三、中国国际运输服务贸易的发展现状

（一）加入 WTO 时中国关于运输服务贸易的具体承诺

中国在加入世界贸易组织时，就运输服务贸易领域所作出的承诺主要有：

（1）海运（国际运输的货运和客运，不包括沿海和内河运输）：设立注册公司，经营悬挂中华人民共和国国旗的船队；允许国外服务提供者在华设立合营船公司，且外资比例不应超过合营企业注册资本金的 49%，合营企业的董事会主席和总经理应由中方指定。

（2）内河运输（货运）：允许在对外国船舶开放的港口从事国际运输。

（3）航空运输（航空器的维修）：允许设立合资企业，但要求中方控股或处于支配地位。根据经济需求测试情况，有许可证数量的限制。

（4）铁路运输（铁路货运）：允许建立合资企业，且外资比例不超过 49%；加入 WTO 后 3 年内，允许外资控股；加入 WTO 后 6 年内，允许设立外商独资子公司。

（5）公路运输（公路卡车和汽车货运）：加入 WTO 后 1 年，允许外资在公路货物运输合资企业控股；3 年内允许设立外商独资子公司。

（6）货物运输代理服务（不包括货检服务）：加入 WTO 时，有连续 3 年以上历史的外国货运代理企业可以在华设立中外合资货代企业，且外资比例不超过 50%；加入 WTO 后 1 年内，允许外资控股；加入 WTO 后 4 年内，允许设立独资子公司。合资企业的最低注册资本应不少于 100 万美元。合资企业的经营期限不得超过 20 年。

目前，中国对航运、公路运输等方面的承诺已兑现。从 2005 年 1 月 1 日起，中国允许开办外商独资道路货物运输企业。

（二）中国运输服务贸易的发展现状

随着中国运输业的快速发展和不断开放，我国运输服务贸易业取得了显著成果。1997—2008 年间，我国运输服务贸易总体上呈现不断攀升的趋势，运输服务贸易额从 1997 年的 129 亿美元增长到 2008 年的 887.5 亿美元，平均年增长率达到 19%，远高于世界运输服务贸易的平均年增长速度。2009 年受到全球金融危机的影响，我国运输服务贸易进出口额有所下降。从占有率上看，我国运输服务贸易进出口总额占世界运输服务贸易进出口总额的比重从 1997 年的 1.87%增长到 2008 年的 4.64%。此后，2009—2014 年间，我国运输服务贸易总体又呈现出不断攀升的趋势，运输服务贸易额从 2009 年的 702 亿美元增长到 2014 年的 1 345 亿美元。虽然到 2014 年，随着危机过后全球经济环境的改善，中国运输服务贸易进出口总额达到 1 345 亿美元，但是仍旧远低于美国和日本等发达国家。

我国运输服务贸易进出口结构不合理，我国运输服务贸易出口额从 2000 年的 37 亿美元增长到 2014 年的 383 亿美元，增长 9 倍，在我国服务贸易出口额中占比从 12.2%增长到了 20.3%，是中国仅次于旅游贸易的第二大服务出口部门；然而，我国运输服务贸易进口额从 2000 年的 104 亿美元增长到 2014 年的 962 亿美元，在我国服务贸易进口额中所占比重一直维持在 30%左右，并且超过旅游服务进口所占比重，是我国最大的服务贸易进口部门。2000—2014 年间，我国运输服务贸易进口额远高于我国运输服务贸易出口额。进入 21 世纪后，运输服务贸易逆差从 2000 年的 67 亿美元一路攀升到 2014 年的 579 亿美元，成为我国服务贸易总体逆差的最主要来源（见图 11—1）。

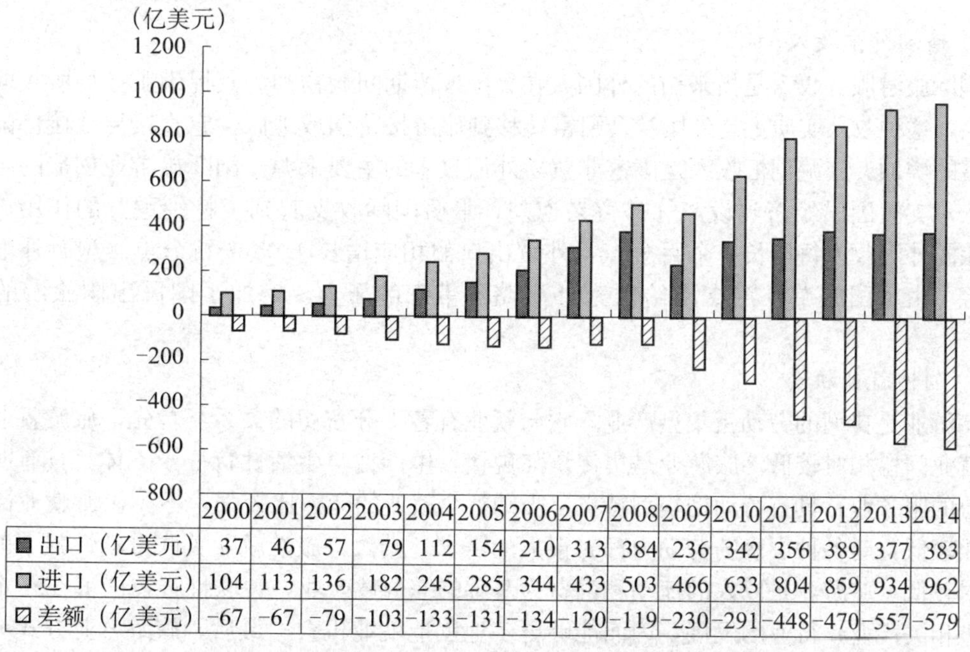

	2000	2001	2002	2003	2004	2005	2006	2007	2008	2009	2010	2011	2012	2013	2014
出口（亿美元）	37	46	57	79	112	154	210	313	384	236	342	356	389	377	383
进口（亿美元）	104	113	136	182	245	285	344	433	503	466	633	804	859	934	962
差额（亿美元）	-67	-67	-79	-103	-133	-131	-134	-120	-119	-230	-291	-448	-470	-557	-579

图 11—1　2000—2014 年中国运输服务贸易进出口情况

资料来源：根据国家外汇管理局相关统计数据绘制而成。

第二节 国际旅游服务贸易

随着世界经济的发展和人们消费观念的更新，旅游业作为朝阳产业在一国经济中的地位不断提高，重视和发展旅游业已经成为世界各国的共识，旅游业正成为国际服务贸易中的重要组成部分。

一、国际旅游服务贸易概述

(一)《服务贸易总协定》对旅游服务的界定

《服务业分类表》对旅游和与旅游相关的服务分类十分有限，主要分为四大类，具体是旅馆和餐厅（含饮食）、旅行社和旅游经济服务、旅客导游服务及其他。前三个是联合国核心产品分类表下相关联的项目。实际上，旅游服务仅仅是更一般性服务活动的一部分，它以包含许多运输服务为标志，但同时也包括某些商品性服务、分销服务及休闲、文化和运动服务业等。值得注意的是，《服务贸易总协定》中的服务业分类表将一些被世界旅游组织视为相关的产业如计算机定位系统、运输、旅馆的兴建和汽车租赁等服务活动排除在旅游服务之外。旅游服务是指为了实现一次旅游活动所需要的各种产品与服务的组合。这些服务包括咨询服务、交通服务、住宿服务、餐饮服务、导游服务、购物服务、文体娱乐服务、手续费专项服务以及零星委托服务等。

(二) 国际旅游服务贸易的作用

国际旅游服务贸易是国际服务贸易的组成部分，对国民经济的发展起着十分重要的作用。

1. 增加外汇收入

国际旅游服务收入是指来访的外国人在异国逗留期间购物和为其提供服务场所收取的外币款项，这种收入实质上是外国社会财富转移到旅游接待国或地区，它直接导致接待国和地区财富的增加。旅游创汇收入是国家非贸易外汇收入的主要来源。国际旅游业创造的巨额外汇收入对支援国民经济建设，弥补贸易逆差，平衡国际收支起到了特别重要的作用。据测算，旅游外汇收入每增长 1 个百分点，外贸出口额相应增长 1.05 个百分点。旅游外汇收入也减轻了由本国旅游外汇支出给国家外汇储备带来的压力，增加了国民出国旅游的支付能力。

2. 创造就业机会

旅游业是典型的劳动密集型产业，它与就业有着十分密切的关系。首先，旅游就业容量大，就业门槛相对较低。旅游业是集传统与现代、生产性与生活性特征于一体，具有明显比较优势的服务业，具有劳动密集型特点，吸纳社会就业的能力比较强。不少旅游就业岗位的门槛比较低，对各种层次的劳动力都有很大的需求。其次，旅游就业关联带动性强，就业成本相对较低。旅游业是以人的流动和消费为基础的综合性产业，关联性强，能够在一定程度上促进相关产业、行业的发展，因而能够更多地创造就业机会。最后，旅游就业方式灵活多样，适合不同人群就业。旅游业综合性的特点决定了旅游就业的多样化特点。

3. 调整和优化产业结构

旅游业是一个综合性产业，具有十分突出的关联带动作用，发挥着带动其他产业发展的核心作用，不仅直接给航空、交通、饭店、餐饮服务、商业网点、景区等带来了客源和市场，而且间接地带动和影响了城市建设、加工制造、文化体育等行业的发展。旅游业发展将增加旅游业在第三产业中的比重，有利于第三产业内部结构的调整；同时还增加了第三产业在整个国民经济中的比重，加快了一、二、三产业之间的结构调整，促进了国民经济健康发展。

二、国际旅游服务贸易的发展现状

旅游业虽然在20世纪初就开始萌芽，但作为一个新兴且完整的产业出现在世界经济舞台上，还是在第二次世界大战结束后40多年的时间里，这一时期是现代旅游业的发展阶段。在这一时期，世界上出现了较长时期的和平稳定，政治向多极化、经济向区域化、社会向多元化、消费向多样化方向发展；与此同时，世界旅游业得到了新的发展，旅游业已经成为世界上发展最快的产业之一，广义的旅游业已经被视为全世界最大的产业，产值达全球服务业贸易总值的1/3。由于旅游业属于劳动力高度密集型产业，所以，它成为就业机会的主要提供者，尤其是在偏远和乡村地区。不论是国内还是国际的旅游需求，均与消费者的收入有直接关系，所以，随着世界经济的发展和人民生活水平的普遍提高，对国际旅游市场的需求也随之增加。同时，交通运输业的发展、飞机票价格和旅游费用的降低，进一步促进了国际旅游贸易的发展。2014年，世界旅游服务贸易出口总额为12 400亿美元；世界旅游服务贸易进口总额为11 650亿美元。其中，欧洲地区的进出口总额最多，分别达4 220亿美元和4 830亿美元（见表11—2）。

表11—2　　世界旅游服务贸易（按区域分类）

	贸易值（10亿美元）	世界占比（%）	
	2014	2010	2014
出口			
世界	1 240	100	100
北美地区	212	17.3	17.1
美洲中部和南部地区	55	4.5	4.4
欧洲地区	483	40.8	39.0
欧盟地区	425	36.1	34.3
独联体	23	1.8	1.9
非洲地区	43	4.4	3.5
中东地区	52	4.9	4.2
亚洲地区	372	26.3	30.0
进口			
世界	1 165	100	100
北美地区	155	14.5	13.3
美洲中部和南部地区	51	4.0	4.4
欧洲地区	422	41.8	36.2

续前表

	贸易值（10亿美元）	世界占比（%）	
	2014	2010	2014
欧盟地区	379	38.2	32.5
独联体	65	4.1	5.6
非洲地区	26	3.0	2.2
中东地区	87	7.6	7.5
亚洲地区	360	25.2	30.9

资料来源：WTO，International Trade Statistics 2015.

世界旅游组织根据研究工作的需要，以及各地旅游发展情况和客源集中程度，将世界旅游市场划分为六大市场，即欧洲市场、东亚及太平洋市场、非洲市场、中东市场、南亚市场、美洲市场（人们常将北美和拉美市场并称为美洲市场）。其中，欧洲旅游市场接待人数和旅游收入占世界市场份额的50%以上，南亚地区的国际旅游贸易最不发达，占世界市场的份额不到1%。

对旅游业发达的国家来说，国际旅游服务贸易已经成为这些国家的主要外汇来源，成为在第三产业中举足轻重的产业。世界旅游业约60%集中在北欧、中欧和南欧，其旅游收入占世界市场份额的64%。旅游收入占出口收入的比重，奥地利为20.6%，西班牙为20.4%，意大利为8.5%。但发达国家的旅游优势地位从20世纪70年代以来有所下降，主要是因为西方发达国家的旅游费用太高，同时发展中国家也逐渐改善了国内基础设施，一些新的自然风景区逐渐开辟出来，吸引了世界大批旅游者。

在发展中国家，旅游服务出口收入在1970—1980年间从40亿美元增长到229亿美元，在世界旅游业服务出口中所占比重从20.5%增长到22.9%。同一时期，它们的旅游服务进口收入从30亿美元增长到255亿美元，在国际旅游服务贸易进口中所占比重从16.5%增长到24.1%。许多发展中国家和地区依靠旅游业收入获得了大量外汇，极大地增加了国内和地区内的就业机会，并促进了其他产业的发展，如新加坡、韩国、中国台湾、中国香港、泰国、马来西亚、墨西哥等都是旅游业发达的发展中国家和地区，其中，新加坡、中国香港等已达到发达国家和地区的水平。

就全球来看，据WTO的统计数据显示，2014年，世界旅游服务贸易出口总额约为12 400亿美元，比2010年下降0.7%，其中，前15位国家和地区共出口9 812亿美元，占世界旅游服务贸易出口额的79.2%，比2010年上升0.7%（见表11—3）。

表11—3　　2014年世界旅游服务贸易出口及进口前15位国家和地区情况

排名	出口国家和地区	贸易值（10亿美元）	世界占比（%）		每年较上年世界占比变化（%）			
		2014	2010	2014	2010—2014	2012	2013	2014
1	欧盟	425.1	36.1	34.3	5	−3	8	4
2	美国	177.5	14.3	14.3	7	7	7	3
3	中国	56.9	4.8	4.6	6	3	3	10
4	中国澳门	50.9	2.9	4.1	16	14	18	−2
5	泰国	38.4	2.1	3.1	18	25	23	−8

续前表

排名	出口国家和地区	贸易值（10亿美元）	世界占比（%）		每年较上年世界占比变化（%）			
		2014	2010	2014	2010—2014	2012	2013	2014
6	中国香港	38.4	2.3	3.1	15	16	18	−1
7	澳大利亚	32.0	3.0	2.6	3	0	−2	2
8	土耳其	29.6	2.4	2.4	7	1	10	6
9	马来西亚	22.1	1.9	1.8	5	3	4	5
10	印度	19.7	1.5	1.6	8	1	2	7
11	新加坡	19.2	1.5	1.5	8	5	2	−1
12	日本	18.3	1.4	1.5	8	33	4	21
13	韩国	18.1	1.1	1.5	15	8	9	24
14	加拿大	17.5	1.7	1.4	3	4	2	−1
15	瑞士	17.5	1.5	1.4	4	−6	5	4
	合计	981.2	78.5	79.2	—	—	—	—
排名	进口国家和地区	贸易值（10亿美元）	世界占比（%）		每年较上年世界占比变化（%）			
		2014	2010	2014	2010—2014	2012	2013	2014
1	欧盟	378.6	38.2	32.5	4	−5	7	6
2	中国	164.9	6.4	14.2	32	40	26	28
3	美国	111.4	10.1	9.6	6	12	4	6
4	俄罗斯	50.4	3.1	4.3	17	30	25	−6
5	加拿大	33.8	3.5	2.9	3	5	0	−4
6	澳大利亚	26.3	2.6	2.3	4	3	2	−8
7	巴西	25.6	1.9	2.2	12	5	12	2
8	沙特阿拉伯	24.1	2.5	2.1	3	−1	4	37
9	新加坡	23.9	2.2	2.1	6	7	5	−1
10	韩国	23.5	2.2	2.0	6	4	5	8
11	中国香港	22.0	2.0	1.9	6	6	6	4
12	日本	19.4	3.3	1.7	−9	2	−22	−11
13	挪威	18.9	1.6	1.6	9	5	11	2
14	阿拉伯联合酋长国	17.8	1.4	1.5	11	14	7	10
15	瑞士	16.6	1.3	1.4	10	10	6	4
	合计	957.2	82.3	82.2	—	—	—	—

三、我国旅游服务贸易的发展现状

我国拥有丰富的旅游资源，但是改革开放之前一直未得到有力的开发。自 1978 年改革开放以来，旅游资源的优势已经逐渐转化为现实的经济优势，中国旅游业得到了迅猛的发展。近 40 年来，中国旅游业在接待人数、外汇收入、旅游基础设施建设、旅游资源的开发和保护、旅游队伍建设等各个方面都取得了突出的成就。

经过近40年的发展，中国旅游业已经成为国民经济中占重要地位的支柱产业。1978年，中国接待的入境旅游者仅为180.9万人次，旅游外汇收入为2.63亿美元，在世界各国旅游收入排名中居第41位。2016年旅游外汇收入总体平稳较快增长，入境游客13 844万人次，增长3.5%。其中，外国人2 813万人次，增长8.3%；香港、澳门和台湾同胞11 031万人次，增长2.3%。在入境游客中，过夜游客5 927万人次，增长4.2%，国际旅游收入1 200亿美元，增长5.6%。

2016年，我国公民出境旅游市场继续快速发展，国内居民出境13 513万人次，增长5.7%。其中因私出境12 850万人次，比2015年增长5.6%；赴港澳台出境8 395万人次，比2015年下降2.2%。

据世界旅游组织预测，到2020年，我国将成为世界最大的旅游目的地国家以及第四大旅游客源国，届时不仅会对中国服务贸易发挥更大的作用，而且将推动中国经济发展。

与此同时，我国的跨境服务贸易也得到了迅速发展。2009—2015年，中国旅游服务贸易进口和出口规模保持较快的增长。旅游服务贸易出口额从1 286亿美元增长到2 881.9亿美元。旅游服务贸易进口额从1 582亿美元增长到4 248.1亿美元。由于居民生活水平的提高，2009—2015年，我国旅游服务贸易均为逆差，在2015年达到1 366.2亿美元（见表11—4）。

表11—4　　2009—2015年我国旅游服务贸易进出口额　　单位：亿美元

年份	旅游服务贸易出口额	旅游服务贸易进口额	旅游服务贸易差额
2009	1 286.00	1 582.00	−296.00
2010	1 702.50	1 921.70	−219.20
2011	1 820.90	2 370.00	−549.10
2012	1 910.00	2 805.00	−895.00
2013	2 105.90	3 290.50	−1 184.60
2014	2 222.10	3 821.30	−1 599.20
2015	2 881.90	4 248.10	−1 366.20

另外，我国通过双边协定与他国进行护照免签，加快了我国民众走出去的步伐。2015年，已经有韩国、泰国、马尔代夫、印度尼西亚等35个国家对我国护照实行了落地签，这种方便民众出国的便利政策还处于加速阶段，未来可能会有更多的国家成为旅游目的地。

第三节　国际电信服务贸易

一、国际电信服务贸易概述

电信业在促进国际贸易发展、加速经济发展与丰富人类生活等方面担任重要角色的观念已被广泛接受。现代化的电信装置、自由市场的开发，特别是跨国界、可以电信化传送的服务的进一步开放，将使得所有国家更加深入地参与国际贸易。电信业的革新对于确保能够完全实现电子商务的预期成长有重要的影响。许多在基本电信业方面承诺遵守《服务贸易总协定》的新兴政府，已将不充足的电信网络和服务视为充分发挥该国经济成长潜力的障碍。电信服务贸易的开放与发展显得十分重要。

根据 WTO 的规定，从狭义上讲，国际电信服务贸易是指在不同国家或者属于不同国家的任何性质的电信局或站之间提供的电信服务活动。从广义上讲，除传统意义上的国际电信服务贸易，还包括通过国外直接投资进行的贸易，如外国投资者收购电信公司或由国内外双方建立合资企业提供新的电信业务。

（一）国际电信服务贸易的基本特征

国际电信服务贸易的基本特征是，它主要是通过各国电信网络系统的相互连接和交互操作实现的。随着电信服务的提供方和消费方数量激增（多数是通过公共交换网络，也有一部分是通过私人设施进行的）以及对信息的需求膨胀，本国现有的电信服务贸易已经远远不能满足实际需求，各国电信网络的互联与操作显得日渐重要，由此也就产生了国际电信服务贸易。作为服务贸易的一个重要部门，国际电信服务贸易有其自身的独特性。一个国际网络包括极为重要的一套相互连接的交换与运输体系，通过这个网络，两国的国家性电信经营者能够相互提供服务。

国家性电信经营者拥有并运行各自的国内电信基础设施，包括用于交互连接运输服务的设备。而那些远程海底电缆和国际卫星系统等传输接点则通过双方协议或共同所有而由两国共同使用。这些国际设施由各国共同承担成本和风险，向得到授权的经营者开放，并且在向非所有方提供过境设施服务时，具有极高的互惠性。不同国家的电信经营者之间签署的双边协议是依照国际电信联盟电报电话咨询委员会推荐的多边框架拟定的。

在实际操作中，共同提供国际电信服务贸易是按如下方式进行的：当甲国经营者接受客户请求为其向乙国经营者管辖下的另一客户提供电信服务时，甲国经营者依照其对该项电话服务的定价从其客户处收取费用。但甲国经营者只能借助乙国电信经营者的网络将信息传送到乙国的客户。因此，双方必须就甲国经营者使用乙国经营者的电信网络进行协商，确定一个价格。相应地，如果是反向电话，乙国经营者也对电话服务定价并收取费用，再同甲国经营者联系安排电话的传送。这样，甲、乙两国经营者为了相互传递对方的电话而达成的协定价格就是所谓的“国际核算费率”。一般来说，甲、乙两国经营者对传递对方的信息往往是以相同的费率计征，这样当双方电话相互传递的信息量相等时，费用抵消而无须划拨资金。但通常情况下，两个方向的信息流并不均衡，于是信息净流出方必须向对方支付费用，计算时用超量使用的电话时数乘以一定的核算费率。这种支付方式被称为“国际电信清算”。

由于国际电信服务是在共同或合作的基础上进行的，因此没有客户间的直接接触，也未实际发生跨境的贸易行为。甲方经营者没有与外国居民发生关系。当然，也有一些私人建造的设施，通过海底电信和通信卫星等在有限的国家间建立联系。随着这些设施投入使用，这些电信经营者开始跨国提供服务，而不再只是借助协议，由对方经营者代为提供服务。此时，就发生了跨国境的移动服务提供。

（二）国际电信服务贸易的表现形式

《服务贸易总协定》的四类服务贸易模式在国际电信服务贸易中的具体表现分别为：

过境供给是指一成员的电信服务商在其境内向另一成员境内消费者提供电信类服务。

境外消费是指一成员的电信服务商在其境内向来自其他成员的消费者提供电信类服务。

商业存在表现为一成员的电信服务商在另一成员境内设立电信公司或分支机构向该成员或其他成员的境内消费者提供电信类服务。

人员进入表现为一成员电信公司的工作人员去另一成员境内提供电信服务（无论是专业人员还是一般的工作人员）。

二、国际电信服务贸易的发展

（一）电信化是经济发展的必然趋势

自18世纪70年代以来的200多年间，人类已经经历了三次决定性的产业革命。而当今，正进行着以超大规模集成电路为基础的电脑和突飞猛进的电信几何级数为主角的第四次产业革命，这次产业革命将世界带入信息时代，使社会生产力和生活自动化程度发生了质的飞跃。信息技术本身是计算机、通信和信息资源三者的有机融合，它是当代发展最迅速、普及最容易、渗透力最强的新技术。与以往的三次产业革命相比，信息技术革命不再只是作用于能源、物质等有形客体，而是从根本上改变了传统的时空观和人们对知识的理解。从宏观角度考察，信息化是当今经济生活日益国际化、全球化的必然要求。从经济增长方式考察，进入20世纪90年代以来，越来越多国家的经济发展模式开始从粗放型增长向集约型增长转变，各国政府将重点放在提高投入产出比率上，开始倡导可持续发展战略。这就要求经济发展紧跟时代发展的要求，而信息的获取与运用在此过程中则发挥着至关重要的作用。所以说，信息化是经济发展的必然趋势。

（二）未来的电信服务将信息基础设施作为运行平台

传统的电信服务依赖于电信网络设施，而随着数字技术的成熟和多媒体技术的发展，开始出现了关于“三网合一”的讨论，即公共电话网、有线电视网和计算机数据网的融合，向用户提供数据、语音、图像等多媒体服务，这是信息社会发展的客观要求，也是科技发展的必然。“三网合一”取长补短，相互融合、相互渗透为一种全新网络，即多媒体交互网络。由于信息时代人们之间信息联系的广泛性，任何一个专门应用领域的信息都可来源于全国乃至全世界，因此可以通过建立公用高速通信网络平台，在此基础上高速传递信息。其技术基础是任何形式的信息，包括电话、文字、图形、图像等，均可通过数字化在通信网络中进行迅捷、可靠的传输与交换。

（三）国际电信服务贸易发展的特点

1. 国际电信服务迅猛发展，但是发展不平衡

21世纪以来，随着科学技术的高速发展以及各国创新意识的逐渐加强，世界电信服务贸易获得了较快的发展。WTO的统计数据显示，欧洲和美国是全球电信服务贸易的最大进出口国，2013年欧盟的电信服务贸易出口额达到了5 110亿美元，进口额达到

了 4 130 亿美元；美国的电信服务贸易出口额达到了 1 410 亿美元，进口额达到了 730 亿美元（见表 11—5）。

表 11—5　　2013 年电信服务贸易主要进出口国

排名	出口国家和地区	出口额（十亿美元）	前十位中占比（%）	年百分比变化（%）	排名	进口国家和地区	进口额（十亿美元）	前十位中占比（%）	年百分比变化（%）
1	欧盟	511	64.9	3	1	欧盟	413	70.0	4
2	美国	141	17.9	3	2	美国	73	12.4	2
3	科威特	34	4.3	−3	3	俄罗斯	28	4.7	11
4	加拿大	22	2.8	1	4	加拿大	17	2.9	−5
5	印度	21	2.7	34	5	日本	14	2.4	15
6	中国香港	16	2.0	14	6	印度	11	1.9	14
7	俄罗斯	15	1.9	10	7	韩国	10	1.7	10
8	挪威	10	1.3	23	8	中国香港	9	1.5	8
9	日本	9	1.1	−5	9	挪威	8	1.4	−10
10	印度尼西亚	8	1.0	−23	10	印度尼西亚	7	1.2	−3
总计		787	100.0		总计		590	100.0	

资料来源：WTO，International Trade Statistics 2015.

但是，在国际电信服务贸易迅猛发展的背后，我们也可以看出，目前国际电信服务贸易发展不平衡，全球电信业发达国家的水平远远超过了发展中国家。以固定电话普及率、移动电话普及率、互联网用户普及率指标为例，2004 年发达国家的固定电话普及率是发展中国家的 4 倍，其中非洲平均每 100 个居民只有 3 条固定电话线；发达国家移动电话数量是发展中国家的 4 倍，其中八国集团①人口只占世界总人口的 14%，但移动电话数量却占世界用户总量的 34%；发达国家互联网普及率是发展中国家的 8 倍，其中非洲每 100 个居民中只有不到 3 个互联网用户，而八国集团平均每 2 个居民中就有 1 个互联网用户。

2. 各国电信服务发展的重点不同

2001 年，在电信服务方面，通过对各个国家的发展分析可知，在线通信产业居领先地位的国家包括美国、瑞典、芬兰、德国、法国、日本等。在技术发展方面，美国在无线宽频输送、无线国际网络技术与应用开发等领域都处于领先地位，但在无线通信服务发展上，美国的无线通信服务发展落后于欧洲甚至亚太地区。除上述领域外，在微波、卫星传输等技术上，美国依然处于领先地位，一些大公司在航天、军事、卫星等无线通信应用上有其独到之处。除此之外，在相关零组件的发展方面美国也居领先地位。欧洲国家则因 GSM 技术的发展而使其移动电话语音传输技术取得了领先地位，其技术包括移动电话网络基础设备、手机设计、手机软件设计、移动电话系统测试等。瑞典的爱立信、芬兰的诺基亚、德国的西门子等都能提供 GSM 全系统解决方案。除了系统外，英国、法国境内有为数不少的无线通信相关软件设计公司，能提供移动通信软件设计相关服务。而在德国境

① 指加拿大、法国、德国、意大利、日本、俄罗斯、美国、英国八国。

内也有数家无线通信测试实验室，除提供相关产品认证服务外，也进行相关测量仪器研发。日本的无线技术发展虽然不如欧美厂商，但对于相关系统的应用改良则有一定的功力，如 NEC、富士通都能研发出 PHS、PDC 等无线通信系统。日本甚至对于 WCDMA 技术的研发也是倾全国的力量投入，研发出了全球第一个商用化第三代移动通信服务系统，同时，在微波通信与卫星通信的发展上也取得了一定成绩。

3. 国际电信服务竞争主体多元化

国际电信服务竞争主体多元化主要体现在两个方面：

（1）国际电信服务从垄断走向过度竞争。

20 世纪 80 年代以来，由于电信服务具有自然垄断行业的基本经济特征，各个国家的经营管理体制基本相同，所有电信服务、通信网络、通信设备及终端均由国家电信主管部门所垄断。随着新技术的不断涌现，特别是长途传输服务成本的大幅度下降，电信服务具有的传统规模效益也在逐渐降低。电信行业结构快速变化，交易量大幅增长，开始出现了竞争压力，许多国家也开始推行民营化。

（2）新型服务不断出现。

在竞争压力与技术日新月异的刺激下，新服务持续不断地涌现，这个过程也是受到 1998 年 2 月开始实施的《服务贸易总协定》中《基本电信协议》所作承诺的启发。由于竞争的前景明确，各个电信公司进一步加快创新的步伐，导致了 1997 年世贸组织谈判结束时都无法预测的新服务的出现，例如，固定电话与移动通信服务的整合，能够在两者间切换的手机，以及后来出现的发送短消息服务和电话转接服务。此外，还有新的卫星服务，比如“卫星全球移动个人通信”的运作和继续开发出的具有完整多媒体功能的卫星服务，即所谓的第三代技术等各种服务。

三、中国电信业服务贸易的发展

（一）总体发展现状

初步预测，2016 年将累计完成电信业务总量215 584亿元，同比增长 5.6%；实现电信主营业务收入14 900亿元，同比增长 3.6%；电信综合价格水平下降幅度为 10.3%（见图 11—2）。2005—2015 年网民数和互联网普及率见图 11—3。

在电信服务经济效应方面，预计 2016 年，全国电信营业收入累计为14 900亿元。其中，各项业务中，移动通信网业务收入占比 79.4%，固定本地电话网业务收入占比 9.4%，长途电话网业务收入占比 8.9%，数据通信网业务收入占比 2.3%（见图 11—4）。

2014 年，我国光缆总线路达2 046万公里，较 2013 年的1 745万公里光缆线路，新建光缆线路 301 万公里，同比增长 17.2%（见表 11—6）。

长途光缆线路总长度仅为 92.8 万公里，所占比重最小，为 4.5%；本地网中继光缆线路总长度为 995.2 万公里，所占比重最大，为 48.6%；而接入网光缆紧随其后，以光缆线路总长度 958 万公里占比 46.8%。而在此次新建光缆中，接入网光缆和本地网中继光缆长度同比增长 16.6%和 19.3%，分别新建 136.1 万公里和 160.7 万公里；长途光缆保持小幅扩容，同比增长 4.3%，新建长途光缆长度达 3.8 万公里。

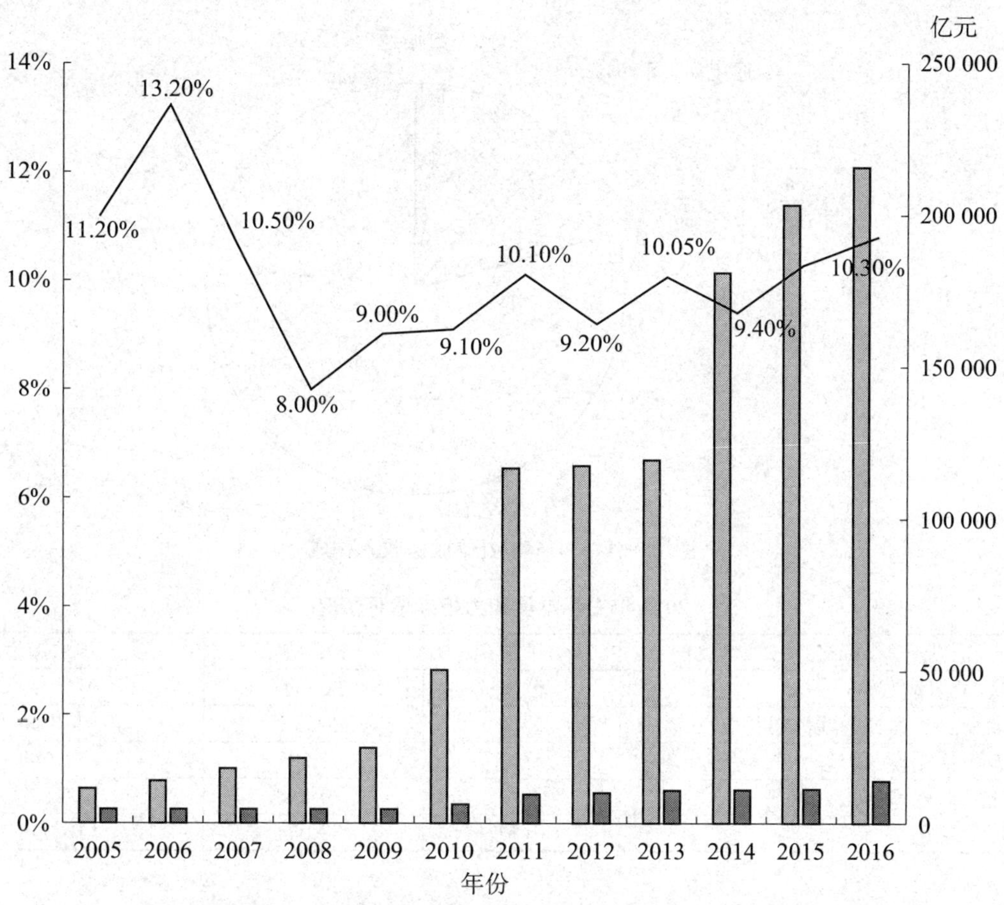

图 11—2　2005—2016 年电信综合价格水平下降情况（2016 年为预测值）

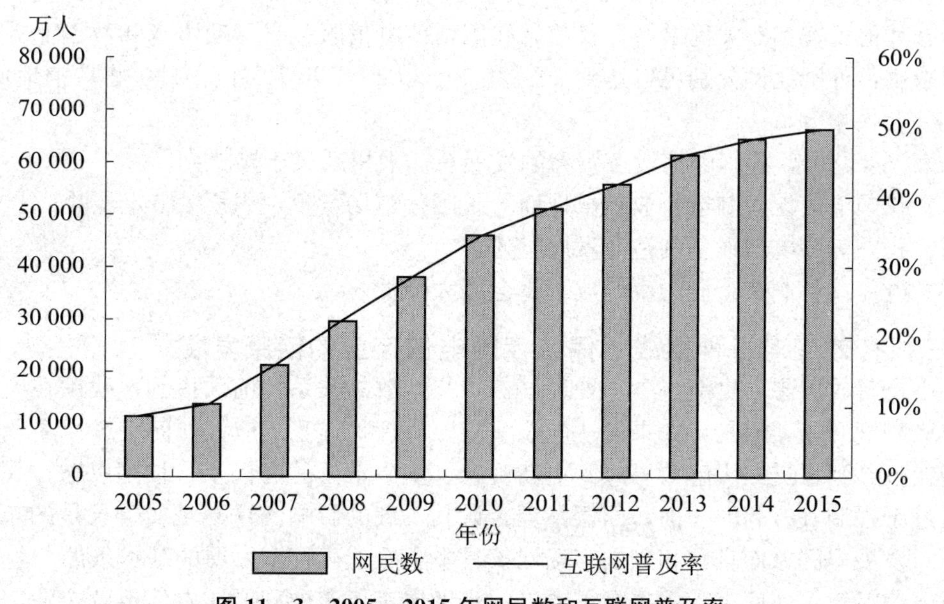

图 11—3　2005—2015 年网民数和互联网普及率

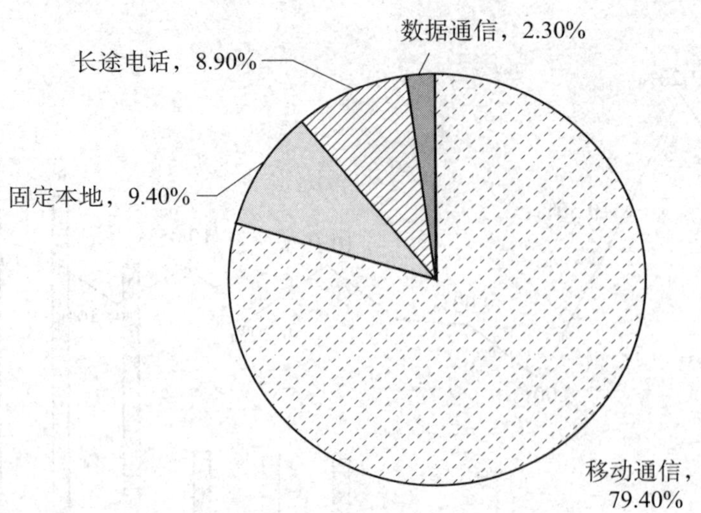

图 11—4　2016 年电信业务收入构成

表 11—6　　2014 年主要电信能力指标增长情况

指标名称	单位	2014 年	比上年末净增
光缆总线路长度	公里	20 460 000	3 010 000
其中：长途光缆线路总长度	公里	928 000	38 000
移动电话交换机容量	万户	204 537	7 980
固定互联网宽带接入用户	万户	20 048	1 157
移动宽带用户	万户	58 254	18 093

（二）中国电信业的入世承诺及其履行情况

按照电信产业的入世承诺，中国从 2002 年 1 月 1 日起分 4 批取消了信息技术产品关税。截至 2005 年 1 月 1 日，所有 256 个税目的信息技术产品全部实现了零关税，同时取消了所有其他税费和非关税措施。目前，我国增值电信服务、移动语音和数据业务均已取消地域限制，外资比例分别可以达到 50％和 49％。2007 年 12 月 11 日，将取消地域限制，外资比例上限 49％。

加入 WTO 后，我国电信设备贸易的发展总体上机遇大于挑战：

（1）我国电信设备制造企业较早地面对了国际市场竞争，积累了一定经验；

（2）我国民族电信设备制造业发展迅速；

（3）电信设备制造企业的生产成本将会大大降低。

（三）有效应对各种挑战，保持我国电信产业的健康发展

核心是解放思想、更新观念、处理好保护与开放的关系。前面提到，我国在电信设备领域早已高度开放，但是，如果发达国家实施贸易保护，我们应该如何应对？

现在已经到了进一步解放思想、更新观念、实事求是的时候了。长期以来，我们对经济开放过于强调其有利的一面，回避甚至否认其不利的影响。这不是实事求是的态度。实际上，对发展中国家而言，相当的市场保护是本土企业生存和发展的基本条件。

对电信运营企业而言，主要是需要进一步考虑市场定位问题。电信运营企业需要把同

本土企业的合作以及对本土企业的支持放在一个战略问题上考虑。在技术迅速变化的情况下，设备生产企业与设备使用企业之间经常进行面对面的交流是设备使用企业取得和保持竞争优势所必需的，而共同的文化背景是这种交流的重要基础。在本土企业已经成为一流的设备供应商、电信业务越来越复杂化的情况下，更是如此。

对电信设备企业而言，核心是如何继续有效执行“自主技术创新＋低成本＋差异化”的战略。考虑到国际经济中贸易保护主义抬头的情况，我国的电信设备企业需要大力加强与政府部门的沟通，力争国家的支持，争取一个良好的国际环境；即使出现了贸易保护主义的情况，也可以以中国市场为谈判基础，争取尽可能有利的贸易条件。

与对外政策紧密相关的一个问题是如何处理好竞争政策与自主创新的关系。为了促进自主技术创新，需要有很多政策及其配套，其中非常重要的一个问题是，要把打造以本土企业为主导的产业链放在重要位置。不要妄自菲薄，不要不相信本土企业；政府部门，特别是主管部门，要积极有为而不是徘徊等待；要通过明确无误而不是含含糊糊的优先支持自主技术创新的政策信号吸引产业链上的企业参加到产业链的建设之中。

（四）我国电信服务贸易发展的战略选择

1. 政府的政策选择

（1）充分利用世贸组织有关协议条款和相关规则；

（2）出台并完善《电信法》；

（3）营造公平、有效竞争的市场环境。

2. 电信企业的政策选择

（1）树立正确的信息产业意识；

（2）进行现代企业制度改革；

（3）提高通信能力，发送通信服务；

（4）推动业务创新，促进我国电信业的持续发展；

（5）电信企业要勇于“走出去”，参与国际竞争。

专栏 11—1

国际货运代理协会联合会

国际货运代理协会联合会（International Federation of Freight Forwarders Associations，法文缩写为 FIATA，即“菲亚塔”），是一个非营利性的国际货运代理行业组织。1926 年 5 月 31 日在奥地利维也纳成立，总部设在瑞士苏黎世，并分别在欧洲、美洲、亚洲和太平洋、非洲和中东四个区域设立了地区办事处，任命有地区主席。其中亚洲和太平洋地区秘书处设在印度孟买。

该联合会的宗旨是保障和提高国际货运代理在全球的利益，工作目标是团结全世界的货运代理行业；以顾问或专家身份参加国际性组织，处理运输业务，代表、促进和保护运输业的利益；通过发布信息、分发出版物等方式，使贸易界、工业界和公众熟悉货运代理人提供的服务；制定和推广统一货运代理单据和标准交易条件，改进和提高货运代理的服务质量，协助货运代理人进行职业培训，处理责任保险问题，提供电子商务工具。

该联合会的会员分为四类：一般会员，代表某个国家全部或部分货运代理行业的组织和在某个国家或地区独立注册的唯一国际货运代理公司，可以申请成为一般会员；团体会员，代表某些国家货运代理行业的国际性组织，代表与该联合会相同或相似利益的国际性货运代理集团，或其会员在货运代理行业的某一领域比较专业的国际性协会，可以申请成为团体会员；联系会员，货运代理企业或与货运代理行业密切相关的法人实体，经其所在国家的一般会员书面同意，可以申请成为联系会员；名誉会员，对该联合会或货运代理行业作出特殊贡献的人士，可以成为名誉会员。目前，有 86 个国家和地区的 96 个一般会员，150 多个国家和地区的 2 700 多家联系会员，代表 4 万多家货运代理企业、近 1 000 万从业人员。

国际货运代理协会联合会的最高权力机构是会员代表大会，下设主席团。主席团对外代表 FIATA，对内负责 FIATA 的管理。设有航空货运、海关事务、多式联运等研究机构，并成立了常设工作组，以及危险货物咨询委员会、信息技术咨询委员会、法律事务咨询委员会、公共关系咨询委员会、职业培训咨询委员会等常设委员会。该联合会制定了《国际货运代理业示范规则》《国际货运代理标准交易条件》以及有关单据和凭证格式，供会员采用。

FIATA 每年举行一次世界性的代表大会，即 FIATA 年会。大会通过 FIATA 上年度的工作报告和财务预算，并对一年内世界货运代理业所发生的重大事件进行回顾，探讨影响行业发展的紧迫问题，制定并通过主要的法规和条例，促进世界贸易和货运代理业健康发展。

FIATA 被联合国及许多政府组织、权威机构和非政府的国际组织，如国际商会、国际航空运输协会、国际铁路联合会、国际公路运输联合会、世界海关组织等认为是国际货运代理行业的代表。

专栏 11—2

中国旅游业的发展状况

随着市场经济的发展和人民收入水平的进一步提高，人们对旅游消费的需求将进一步上升，国内旅游业在国民经济中的地位和作用越来越重要。我国旅游市场规模稳步扩大，旅游业在创新发展中继续领跑经济增长。根据《中国旅游业统计公报》，2016 年国内旅游人数 44.4 亿人次，收入 3.94 万亿元，分别比上年增长 11％和 15.2％；入境旅游人数 1.38 亿人次，实现国际旅游收入 1 200 亿美元，分别比上年增长 3.5％和 5.6％；中国公民出境旅游人数达到 1.22 亿人次，旅游花费 1 098 亿美元，分别比上年增长 4.3％和 5.1％；全年实现旅游业总收入 4.69 万亿元，同比增长 13.6％。2017 年是实施“十三五”规划的重要一年，也是推进供给侧结构性改革的深化之年。国内旅游人数 50.1 亿人次，比上年同期增长 12.8％；出入境旅游总人数 2.7 亿人次，同比增长 3.7％；全年实现旅游总收入 5.40 万亿元，增长 15.1％。

旅游业作为第三产业的重点，是现代服务业的重要组成部分，据中国统计年鉴数据，旅游业产值占整个国民经济总产值的比重逐年上升，特别是近年来随着供给侧结构性改革的不断深化，我国旅游已经发展到大众化旅游中高级阶段，向日常休闲回归，差异化游憩环境逐渐成为休闲的手段。休闲需求进入越来越多百姓的日常生活，国内旅游需求旺盛，旅游投资维持高位，旅游就业稳步增加。其中 2016 年全国旅游业对 GDP 的综合贡献为 8.19 万亿元，占 GDP 总量的 11.01%；2017 年对 GDP 的综合贡献为 9.13 万亿元，占 GDP 总量的 11.04%；旅游行业直接就业人数 2016 年为 2 813 万人，2017 年为 2 825 万人，加上带动其他相关产业就业，旅游直接和间接就业总人数 2016 年为 7 962 万人，2017 年为 7 990 万人，占全国就业总人口的 10.28%。由此可见，我国旅游业在创新发展中继续领跑经济增长，旅游业对经济增长的拉动作用十分显著。

旅游业是一个关联性很高的行业，不仅能带动物质生产部门的发展，也能带动第三产业的迅速发展。只有具备一定的物质生活条件才能为旅游业的发展提供更好的服务，另一方面，旅游消费是最终端消费和综合性消费，在社会总需求特别是居民消费需求中占有十分重要的地位。据世界旅游组织的测算，1 元钱的旅游业直接收入，可以带来 4.5 元相关产业的收入，由此可知旅游业总收入对整个国家收入的带动作用是多么显著。它不仅为铁路、民航、公路、水路运输和旅馆住宿等输送了大量客源，而且对文化娱乐业有约 50% 的贡献率，对餐饮业、商品零售业的贡献率超过 40%。

从现在到 2020 年，是我国全面建设小康社会的关键时期，同样也是旅游业发展的关键时期。可以预期，未来 10 年内，随着我国经济社会的发展和人民生活水平的进一步提高，公民闲暇时间的增多，带薪假期的普遍实行，旅游条件的改观，国际旅游业发展的推动，我国人民的旅游热情将进一步焕发。可以肯定，未来我国旅游业市场前景广阔，需求潜力和发展空间很大。目前，我国刚刚实现每年人均出游 1.5 次的目标，而发达国家如美、日、韩等人均出游均在 7 次以上。据联合国世界旅游组织测算，2015 年中国将成为全球最大的入境旅游接待国和第四大出境旅游客源国。我国旅游业发展的目标是，到 2015 年，国内旅游人数达 33 亿人次，入境过夜游客人数达 9 000 万人次，出境旅游人数达 8 300 万人次，城乡居民年均出游超过 2 次；旅游业增加值占全国 GDP 的比重提高到 4.5%，旅游消费相当于居民消费总量的 10%，占服务业增加值的比重达到 12%。力争 2020 年我国旅游产业规模、质量、效益基本达到世界旅游强国水平。

本章小结

国际运输服务贸易是指以运输为主要交易手段所进行的国际贸易活动，即贸易的一方为另一方提供运输服务，以实现货物或其他商品在空间上的移动。通常我们所说的国际运输主要是指海洋运输服务。其他运输服务贸易还包括公路运输服务、铁路运输服务、航空运输服务、国际多式联运运输服务等等。随着中国国内运输业的迅速发展，中国的国际运输服务贸易业取得了显著的成果，成为中国最大的服务贸易进口部门。

旅游服务贸易是国际服务贸易的组成部分，对发展国民经济起到十分重要的作用：可以增加外汇收入，创造就业机会，优化产业结构。目前国际旅游服务贸易发展迅速，带动了许多国家的发展。中国拥有丰富的旅游资源。自 1978 年改革开放以来，旅游资源的优势已经逐渐转化为现实的经济优势，中国旅游业得到了迅猛发展。近 40 年来，中国旅游业在接待人数、外汇收入、旅游基础设施建设、旅游资源的开发和保护、旅游队伍建设等各个方面都取得了突出的成就。

电信业在促进国际贸易发展、加速经济发展与丰富人类生活等方面担任重要角色的观念已被广泛接受。国际电信服务贸易的基本特点是：其主要是通过各国电信网络系统的相互连接和交互操作来实现的。电信化是经济发展的必然趋势，未来电信服务将信息基础设施作为运行平台。国际电信服务贸易发展的特点主要有：国际电信服务迅猛发展，但是发展不平衡；各国电信服务发展的重点不同；国际电信服务竞争主体多元化等。

本章关键术语

国际运输服务贸易	海洋运输服务贸易	班轮运输服务
租船运输	货运代理	海运经纪业
船舶代理业	租船运输服务	国际多式联运
国际旅游服务贸易	国际旅游服务收入	国际电信服务贸易

本章思考题

1. 国际运输服务贸易的概念及其主要形式是什么？
2. 国际旅游服务贸易的主要作用是什么？
3. 简述我国旅游服务贸易的发展现状。
4. 简述国际电信服务贸易发展的主要特点。

第十二章 主要的国际服务贸易产业（下）

学习目标

- 熟悉国际金融服务贸易的基本内容及范围；
- 了解金融服务贸易的发展现状；
- 能够根据我国金融服务贸易的发展现状提出相应的对策；
- 掌握专业服务贸易的内涵及其发展现状；
- 了解国际信息服务贸易的范围界定和发展特点。

第一节 国际金融服务贸易

随着经济的发展，服务业在国民经济中所占的比重越来越大，其中金融服务业已经成为现代市场经济的血脉，是各种社会资源以货币形式进行优化配置的重要领域，甚至关系到整个国家的经济安全。第二次世界大战后，尤其是20世纪80年代以来，随着金融服务的国际化，金融服务贸易发生了重大的变化。证券市场进一步发展，金融中介机构增加，国际金融市场的管制逐渐放松，金融机构扩大了业务范围，权力越来越大，在金融活动中广泛应用信息技术，外汇管制也逐步放宽，所有这一切都大大推动了金融业服务贸易的发展。

一、国际金融服务贸易概述

国际金融服务在国际竞争中起着决定性作用。一国金融服务水平的高低，标志着其经济发展水平的高低。金融服务业的发展水平，则往往取决于该国金融服务业与世界金融市场一体化的程度。因此，随着经济的发展，一国的金融服务业必将与国际金融市场产生日益紧密的联系。

1986年开始的关贸总协定乌拉圭回合谈判中首次提出了金融服务贸易的概念。1994年乌拉圭谈判的最终文本，将金融业纳入自由贸易的范围。1990年，经济合作与发展组织（OECD）对金融服务贸易的定义为：金融服务贸易是由金融机构在提供或者接受以下服务的收入或者支出：（1）得到的和付出的直接投资的收益，包括未分配收益和利息。（2）从其他金融投资中得到的和付出的收益，即得到的和付出的利息及红利。（3）得到的和付出的手续费及佣金。

1994年，《服务贸易总协定》中的《金融服务附录》对金融服务贸易作出了具体解释：金融服务贸易是指由一成员的金融服务提供者向另一成员提供的任何与金融有关的服务。具体包括下列服务内容：（1）保险和与保险有关的服务，包括直接保险（又分为人寿险和非人寿险）、再保险和转保险、保险中介（如经纪人和代理机构）、辅助性服务。（2）银行及其他金融服务，包括：1）接受公众储蓄和其他应偿付的资金；2）各类借贷，包括消费者借贷、抵押贷款、信用贷款、代理和商业交易的资金融通；3）融资性租赁；4）所有的支付和货币交换服务，包括信贷、应付项目和借方信用卡、旅行支票和银行汇票；5）担保和委托业务；6）自有账户和消费者账户的交易，不论是兑换、证券经纪人、市场交易还是其他方式，包括货币市场证券支票、汇票及储蓄单外汇派生业务，该业务包括期货交易和期权交易，还包括互换交易、远期利率协议及可转让证券等交易；7）参与各类证券的发行；8）货币代理；9）资产管理，包括现金或有价证券的管理、各种形式的集体投资的管理、年金管理等，此外还包括金融资产的清算和结算服务，以及各项交易方面的咨询、中介和其他辅助性金融服务。

从关贸总协定对金融服务贸易的相关定义和提供方式来看，金融服务贸易可分为四种模式：

（1）跨境交付（或称过境交付，cross-border supply in financial services），指金融服务的提供者在本国向境外的非居民消费者提供服务，并获得报酬。它是基于信息技术的发展和网络化的普及而实现的跨越国界的远程交易，服务内容本身已跨越了国界，而服务的提供者与消费者在各成员之间并不需要移动而实现的跨境服务贸易。

（2）境外消费（consumption abroad in financial services），指金融服务的提供者在本国境内为其他成员的消费服务者（外国居民和法人）提供服务，并收取报酬。其特点是：服务消费者移动到WTO参与方任何其他成员境内接受金融服务。

（3）商业存在（commercial presence in financial services），指一国的金融机构获准到其他成员境内设立商业企业或专业机构，如果具有法人资格就可以以该国居民的身份为当地的消费者提供金融服务，并获取报酬。其特点是：服务提供者到国外设立提供金融服务的商业银行或专业服务机构，这种服务的特点是以银行业和其他金融服务业的对外直接投资为基础，同时也涉及资本和专业人士的跨国流动。该贸易模式有利于避免跨境交付的限制，迎合了东道国消费者的“本土偏好”，还便于外国金融机构与当地建立长期的业务关系。在某一成员领土内的商业存在可以是任何形式的，无论是合并、收购还是创办独资或部分所有的子行（公司）、分行（公司）、代表处或其他。

（4）自然人流动（movement of natural persons in financial services），指金融服务提

供者以自然人形式获准到另一成员境内为当地消费者提供服务，并收取报酬。其特点是：服务提供者是作为自然人的跨国移动，是暂时到任何其他成员（国家或地区）境内为服务接受者提供金融服务，这种服务的存在具有个体性和暂时性，它区别于商业存在，不具有投资行为，也不设立机构。

在以上四种金融服务贸易供应模式中，境外消费和自然人流动这两种模式在实际的交易中所占份额很小，所以金融服务贸易的提供方式主要是跨境交付和商业存在两种模式。

金融服务贸易作为服务贸易的重要形式之一，具有以下特点：

第一，无形性与不可分离性。金融服务贸易的金融服务产品是无形的，它具有不可感知性、不可储存性和不易运输性，所以，金融服务的出口方式是多样化的。金融服务贸易所具有的另一个典型特征是具有不可分离性，它的生产、流通与消费是紧密结合在一起的，是同时发生的。

第二，不确定性。由于金融服务贸易的产品是无形的，影响金融服务的因素很多，不但受市场不确定性的影响，而且受国家政治经济环境、政府决策、出台的政策、规则等因素的制约。这些不确定因素使金融服务供求具有不确定性，金融服务产品的价格因而具有不确定性，在这种情况下，一国的经济可能会受到影响。

第三，资本的国际流动功能。在金融服务贸易自由化的背景下，与一般的有形商品和其他服务贸易不同，资本可以在国际自由流动，开放的金融服务贸易条件能够加速资本的国际流动，为其创造便利条件，加强国际金融经济的合作。

随着知识经济时代的到来，贸易自由化的呼声也越来越高，关于金融服务贸易自由化的话题也越来越引起人们的关注。一国必须开放金融服务业，发展金融服务贸易，主要是以此换取其他贸易领域的好处，其对国家竞争力的提升作用间接地反映在其他贸易领域的蓬勃发展所带来的一国经济实力的强大上。同时，金融服务贸易自由化促进了本国金融业与国际接轨。当前发达国家先进的金融业运行机制，在竞争中促进了本国金融业的强大和金融人才的成长。因此，金融服务贸易在有价付出的同时对国家竞争力的提升发挥着积极的作用。

二、国际金融服务贸易的发展现状

近年来，服务贸易在全球贸易中所占比重越来越大，而金融服务贸易作为服务贸易的重要形式之一，获得了高速的发展。2014 年，世界金融服务贸易出口额达 4 150 亿美元，欧洲和美国等发达国家和地区仍然是全球金融服务贸易的最大出口国家和地区（见表 12—1）。

表 12—1　　2013 年和 2014 年世界金融服务贸易主要出口地区分布

	出口额（10 亿美元）		世界占比（%）	
	2013	2014	2013	2014
世界	400	415	100	100
北美地区	92	95	23	22.9
南美和中美地区	5	3	1.3	0.7
欧洲地区	239	248	59.8	59.8

续前表

	出口额（10亿美元）		世界占比（%）	
	2013	2014	2013	2014
欧盟	214	225	53.5	54.2
独联体	3	2	0.8	0.5
亚洲	57	64	14.3	15.4

资料来源：WTO，International Trade Statistics 2015.

2013年，世界金融服务贸易进口中位列前三的是欧盟、美国和印度；中国跻身第8位，进口额为37亿美元，在前十位中占比2.2%（见表12—2）。

表12—2　　2013年世界部分主要国家金融服务贸易进出口情况

排名	出口			进口		
	国家/地区	金额（10亿美元）	前十位中占比（%）	国家/地区	金额（10亿美元）	前十位中占比（%）
1	欧盟	213.9	56.0	欧盟	111.2	67.6
2	美国	84.1	22.0	美国	18.7	11.4
3	瑞士	24.1	6.3	印度	5.9	3.6
4	新加坡	18.4	4.8	瑞士	5.3	3.2
5	中国香港	16.5	4.3	加拿大	4.8	2.9
6	加拿大	7.7	2.0	中国香港	4.2	2.6
7	印度	6.4	1.7	新加坡	3.8	2.3
8	日本	4.6	1.2	中国	3.7	2.2
9	中国	3.2	0.8	日本	3.6	2.2
10	挪威	3.1	0.8	俄罗斯	3.4	2.1

资料来源：WTO Database.

三、我国加入WTO之后金融服务贸易的发展

（一）我国金融服务贸易发展现状

1. 中国跨境服务贸易

2014年，中国金融服务贸易进出口总额从2013年的63.4亿美元增长到101亿美元，其中出口额为46亿美元，进口额为55亿美元，分别是2013年的1.6倍（见图12—1）。2003—2014年，中国金融服务贸易出口额从2.3亿美元提高到55亿美元，年均增长33%。

2. 中国商业存在

（1）国内的商业存在。

截至2013年底，共有51个国家和地区的银行在华设立42家外资法人机构、92家外国银行分行和187家代表处。36家外资法人银行、57家外国银行分行获准经营人民币业务，30家外资法人银行、27家外国银行分行获准从事金融衍生产品交易业务，6家外资法人银行获准发行人民币金融债，3家外资法人银行获准发行信用卡。

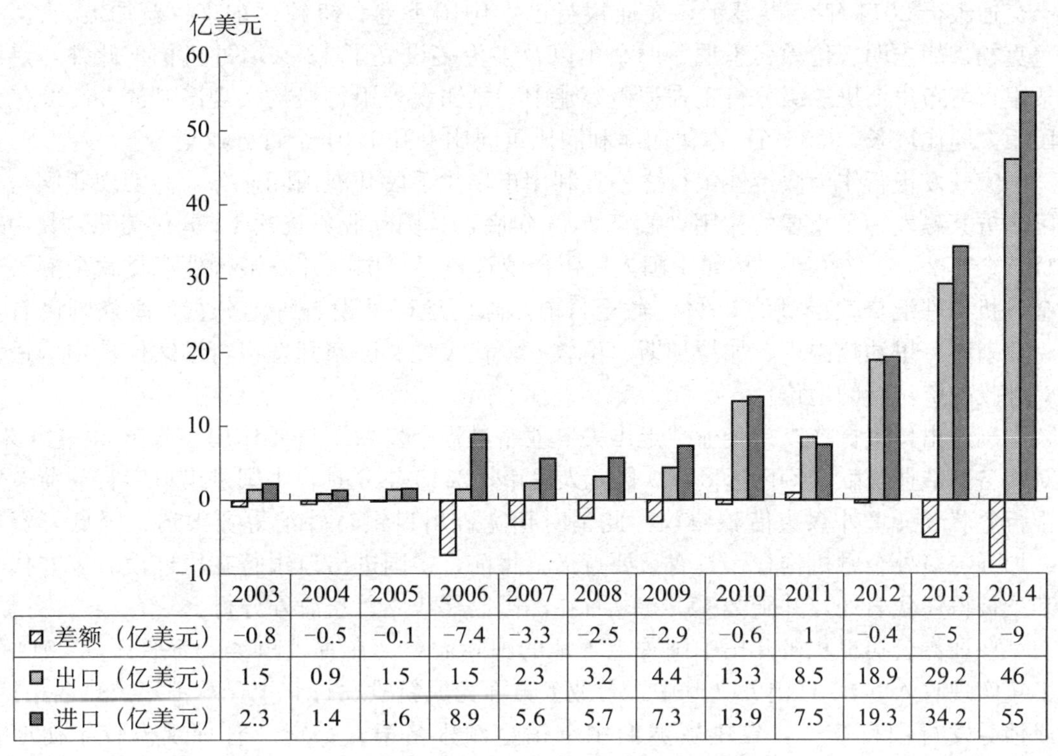

	2003	2004	2005	2006	2007	2008	2009	2010	2011	2012	2013	2014
差额（亿美元）	−0.8	−0.5	−0.1	−7.4	−3.3	−2.5	−2.9	−0.6	1	−0.4	−5	−9
出口（亿美元）	1.5	0.9	1.5	1.5	2.3	3.2	4.4	13.3	8.5	18.9	29.2	46
进口（亿美元）	2.3	1.4	1.6	8.9	5.6	5.7	7.3	13.9	7.5	19.3	34.2	55

图 12—1　2003—2014 年中国金融服务进出口情况

截至 2013 年底，外资银行在我国 27 个省（市、区）的 69 个城市设立了机构，初步形成具有一定覆盖面和市场深度的总行、分行、支行服务网络，营业网点达 947 家。在华外资银行营业机构的资产总额 2.56 万亿元，同比增长 7.45%；各项贷款 1.11 万亿元，同比增长 6.47%，不良贷款率 0.49%；各项存款 1.49 万亿元，同比增长 4.72%；流动性比例 72.42%；实现税后利润 140.34 亿元。

2016 年，外资银行的不良贷款率为 1.26%，资产利润率为 1.05%，资本充足率为 19.19%。截至 2015 年 6 月，境外证券类机构在中国境内共计设立了 318 家代表机构。

截至 2015 年，五大行引进外资战略投资者中，外资战略投资者股权占比最大的是交通银行，为 19%，中国工商银行最低，为 8.46%。

(2) 国外的中国商业存在。

截至 2014 年末，中国银行拥有的海外机构为 628 家，集团海外资产较年初增长 18.11%，海外资产在集团中的占比达到 27.41%，比年初上升 1.65 个百分点；海外机构利润总额增长 29.91%，利润总额对集团的贡献度达到 22.98%，比上年上升 3.60 个百分点。

中国工商银行则通过机构申设和并购等方式积极推进国际化经营战略，加快境外机构布局。截至 2014 年底，中国工商银行已经在全球 41 个国家和地区设立了 338 家海外机构，实现净利润 151 亿元人民币，增长 35.6%，拉动集团利润增长 1.4 个百分点。同时，通过参股南非标准银行间接延伸至 20 个非洲国家，形成了横跨亚、非、拉、欧、美、澳的全球服务网络，能够更有效地为“走出去”的企业提供各种金融服务。

交通银行2014年年报显示，交通银行已在中国香港、纽约、东京、新加坡、首尔、法兰克福、胡志明、伦敦、悉尼、旧金山以及多伦多设立了13家境外机构；此外，卢森堡子银行与布里斯班二级分行正在积极筹建中。集团境外银行机构实现净利润36.22亿元人民币，同比增长29.36%，占集团净利润比重同比上升1.01个百分点至5.50%。

国家开发银行作为政策性银行之一，利用市场化手段开展国际业务，为实现我国与合作国多方共赢发挥了重要的作用。截至2014年底，其国际业务贷款3 198亿美元，其中表内贷款余额2 762亿美元。按照中国人民银行统计口径，国家开发银行外汇贷款余额占全国金融机构外汇贷款余额的29%。截至目前，除内地以外设有香港分行，海外则设有开罗、莫斯科、里约热内卢、加拉加斯、伦敦五家代表处。国家开发银行继续保持中国最大的对外投融资银行的地位。

中国进出口银行在支持企业“走出去”战略过程中发挥了重要作用。截至2014年末，其对装备制造业贷款余额已近8 000亿元人民币。2015年6月，中国进出口银行与荷兰安智银行签署欧元境外双边借款协议，此举对拓宽进出口银行外汇筹资渠道、降低筹资成本、加强与境外金融机构合作具有重要意义。目前，中国进出口银行在境外设有东非代表处和圣彼得堡代表处，并于2013年10月在法国巴黎成立首家海外分行。

一些证券公司也积极开拓中国香港等地的国际业务。在香港市场，海通证券2014年上半年实现收入6.88亿港元，其中投行业务方面完成新股发行6个，承销家数排名第四；完成债券发行项目5个，在中资券商中承销金额排名第二；资产管理规模较年初增长24%；成功完成首只由中资券商在海外发行的RQFII300ETF指数基金，境外业务实现利润总额2.1亿元，占比5.5%；2014年12月，海通证券斥资3.79亿欧元收购欧洲某投资银行，通过后者广泛的分支机构来布局其海外及新兴市场业务。中信证券国际2015年5月4日宣布联合里昂证券设立全球性企业融资与资本市场业务“中信证券国际资本市场”，以悉尼和伦敦为业务基地开展跨境金融服务。

（二）我国加入WTO金融服务业承诺履行情况及最新开放情况

2009年以来，经国务院批准，人民银行逐步取消人民币用于跨境结算的限制，基本建立了人民币国际使用的政策框架，有力促进了贸易投资便利化。随着人民币国际使用逐步扩大，截至2015年5月末，我国境内银行非居民人民币存款余额达到2.1万亿元；到2015年4月末，境外中央银行和货币当局持有人民币资产余额约6 667亿元。人民币国际合作成效显著，截至2015年5月末，人民银行与32个国家和地区中央银行和货币当局签署了双边本币付款协议，协议总规模达到3.1万亿元人民币；在15个国家和地区建立了人民币清算安排，支持人民币成为区域结算货币。2015年4月，人民币在国际上继续保持第五大支付货币地位，市场占有率上升了2.07%。

2015年丝路基金正式起步，并于4月20日与三峡集团及巴基斯坦私营电力和基础设施委员会在伊斯兰堡共同签署了《关于联合开发巴基斯坦水电项目的谅解合作备忘录》，按照市场化、国际化、专业化的方向开展实质性投资运作。

在货币合作方面，2015年，中国人民银行与多个国家或地区签署合作备忘录和双边本币互换协议。为加快建设更加开放透明、具有广度和深度的债券市场，更好地发挥市场资源配置的功能，2015年7月，人民银行发布了《中国人民银行关于境外央行、国际金融组织、主权财富基金运用人民币投资银行间市场有关事宜的通知》，将相关申请程序简化为备案制，取消了对上述机构的额度限制，将其投资范围从现券扩展至债券回购、债券借贷、债券远期、利率互换、远期利率协议等交易，并允许其自主选择人民银行或银行间市场结算代理人为其代理交易和结算。

四、提高中国在金融服务贸易上的国际竞争力

目前，我国金融服务业发展的整体目标是保护与发展并重，借鉴其他国家市场开放的经验，在充分利用 WTO 有利条款的同时，积极提高国内金融服务业的竞争力，充分发挥其资源配置的作用，使其成为我国国民经济健康、稳定发展的中枢。但是目前来说，中国金融服务贸易的发展还存在许多问题，要想进一步提升我国金融服务贸易的竞争力，需要采取以下措施：

（一）完善金融服务业相关法律法规

完善我国金融服务业的相关法律法规，是国内金融企业和外资企业公平竞争的准绳。目前，我国在金融服务业的法律法规方面还很不完善，应加快建设步伐。

在银行方面，目前我国还没有完整的外资银行法，这显然不利于全面规范外资银行在中国境内的业务经营活动。外资银行法的制定已刻不容缓，应以国民待遇为基准，尽快制定外资银行法。该法规的作用主要包括：（1）强化对外资银行的监管，规范内外资银行、外资银行之间的竞争，避免盈利业务集中于外资银行，而亏损业务全部留在中资银行。（2）有利于控制外资银行的进入速度。许多国家都采用适当控制外资银行来源国分布、总数以及每家外资银行分支机构数量的方法，从而确保本国银行在银行体系中的份额，以防止外资银行对其国内金融市场的垄断经营或控制。中国应当借鉴国外对外资银行进入的准入条件和监管措施，控制外资银行的进入速度。对外资银行的审批速度要适当，掌握节奏，避免外资银行在短时间内大量涌入。（3）适当控制外资银行的扩张速度。通过对外资银行的资产规模和经营业绩等方面提出要求进而实行有效监管，以达到适当控制外资银行扩张速度的目的，这是西方一些国家经常采用的措施。（4）引导外资银行向不发达地区发展。目前中国经济发展中的区域不平衡问题比较突出，为此应当参照国外做法，采取一些优惠措施鼓励外资银行进入不发达地区，以便使外资银行在中国经济发展中发挥更重要的作用。（5）鼓励外资银行参与处置国有商业银行不良资产。目前中国正在通过债转股方式处理国有商业银行的不良资产，其中会涉及大量的不良资产出售，外资银行将是重要的投资者之一。

在证券业方面，一是要继续加快现有证券业的立法，尽快实现与国际资本市场的并轨。与西方发达国家的证券市场相比，我国现有的证券法律框架还不尽完善，一些相关法律还是空白，这不仅使国内现有交易行为缺乏必要的管理依据，还将会给外资的进入留下投机空间。二是进一步加大对《证券法》的完善，并加强执法力度，切实规范市场主体的从业行为。如完善证券投资者赔偿制度，建立中小投资者集体诉讼机制，完善《证券法》与《公司法》《合同法》《企业破产法》《竞争法》等法律的配合实施等。

在保险业方面，《保险法》的颁布实施标志着中国保险业开始走上法制化的发展轨道。但是，对于《保险法》颁布、实施后迅猛发展的寿险业务来说，许多新的问题在《保险

法》和相关管理办法中并没有明确规定。从我国目前的情况来看，我国的保险公司在运作中还存在许多不符合国际惯例的做法，这些都亟待完善。

（二）加快金融机构改革，建立现代金融业服务体制

在完善法律环境的同时，我国金融服务业企业必须加快自身改革，建立起现代服务体制。大力推进金融服务机构的股份制改造、改组及集团化，建立现代金融企业，使产权结构、技术创新、资产质量、制约和激励机制及服务效率等合乎国际标准。让企业按照市场机制的要求，参与金融服务贸易的竞争。

商业银行在金融服务业中占有较大比重，我国金融服务业的改革重点将主要是商业银行的改革。在国有商业银行现有产权制度的基础上，从组织结构、激励机制、内部管理、产权制度等方面进行一系列改革，加快国有银行股份制改造进程，减轻国有商业银行负担，彻底解决国有银行不良资产问题；在管理和经营制度上率先与国际接轨，落实商业银行经营活动自主权，建立现代商业银行运行机制，提高风险管理能力；加强内部控制制度建设，完善内部稽核与监察体制、资产负债比例管理制度、贷款审贷分离和贷款担保抵押制度、信贷资产质量管理责任制度等。

在证券业方面，应尽快建立和完善与证券市场发展相适应的多重交易制度和交易规则，积极推进和完善大宗交易制度，引入卖空交易机制，完善协议转让和要约收购制度，逐步改革国有股和法人股无法流通以及 A、B 股分割制度，完善重大信息披露制度，健全相关民事诉讼制度等；还应完善证券发行制度，完善证券发行与定价技术、证券发行核准制度、证券发行中的信息披露制度以及证券的国际化与品种创新，最终建立一个层次多样、各具特色的证券市场体系。

在保险业方面，在体制上，要加快推进国有保险公司的股份制改革，完善股份制保险公司的法人治理结构和内部控制制度，鼓励符合条件的保险公司规范上市，拓宽保险资金的投资渠道；在观念上，摒弃不讲信用、粗放经营、短期行为的思想，坚持诚信为本、效益优先、可持续发展的观念；在产品服务上，大力开发市场有需求、核算有效益的产品，为投保人提供多层次、全方位的优质服务，扩大销售渠道，改革销售方式，方便客户投保。及时转换内部经营机制，推进保险业的市场化改革，按照市场要求和国际惯例组织经营，形成符合国际要求、具有中国特色的民族保险业的竞争机制，建立公平、有序的保险市场体系，增强保险企业的市场适应能力和国际竞争力。

（三）注意金融服务业均衡发展

首先，应协调发展金融服务业的各行业，进一步完善与我国经济体系相适应的以信托、银行、证券、保险为四大支柱，以其他非银行金融业为补充的金融服务业体系，加快信托业、证券业和保险业的发展，加强金融服务业的资源配置功能，促进金融资源的合理流动，提高资源配置效率。

其次，应注意金融服务业的地域协调发展。金融服务业在东部地区优势明显，但中部和西部地区的差异不大。西部大开发将极大地促进该区域金融服务业的发展，同时中部地区应发挥承东启西的区位优势，挖掘自身潜力，防止许多专家提出的“中部塌陷”现象的发生。

（四）积极探索国际化经营

在我国金融服务业对外开放不断扩大的同时，我们应该看到，我们也将面临更为广阔的国际金融服务业市场。我国的金融服务业企业应抓住机遇，积极开拓国际市场，探索国际化经营的有效途径。可以通过加快海外营业网点的建设，为境外企业在当地提供富有特色的金融服务；积极争取境外客户，扩大业务范围，提高资产存量，加快资金流速；学习和熟悉海外市场，向国际惯例靠拢，为全面参与全球一体化的资本市场竞争积累经验。

（五）大力培养金融人才

金融服务对从业人员的教育和技能要求很高，金融人才将是未来金融服务竞争的焦点。目前我国金融服务业各领域的从业人员素质不高，服务质量较低，服务价格偏高，竞争力弱。金融人才的缺乏将是制约我国金融服务业未来发展的最严峻的挑战之一。

改革开放近 40 年来，中国高度重视金融人才培养和队伍建设，为适应中国经济、金融快速发展的需要，实施了金融人才战略。我国应当继续推行这一战略，多渠道加强金融人才资源开发和能力建设，以适应我国金融服务业发展的要求。金融服务业专业人才的培养不应仅局限于单纯的技术和操作层面，更应注重新一代创新型、复合型、国际化通用人才的培养，形成以高、中级专业人员为主体的结构合理的人才队伍。

第二节　国际专业服务贸易

一、专业服务贸易概述

（一）专业服务贸易的含义

专业服务，一般是指当事一方运用自己的知识、技术、经验和有关信息，采用科学的方法和先进的手段，根据委托人的要求对有关事项进行调查、研究和分析等，并提供可靠的数据、法律依据、客观的论证与判断和具体意见。专业服务业主要包括建筑师事务所、信息咨询公司、律师事务所、会计师与审计师事务所、财务咨询公司等，因其内含丰富的知识价值量，它又被誉为知识经济的灵魂产业。专业服务业以独立、科学、专业的运作方式，精确、务实的行业特点深得其他众多行业的信赖，同时也使众多行业减轻了负担，人力、物力、财力得到了科学的使用，为社会减少了消耗，创造了财富。随着知识经济时代的到来，以知识为主要经营资本的专业服务业更是显示出它在经济发展中的重要地位。通过参与专业服务领域的竞争，可以促使本国专业服务迅速壮大，加快专业服务水平的提高，从而提高国家竞争力。

专业服务贸易是指国家之间专业服务的交换。专业服务贸易涉及的范围广泛，类型多样，它是随着科技进步和经济生活专业化、国际化的发展而兴起的一个新兴服务贸易领域，有着广阔的市场前景。WTO 把专业服务贸易列为商业服务贸易的一种，具体包括以下几方面：（1）法律服务，如律师业；（2）会计、审计与簿记服务，如会计师、审计师等；（3）税收服务；（4）建筑服务；（5）工程服务；（6）综合工程服务；（7）城市规划与风景建筑物服务；（8）医疗与牙科服务；（9）兽医服务；（10）助产、护士、医疗与护理人员提供的服务；（11）其他专业服务。

（二）专业服务贸易的形式

专业服务形式多种多样，可以通过直接的面对面的服务提供者与消费者进行交换，也可通过间接的销售渠道，如电信渠道进行交换，或通过某些机构、联盟或在海外的常驻代表把这种服务提供给消费者。主要有四种形式：

1. 过境交付

一国专业服务提供者不需要与消费者直接接触，而是通过一定的媒体，如电信、邮电、计算机网络向其他国家的服务消费者提供专业服务。比如工程技术人员可以坐在家里利用计算机网络为海外机构设计图纸和开展咨询，注册会计师也可以通过计算机网络为海外客户提供会计服务等。这种交易方式会随着科技的进步而不断增加。

2. 境外消费

一国消费者到另一国接受专业服务，如本国病人到外国就医治疗等。

3. 商业存在

一国允许专业服务提供者以经营实体的方式到本国来开业，如外国律师事务所、会计师事务所到本国设立办事处或分支机构，直接面对消费者提供服务。这种形式是专业服务贸易主要的交易方式，也是迫切需要开放的领域。

4. 自然人流动

一国专业服务提供者个人以自然人身份进入他国提供专业服务。如国外工程师、医生、律师等到本国从事个体专业服务等。

总之，这四种交易方式都是专业服务提供者的交易行为。专业服务的消费者是专业服务的进口方，专业服务的提供方是专业服务的出口方。

专业服务贸易是服务贸易中迅速崛起的新兴服务领域，是《服务贸易总协定》的重要项目。在乌拉圭回合服务贸易谈判中达成的有关专业服务贸易的一系列法律规范，是各国进行专业服务贸易的基本准则。有关专业服务的法律规范，主要包含在《服务贸易总协定》及《服务贸易总协定》下设的第二个附件——《根据本协定自然人服务活动的附件》和部长级会议作出的《有关专业服务的决定》中。

（三）国际专业服务发展趋势

专业服务业的产业基础是第三产业。专业服务业从第三产业中分离出来是社会分工对多样化社会需求的适应结果。其发展可分为两个主要的阶段。第一阶段是从20世纪50年代至70年代中期，是专业服务初步发展阶段，这一阶段开始应用现代科技手段和通信手段。第二阶段是从20世纪70年代到现在，是专业服务全球化发展时期。专业服务的国际贸易迅速增长，全球进出口贸易的中心逐渐从货物贸易进出口转移到服务贸易进出口。

目前，世界专业服务业的发展呈现出以下趋势：

（1）智囊化，是指研究具有综合性，人员以多种知识结构为特征，成果以“主意”形式出现的一种现象。

（2）超脱化，是指“谋”“断”分开，使一部分“决断者”（如政府机构企业等）成为主要的咨询用户。目前，接受世界银行、亚洲开发银行等国际援助组织委托的咨询机构，一般都要接受这些援助组织关于超脱化状况的详细调查。

（3）多元化，是指咨询服务内容由单一性向多样性发展的趋势。

（4）联网化，是指各专业咨询服务机构，包括国内各咨询机构之间和国际咨询机构之间的联网发展。联网化是开展专业服务合作咨询的基础，有助于增加信息使用量和人才之间的取长补短，扩大业务能力，提高服务质量。联网化发展成为广泛采用的一种专业服务咨询合作方式。

（5）系统化，是指咨询机构和服务对象通过现代通信手段形成的服务系统。

（6）规范化，是指专业服务咨询机构的组织机构、所依托的数据库、咨询人员素质要求和咨询服务程序，都越来越采用国际通用的标准。规范化有助于专业服务咨询机构和人员之间开展协作。

（7）固定化，是指越来越多的咨询机构和服务对象建立起固定的业务联系。

（8）兼职化，是指专职咨询队伍不断扩大的同时，兼职咨询人员也在不断增多。不少国家大力鼓励技术和管理人员兼职咨询。

（9）一揽化，是指发展包括咨询服务在内的一揽子服务这种现象。从全世界来看，现在越来越多的咨询服务不再脱离其他服务内容而提供独立服务了。

（10）国际化，是指国内咨询业经过一段时间的发展以后，都逐步谋求向国外发展，在国际咨询市场上展开竞争。

下面我们将详细介绍专业服务贸易的三个主要项目：会计服务贸易、律师服务贸易和医疗服务贸易。

二、会计服务贸易

（一）会计服务贸易概述

会计服务是注册会计师以会计师事务所为组织形式，接受委托人的委托，提供审计和会计咨询等服务。

会计服务最早产生于英国，在西方发达国家有100多年的历史，已成为服务业的一个重要组成部分。随着世界经济交流日益频繁，国际商品、资本、技术、知识、劳动力和信息的流动达到了空前的规模，会计服务国际化已成为必然趋势，跨国界的会计服务发展很快。国际会计联合会的成立，《国际会计准则》《国际审计准则》的颁布和实施，为会计服务贸易的发展创造了优越条件。

会计服务的发展逐步形成了会计师职业，发达的注册会计师事业是发达的市场经济的重要标志之一，注册会计师制度已成为当今世界各国进行经济交往的一个必要条件。注册会计师执业资格由有关部门审核批准，注册会计师是以会计师事务所的形式对外开展服务的，他们只有加入会计师事务所才能接受委托，面向社会提供服务。

注册会计师业务主要包括审计和会计咨询两大领域。注册会计师审计是由会计师事务所的注册会计师接受委托，以被审计单位在一定时期内的全部或部分经济活动为对象，进行审核检查，收集和整理证据，确定其实际情况，对照法规和一定的标准判断经济活动的合规性、合法性、合理性和有效性，以及有关经济资料的真实性和公允性，并出具审查报告或证明书的经济监督、评价和鉴证活动。会计咨询是以会计专业知识为基础，运用会计专业人员的智慧，帮助委托人解决会计方面的问题，受托帮助企业建立健全会计制度，进行企业经营诊断，建立会计电算化系统，以及对重大经济决策和项目的实施进行论证等方面提供咨询服务。

第二次世界大战后，发达国家通过各种渠道推动本国公司向海外扩展，从而使跨国公司有了大规模发展。国家间资本的相互渗透带动了注册会计师的跨国界发展。为了向分设在不同国家和地区的跨国公司提供服务，一些国家的会计师事务所纷纷联合组成大规模的会计师事务所，以应付日益复杂的会计业务。这些国际会计师事务所机构庞大、人员众多，有统一的工作程序和质量要求，能适应不同国家和地区的业务环境，在国际经济活动中发挥着越来越重要的作用。近年来，世界各大国际会计师事务所积极参与世界会计服务市场的竞争，其在世界各国设立的成员所、联系所的数量逐年增加。注册会计师的业务领域有较大的扩展，从审计扩展到会计咨询、财务人员培训和各种代理等，业务收入也逐年上升。

（二）中国会计市场的开放

中国经济的改革开放，以及跨国投资和国际贸易的发展，使中国会计市场的对外开放成为必然。中国会计市场的开放包括两个方面：一个是对内开放，即在国内形成一个统一、跨地区、跨行业的独立审计、会计咨询、会计服务体系；另一个是对外开放，即参加WTO谈判有关会计市场准入条件的提出并履行相关责任和义务，对境外会计师事务所及注册会计师开放进入中国境内执行业务。二者是统一的，相互联系的。在1993年关贸总协定服务贸易谈判中，中国政府对对外开放包括会计市场在内的服务贸易市场作了承诺。中国会计师事务所开放方式主要包括下列五种：

1. 境外会计师事务所在中国境内设立常驻代表处

2014年11月，财政部印发了《财政部关于调整完善注册会计师行业有关行政管理事项的通知》，明确境外会计师事务所确需在中国境内设立常驻代表机构，或者已设立代表机构需要延期的，依法由工商登记机关办理相关手续，不再履行财政审批程序。这一做法，改变了已沿用近20年的境外会计师事务所在境内设立代表处的审批制度，受到境外会计师事务所以及企业的由衷欢迎。

2. 国际会计师事务所在中国境内发展中国成员所

为了促进中国会计师事务所进行体制改革，尽快与国际接轨，加速培养一批具有国际水平的中国注册会计师，同时，为了更好地满足国际会计师事务所开拓中国会计市场，提高竞争能力的需要，将允许国际会计师事务所在一定时期内、一定条件下，到中国境内发展多个成员所。目前，已批准了两家中国会计师事务所成为国际会计师事务所的成员。

在发展成员所的过程中，对尚不具备成员所条件的中国会计师事务所，经中国注册会计师协会报财政部批准后，可采取联营所的方式进行合作。

3. 设立中外合作会计师事务所

根据修改前的《中华人民共和国注册会计师法》第44条的规定，外国会计师事务所与中国会计师事务所共同举办中外合作会计师事务所，须经国务院对外经济贸易主管部门或者国务院授权的部门和省级人民政府审查同意后，报国务院财政部门批准。截至目前，中国已批准设立了 9 家中外合作会计师事务所。

4. 对外开放中国注册会计师考试

中国注册会计师考试是 1991 年开始实行的。1994 年，这一考试开始对外开放。截至 2017 年第一季度末，中国注册会计师协会非执业会员中国外及港澳台地区有 566 人，占中注协非执业会员总数的 0.5%。全科合格人员已经获得批准加入中国注册会计师协会，成为非执业会员，在一定条件下经过一定的首选，可以取得中国注册会计师资格。

5. 境外会计师事务所在中国境内临时执业

没有在中国境内设立机构的境外会计师事务所，应境外客户的要求，需要在中国境内执行业务的，可以向省级以上财政部门（注册会计师协会）申请取得临时执行的审计业务许可证，方可在中国境内临时执行审计业务。但已经设有合作事务所或分支机构及成员所的，不能申请临时执业许可证。

三、律师服务贸易

在实践中，法律服务国际化的提供体现为以下四种：

（1）跨境提供方式，主要是通过函件、电信等手段提供法律服务，但外国律师及律师行均不进入本国，本国律师及律师行亦不进入外国。

（2）境外消费方式，是指本国当事人出国，在境外获得外国律帅提供的法律服务，或者是外国当事人入境，由当地律师为其提供法律服务。

（3）商业存在方式，即外国律师在东道国设立律师事务所或办事机构，向东道国当事人提供服务，或者本国律师设立律师办事机构，向境外当事人提供法律服务。

（4）人员进入方式，即外国律师进入东道国为当事人提供现场法律服务，或者本国律师在境外为当事人提供面对面的法律服务。

（一）律师服务贸易概述

律师服务贸易，包括律师服务和公证服务两方面的内容，不包括国与国之间的司法协助等。

1. 律师服务

律师是指依法取得律师职业证书，为社会提供法律服务的执业人员。律师服务是指律师依法通过担任法律顾问，代理刑事、民事、行政诉讼，代理各类诉讼案的申诉，参加调解、仲裁，代写诉讼文书及有关法律事务文书等为社会提供与法律有关的服务。律师服务国际化主要包括两层含义：一是本国律师到外国去设立办事处或与对方合作；二是允许外国律师到本国设立办事处。

律师服务的范围包括：

（1）接受公民、法人和其他组织的邀请，担任法律顾问；

（2）接受民事案件、行政当事人的委托，担任代理人，参加诉讼；

（3）接受刑事案件犯罪嫌疑人的聘请，为其提供法律咨询、代理申诉和控告，申请取保候审，接受犯罪嫌疑人、被告人的委托或者人民法院的指定，担任辩护人，接受自诉案件自诉人、公诉案件被害人或者其近亲属的委托，担任代理人，参加诉讼；

（4）代理各类诉讼案件的申诉；

（5）接受当事人的委托，参加调解、仲裁活动；

（6）接受非诉讼法律事务当事人的委托，提供法律服务；

（7）解答有关法律的询问，代写诉讼文书和有关法律事务的其他文书。

2. 公证服务

公证是指国家公证机关根据当事人的申请，依法证明法律行为以及有法律意义的文书和事实的真实性、合法性，以保护公共财产，保护公民身份和财产的合法权益。公证服务是指国家专门设立的公证机关通过对公民、法人、其他组织之间的各种法律行为、具有法律意义的文书和无争执的事实给予证明，确认其真实性和合法性等来为社会提供法律服务。

公证服务的范围主要包括：

（1）证明合同或契约、委托、遗嘱；

（2）证明继承权；

（3）证明财产赠与、分割；

（4）证明收养关系；

（5）证明亲属关系；

（6）证明身份、学历、经历；

（7）证明出生、婚姻、生存、死亡；

（8）证明文件上的签字、印鉴属实；

（9）证明文件的副本、节本、译本、影印本与原本相符；

（10）对于追偿债务、物品的文书，认为无异议，在该文书上证明有强制执行的效力；

（11）保全证据；

（12）代当事人起草申请公证的文书；

（13）根据当事人的申请和国际惯例办理公证事务。

（二）中国律师服务贸易的开放

1. 我国法律服务贸易的开放情况

随着改革开放政策的贯彻实施，特别是随着社会主义市场经济体制的确立和发展，律师的业务范围越来越大，律师诉讼代理业务、行政诉讼代理业务、非诉讼律师代理业务广泛开展。律师不仅为企业、事业单位担任法律顾问，也为政府部门决策提供法律服务；不仅为大陆当事人提供法律服务，也为港澳台同胞提供法律服务，同时还为外国投资者提供法律服务，其服务领域越来越广泛。我国的律师服务国际化的要求日益迫切。为此，司法部、国家工商行政管理局联合制定了《关于外国律师事务所在中国境内设立办事处的暂行规定》。该规定允许外国律师事务所经中国司法部批准，国家工商行政管理局登记注册，即可开业，但不得以咨询公司、商务公司或其他名义从事法律服务活动。截至 2015 年，已有 229 家外国律师事务所在中国境内设立代表机构。从 1993 年 7 月北京君合律师事务所在纽约开设分所起，陆续有多家国内律师事务所得到司法部许可到国外设立分支机构，其中大部分已经正式获得申请国家的批准并投入工作。

2. 我国公证服务现状

我国公证服务在 1949 年左右即创建，并在党的十一届三中全会之后得到迅速发展。

1979 年 12 月，司法部开始恢复、重建公证制度。1980 年 2 月，恢复开办国内公证业务。同期，恢复成立了上海市公证处。随着公证服务的迅速发展，1981—1983 年，上海各区县的公证处先后建立。

1982 年 4 月 13 日，国务院发布新中国第一部公证法规——《中华人民共和国公证暂行条例》，标志着我国公证制度的建立和公证服务的发展进入一个新的阶段。《中华人民共和国公证暂行条例》自颁布以来，特别是自 1993 年 1 月邓小平南方谈话之后，极大地推动了全国改革开放的深化和经济建设的发展，这给公证服务的发展带来了机遇，使我国的公证服务事业取得了突飞猛进的发展。截至 2015 年，全国有公证机构 3 000 多家，公证从业人员 1.3 万余人，青年公证人已占全体从业人员的四成以上，年办理各类公证达 1 200 多万件，发往世界 180 多个国家和地区。公证制度在促进改革开放、保障经济建设顺利进行、保护国家利益和公民法人的合法权益、维护社会稳定等方面发挥着不可替代的积极作用。

四、医疗服务贸易

（一）医疗服务贸易概述

医疗服务贸易，是指国家间在医疗业方面的劳务交换，是一种特殊商品的交易。如同商品贸易一样，医疗服务贸易既包括进口贸易，也包括出口贸易，既包括本国病人的出境医疗——国际支出医疗，又包括外国病人的入境治疗——国际收入医疗。

国际医疗服务贸易是专业服务贸易的组成部分之一，改善和发展医疗服务贸易，既可以增加外汇收入，又可以改善投资环境，促进经济繁荣，加强国际友好往来与合作。因此，医疗服务贸易日益受到各国政府，特别是发展中国家政府的重视。

医疗服务贸易的特点是就地商品出口和就地服务出口，其运行具有综合性和整体性。

（1）就地商品出口。在提供医疗条件的国家或地区，国际病员及其家属用于医疗、食、住、行、游、购、娱等方面的开支均用外汇支付。这种获得外汇收入的方式，实质上就是出口贸易，即通过医疗服务的就地输出。

（2）就地服务出口。病员及其家属除了要购买和消费医疗物质产品外，还要消耗其他活动形式的服务产品，这是因为医疗产品本身所包含的服务劳动比例很高。比如，药房供应药品的服务，需要医师开处方、药剂师配药、护士发药打针等其他活动。病人用外汇支付医疗服务费用，这种医疗服务劳动就具有就地服务出口的性质。

（3）运行的综合性和整体性。医疗服务运行的综合性是指在医疗过程中支付货币购买医疗商品和非医疗商品，以满足其医疗消费的需要。这些医疗商品包括询问病例、检查、检验、诊断、处方、治疗、住院、转院、体检、计划免疫等；非医疗商品包括饮食、交通、游览、娱乐等。医疗服务包含着物质和非物质的多种产品的组合。因此，提供医疗服务是综合性服务。医疗服务的整体性则是指所有医疗服务将围绕着患者治病的需要，无论有病无病、大病小病、急病慢病均必须从服务质量和服务内容上满足患者的需要。

（二）医疗服务贸易的主要对象及范围

1. 医疗服务贸易的主要对象

依据不同标准，医疗服务贸易的主要对象有三类：

（1）依身体状态，可划分为健康者或认为自己健康的境外人员，患者或认为自己有病的境外人员。如某境外人员由于工作劳累，认为自己患有某种疾病，但经检查没有患病等。

（2）依逗留时间长短，可划分为过境、短期、长期和永久居住。如长期居住境外人员需要计划免疫、定期健康检查等医疗服务。

（3）依入境目的，可划分为工作、学习、经商、治疗等。如某境外人员为了治疗某种疾病而专程到某国去接受医疗服务。

2. 医疗服务贸易的范围

医疗服务贸易的专业范围大致可分为以下四类：

（1）治病，因病而需要获得医疗服务的境外病人；

（2）体检，健康或者患有疾病的境外人员要求进行定期或不定期的体检；

（3）计划免疫，对境外人员进行强制性或有计划的免疫接种；

（4）其他，如整体、康复、应用传统医学调整等。

第三节　国际教育服务贸易

一、国际教育服务贸易的基本内容

教育服务一般是由教育劳动者创造的向社会、家庭、个人提供的以满足改善和提高人们的素质需要的非实物形态的劳动成果。当然，教育服务的内容和过程并不一定是商品，但是，为教育活动提供服务或者劳务却具有商品性，它既具有价值也具有使用价值，是价值和使用价值的统一体，教育者的服务过程也就是受教育者的消费过程。

（一）教育服务贸易的内涵

服务业是市场经济的基础产业，其是否发达是判别一个国家现代化发展水平的重要标志之一。在国际贸易中，长期以来都是以商品贸易为主、以服务贸易为辅，目前即将迈入两者并重的阶段，将来的趋势是要达到以服务贸易为主、以商品贸易为辅的阶段。教育服务作为服务贸易中的一项，实质上已被视为服务贸易中的一种产品，因此，它是作为国与国之间的教育服务交换而存在的。基于经济结构和教育结构的变化，教育服务已突破了上述传统的范围，现已将一些与教育服务活动密切相关、对教育过程或系统起支持作用的行为，如教育测试服务、学生交流服务、留学便利服务和留学中介服务等社会活动或行为也纳入教育服务的范畴，使教育服务的内涵突破了教育活动本身，表明教育服务的内涵是随着时代的发展而发展的。

（二）教育服务贸易的形式

存在四种教育服务贸易形式：

1. 跨境交付

跨境交付指一成员在境内向任何其他成员境内提供的服务。其特点是服务的提供方和消费者分别在不同的国家，真正跨境移动的是服务本身。在教育服务贸易中，表现为跨国远程教育，即在教育提供者和消费者都不跨境移动的情况下，借助于光缆、卫星传送等技术手段实现教育服务的跨境移动。WTO 鼓励一成员向另一成员提供上述远程教育课程与服务。随着新信息技术在远程教育中的不断应用，跨国远程教育存在着巨大的增长潜力，许多教育机构、出版商和私人公司已开始发展这一领域。

2. 境外消费

境外消费指在一成员境内向任何其他成员的服务消费者提供的服务。其特点是服务消费者必须进入服务提供国，即服务消费者进行了跨境移动，而服务的生产者不移动，服务是在服务生产实体存在的那个国家生产的。出国留学这种教育形式就是教育消费者到他国的学校或科研机构求学、进修。WTO 鼓励一成员公民到另一成员境内留学、进修。到目前为止，这种形式在教育服务贸易中所占的份额最大。

3. 商业存在

商业存在指一成员的服务提供者通过其在其他成员境内建立产业实体提供的服务。其特点是服务跨越国界，与对外直接投资联系在一起，强调通过生产要素、资金、服务工具跨境移动到消费者居住地提供服务而产生贸易。这类教育服务贸易形式有：一国企业到他国开办培训机构；一国学校到海外设立分校或与东道国的教育机构合作办学。其中，合作办学是主流。

4. 自然人流动

自然人流动指一成员的自然人在任何其他成员境内提供的服务。其特点是提供服务者以自然人身份进入并临时居住在服务消费国，它强调自然人跨境移动，在他国境内提供服务。对教育服务贸易而言，WTO 鼓励一成员聘请另一成员的公民从事专业服务贸易，不得予以歧视，具体主要指聘用外籍教师。

（三）教育服务贸易的分类

国际教育服务贸易的标的物是教育服务，关于教育服务，根据 WTO 的统计和信息系统局（SISD）提供的分类，教育服务被分为以下 5 类：（1）初等教育服务；（2）中等教育服务；（3）高等教育服务；（4）成人教育服务；（5）其他教育服务。WTO 分类中只有教育服务的第一个分支部门与联合国《中心产品分类》（CPC）略有偏离（WTO 为初等教育，CPC 为基础教育）。在教育服务分支部门中的“其他教育服务”，主要包括教育测试服务、学生交流项目服务、留学便利服务，以及因教育部门迅速变革产生的新服务。

二、教育服务贸易的现状及特性

（一）国际高等教育服务贸易的发展现状

根据世界经济合作与发展组织（OECD）数据统计，全球留学生人数由 2000 年的 2 087 702 人，增长到了 2015 年的约 5 040 000 人，增幅达到 141.14%。同时在世界留学生流动的过程中，留学生的去向出现多元化的特征。美国、英国作为主流留学目的国，市场分别为 16.35%和 12.56%，加拿大、澳大利亚也位列前十。然而，德国、法国、俄罗斯、日本、西班牙、中国等非主流留学目的国所占份额也位列前十，遍布美洲及欧亚大陆。据联合国教科文组织报告，世界上人数最多的两个国家中国和印度，出国留学的人数最多。中国出国留学人数略低于 700 000，印度位居第二，出国留学人数为 189 500 人，而韩国位居第三，出国留学人数为 123 700 人。

目前在亚太地区还出现了大量的教育项目和机构的移动。项目跨境移动，主要是指跨境教育合作项目、通过国际互联网提供的学习项目和向国外机构出售或特许教育培训课程等。教育机构跨境移动，主要是在国外设立教育机构或开展合作办学等。20 世纪 90 年代后期，马来西亚政府开始鼓励外国大学在马来西亚建立分校。目前马来西亚有 4 个国外大学的分校和 600 多所私立学院颁发当地或国外的资格证书。2001 年，中国香港有 150 个境外教育机构和 40 个境外专业机构单独或与当地机构一起提供 645 种课程。中国国务院学位委员会办公室于 2000—2003 年分别批准了 32、40、61 和 78 项授予国外和香港特别行政区学位的合作办学项目。

1. 内地合作办学

经国务院批准，1986 年中国成立了第一所中外合作办学机构，南京大学—霍普金斯大学中美文化研究中心。据统计，1995 年全国中外合作办学机构、项目只有 71 家。到 2015 年，中外合作办学机构和项目突破 2 000 家，达到 2 371 家，比 1995 年增长了 30 多倍，在校生总数约为 56 万人。其中，高等教育阶段在校生约有 46 万人。

2. 海外合作办学

截至 2015 年 12 月，中国已在 134 个国家和地区建立了 500 所孔子学院和 1 000 个中小学孔子课堂，分布在亚洲、非洲、欧洲、美洲和大洋洲，学员总数达 190 万人。现有中外专兼职教师 4.4 万人，各国孔子学院编写本土教材 1 200 多册，全球汉语考生达 600 万人。

跨境高等教育增长的主要原因是为了促进互相理解，满足知识经济对技术人员移民的需求，获得高等教育产生的收益，促进本国高等教育能力的建设。各国高等教育政策的制定需要考虑上述四方面的驱动因素，这四方面的驱动力并不是互相排斥的，在促进本国高等教育能力建设的同时，可以兼顾促进互相理解，满足知识经济对技术人员移民的需求和获取高等教育产生的收益。目前，跨境教育无论以何种方式提供，发展援助、非营利合作还是越来越多的贸易往来，均是在各种各样的合同安排下进行的。因此，无论是从统计数据，还是从各国的高等教育政策来看，高等教育服务贸易都存在发展的潜力，并为人们所重视。追求商业利益的高等教育服务贸易虽然不是各国发展跨境教育的全部内容，但至少是各国或地区贸易和教育政策的目标之一。

（二）当代教育服务贸易的特性

1. 它是伴随进口（吸收留学生）而出现的有偿服务的出口

教育服务贸易不是物品的输出，它是伴随人员（留学生）的进口而实现的教育服务的输出。随着国际形势的缓和，对于这种形式的贸易，各国政府即使不鼓励，也不会像对待一般商品贸易或一些服务贸易（如金融、通信、邮电）那样，为了保护本国市场而采取保护或限制的做法。所以有人把它看作一种无关税的贸易。

2. 它的对象主要是个人和家庭

在过去很长一段时间里，国际教育服务是作为交流而不是作为贸易。对于教育机构来说，接受外国学生意味着可能得到一定的收入，但对于接受国政府来说，则往往表现为政府间或组织间合作的行为，或作为对外援助的一种，尚不构成真正的对外贸易。所以，对于这种教育交流，人们通常不会用教育贸易的说法，更不会说进口或出口，而是说派遣和接收。与此同时，教育市场化、国际化成为世界教育改革的主要内容，尤其是随着世界经济的发展和人民生活水平的提高，世界各国，特别是亚洲国家，以个人或家庭为主体的对国际教育服务的需求增长十分迅速，教育活动国际交流的重点由援助和合作转向以营利为主要目的的贸易，教育服务贸易主要是为了满足个人的学习要求。

3. 它的过程具有较长的周期性

教育服务贸易是通过提供一定的教育活动来实现的，教育活动的特点决定了这种贸易具有较长的周期性。从接收留学生到提供完备的教育服务，短则数月，如短期语言和技能培训，长则数年，如各种正规的本科和研究生层次的高等教育。

4. 共同的语言教学是开展国际教育服务贸易的重要条件

开展教育服务贸易，其根本目的仍然是育人，为保证育人的有效性，以某种共同的语言开展教学是进行教育服务贸易的前提条件。正因为如此，某些语言，特别是英语的独特地位，使得美国、英国、澳大利亚、加拿大等国家在教育服务贸易中处于有利地位。

三、教育服务贸易的作用

（一）经济方面的效益

国际教育服务贸易可以为贸易输出国带来十分可观的经济效益，包括：

1. 教育机构直接的学费收入

学费收入是教育服务贸易最为直观和直接的效益，也是国际教育服务贸易中最重要的部分。这部分收入的受益者主要不是出口国政府，而是吸收留学生的教育机构。外国留学生缴纳的学费，不仅是教育机构的教学经费来源之一，对其教育改革与发展具有一定的促进作用，也在一定程度上减轻了政府的教育经费支出。此外，外国留学生的增加也使得教育规模扩大，从而带来了教育效益的提高。正因如此，国际教育服务贸易已成为当代世界教育发展的一个新趋势。

2. 外国留学生的消费等间接收入

留学生来到教育输出国后，不仅要缴纳一定数额的学费，还要在住房、生活必需品、旅游、娱乐等方面进行消费。留学生的一些消费支出是很难估算的，对于输出国来说，盈利最大的是消费品行业。外国学生一般学习 1～7 年，在此期间，他们对输出国的各种产品已相当熟悉，不仅自己购买很多产品，而且回国后还帮助建立了双边的贸易联系。可见，教育输出可以对一国的经济发展作出巨大贡献。

3. 其他方面的经济影响

国际教育服务贸易除了给输出国带来直接或间接的经济收入外，还能给输出国带来其他方面的经济影响。例如，接受高等教育后滞留不归的高级人才对教育输出国的经济和社会发展所作的贡献，往往是上述两项收入所无法比拟的。又如，外国留学生的增加使得就业机会增加。此外，外国留学生对教育输出国的教学和研究工作也有一定的推动作用。

（二）非经济效益

对于国际教育服务贸易的经济效益，或许还可以估算，但其社会效益则是无形的，也是值得重视的。开展国际教育服务贸易，其非经济方面的效益突出表现在可以输出教育出口国的政治、文化和价值观念，有助于提高其国际地位，扩大其在国际上的影响。这一方面尤其表现在语言和文化的交流上。

第四节　国际信息服务贸易

信息产业革命后，信息技术获得了突飞猛进的发展，当今世界已经是一个信息化的时代。随着信息技术的发展和全球化的深入，国际信息服务贸易迅速发展，成为国际服务贸易的重要组成部分。

国际信息技术服务贸易的发展对国际贸易领域产生了深远影响，也是国际贸易可持续发展的一项新内容。[①] 信息技术的国际化已经迅速改变了全球化市场中贸易关系的数量和模式。世界贸易组织有关基础电信服务的协议是改进服务贸易的基石。[②]

美国将信息服务业划分为 7 个大类：信息处理服务、网络服务、系统软件、应用软件、一揽子委托服务、系统集成服务、专业培训咨询和系统运行服务。

1994 年乌拉圭回合谈判达成的《服务贸易总协定》中对服务贸易下了定义，其中将国际信息服务贸易界定为：

第一，过境信息交付。即从一成员境内向另一成员境内提供的信息服务，如国际联机信息检索，互联网信息（包括 WWW、BBS、E-mail 等）的过境，数字产品及软件的国际销售，电视节目的国际广播，国际电话服务，卫星信息传送，技术、专利、发明的跨境交易，样品、数据库的过境销售等。

第二，境外消费。在一成员境内向其他成员的用户提供的信息服务，如出国考察、出国培训和出国人员接受所在国的各种信息服务。

第三，商业存在。一成员的信息服务提供者在其他成员设立信息服务机构，如建立服务器、设立镜像站点，或直接在对方设立信息服务组织。

第四，信息服务人员流动。一成员的信息服务提供者在任何其他成员境内通过自然人存在提供信息服务。如一成员的专家、学者、咨询人员受聘到其他成员或以无偿援助的名义从事各种信息服务。

国际信息服务贸易包括的国际技术与管理咨询服务贸易（如工程咨询、法律、财务服务贸易）、国际经贸信息服务贸易、国际专家服务贸易（如国际教育、技术专家服务贸易）等，大部分都可通过信息网络的"运送服务"方式进行信息的交流和反馈，"足不出户"即可为全球各地的用户同时提供服务。

随着信息网络技术和电子商务的发展，国际信息服务贸易呈现出如下特点[③]：

（1）信息技术产品在国际贸易中的比重上升；

（2）信息内容本身成为可贸易的商品；

---

① 赖春萍．全球信息流动对国际贸易的影响．国际贸易，1999（4）．

② 杨圣明．服务贸易——中国与世界．北京：民主与建设出版社，1999．

③ 赖春萍．全球信息流动对国际贸易的影响．国际贸易，1999（4）．

（3）国际信息服务贸易额增长迅速。

美国是国际信息服务贸易出口大国，长期出口前景看好。欧洲国家和日本信息服务贸易的发展也十分迅速。随着国际外包的发展，印度作为全球最大的软件外包承接国，在软件出口方面具有突出优势。中国作为潜在的外包承接国，应积极发挥自身比较优势，争取在承接国际外包领域稳步发展。

国际咨询服务作为国际信息服务中的一种，受到越来越广泛的关注。

根据美国咨询协会的基本定义，咨询是指基于专业知识提供信息和建议。咨询本身是一个发现问题、归纳规律性认识，并基于此建立系统化解决方案的过程。根据陈宪主编的《国际服务贸易——原理·政策·产业》一书的定义，咨询是“精通某一单科知识的专家或由各单科专家组成的专门机构（咨询方），利用自己的知识、技术、信息和经验，运用科学方法和先进手段进行调查、分析、预测，客观、公正地为客户（委托方）提供一种或多种可供选择的优化方案，是有偿的智力服务”。

随着知识经济的到来，咨询业已经成为经济中一个不可或缺的行业。伴随着全球化和国际分工的深化，国际咨询服务业也逐渐发展起来。

专栏 12—1

中国教育的对外开放

我国加入 WTO 的教育服务承诺主要包括以下四个方面内容：（1）对于小学、初中教育以及军事、警察、政治和党校教育，我国没有作出开放市场的承诺。（2）对于出国留学和培训，接受其他成员来华留学生没有限制。（3）对于高等教育、成人教育、高中阶段教育、学前教育和其他教育，我们作出了有限开放市场的承诺。允许其他成员来华开办合作办学性质的教育机构或进行其他形式的合作办学，并允许外方在合作办学机构中控股；其他成员在我国要以商业存在方式开展教育服务，只能以合作办学方式进行，不能独立在中国境内向我国公民提供教育服务；在中国境内的中外合作办学必须遵守《中外合作办学条例》的规定。（4）外籍个人教育服务提供者受到中国学校和教育机构的聘用或邀请，可以到中国提供教育服务，但外籍个人教育服务提供者必须具备学士或学士以上学历，从事本专业工作两年以上，具有相应的资格证书或专业职称。

教育业的开放有利于引进国际先进的教育资源，培养适应国际市场需要的优秀人才。中央财经大学在这方面进行了有益的探索。经教育部批准，2004 年 9 月，中央财经大学与澳大利亚维多利亚大学合作设立了“中澳国际贸易/金融风险管理本科培养项目”，通过整体性地引进国外大学的专业教育、原版教材、教学方法和教学手段，实现了中外教育教学资源的融合，从而以相对优化的组合教学模式和相对低廉的教育成本，在国内培养出了适应国际市场需要的高素质人才。学生既可以获得高水准的中外教育服务，又大大降低了费用支出。此外，“中澳国际贸易/金融风险管理本科培养项目”实施灵活就读的模式，学生既可以在中央财经大学完成全部学业，也可自主申请转入维多利亚大学完成学业，两校互认学分。

专栏 12—2

国际服务外包中心概览

国家或地区	核心竞争优势	关键外包服务
印度（班加罗尔）	讲英语和大批优秀专业人才；TCS、Infosys 和 Winro 等本国外包服务商已经成为全球领先者	软件开发、芯片设计、金融分析和咨询、呼叫中心以及企业后台支持服务
菲律宾（马尼拉）	众多具有大学学历、会讲英语的会计师、软件程序员、建筑师、电信营销人才和图形设计师	呼叫中心、财务会计、建筑设计和理财咨询
俄罗斯	大量 IT、数学和工程专业的高层次人才	软件开发和设计与复杂的工业工程项目设计
东欧（布达佩斯）	能讲英语和德语的劳动力	为德国跨国企业提供信息技术服务
墨西哥（蒙特雷等）	与美国接壤的地缘优势	美国的一些关键研究和开发以及后台服务工作
哥斯达黎加（圣约瑟）	电信成本低、受过良好教育的劳动力和讲拉丁语	为欧美说拉丁语的消费者服务的呼叫中心，信息技术支持和财务簿记业务
南非（约翰内斯堡）	许多教育程度高，能讲法语、英语或者德语的人才；电信管制取消	为欧洲企业服务的呼叫中心业务

专栏 12—3

国际 IT 服务业外包

甄炳禧（2005）援引 2004 年联合国贸易和发展会议的调查显示，在欧洲 500 强企业离岸 IT 服务外包中，印度占 33%，西欧占 29%，中东欧占 22%，而非洲的份额不足 4%。根据不同地区的特点，跨国公司将相应的业务进行外包。

但是，随着西方发达国家将越来越多的 IT 业务外包到印度，印度承接外包的成本逐渐上升。跨国公司开始考虑在全球更广泛地寻找外包承接方。目前，比较有潜力的国家是中国、菲律宾、俄罗斯、波兰和以色列。中国应该抓住国际外包迅速发展的契机，争取得到更多的外包合同和项目。

“中国开始有 10 年前印度的样子了，”钻石丛咨询公司（Diamond Cluster）外包项目负责人汤姆·威克兰德（Tom Weakland）表示，“制造业公司已经在中国发展了相当一段时间，而 IT 服务业才刚刚开始在中国扩展开来。”

中国目前拥有超过300亿美元价值的软件市场，拥有成为世界下一个软件外包中心的巨大潜力。

福瑞博德公司（Free Borders）的西斯塔认为，中国最大的吸引力在于良好的内部环境。"我们首先要求客户去印度，然后再坐飞机去深圳。那是再好不过的卖点了。你一在深圳着陆，就可以感觉到环境要比印度好得多。"

毕博公司（Bearing Point）的副总裁玛努尔·巴贝罗认为："在中国建立中心所花费的资金大概不到印度中心的四分之一，中国已经在改革，在整合、部署企业资源规划系统上培养出了强有力的专家队伍，而且在协作开发的非营利性开源软件系统上，中国有更多精于此道的工程师。"但是，中国在承接国际IT外包方面比较大的劣势是英语不够流利以及知识产权保护等问题。

另外，近年来IT承包量的大幅增加提高了印度软件工程师的工资水平，印度公司也在考虑将承接到的部分外包转包到工资相对较低的中国。印度正在崛起的软件巨头都忙于在中国建立生产基地。印度第二大软件出口商印孚瑟斯（Infosys）技术公司计划在上海近郊建立工业园区。

专栏12—4

服务外包包括BPO（business process outsourcing，商业流程外包）、ITO（information technology outsourcing，信息技术外包）和KPO（knowledge process outsourcing，知识流程外包）。三者统称为服务外包业。

服务外包是指服务外包提供商向客户提供特定服务业务的全面解决方案，以帮助客户减少或消除在该业务方面的费用和管理成本，从而使客户将全部精力集中于核心能力的一种服务提供方式。它是一种新型的服务贸易形式，主要做法是将国外客户某一部分的业务内容通过互联网转移到其他国家进行处理，以降低成本，获取更高的利润。

现实中，服务外包贸易的客户市场主要是欧、美、日等商务流程已实现标准化的发达国家和地区。这些国家和地区的商务服务公司考虑到成本的需求，将其业务流程中非核心的业务外包给境外其他的服务公司运作，通过利用互联网技术转移到其他人力成本较低的国家和地区进行数据加工处理，进行24小时互动的服务支持，使境外商务公司低成本完成整个商务服务工作。上述流程可以通过以下典型服务外包案例得到反映。

BPO贸易同货物贸易中的加工贸易相比，其主要呈现出下述特点：

（1）进入门槛较高。

BPO贸易需要具备恰当的互联网基础设施和介入条件，因此对该地区信息基础设施条件有较高的要求。相对于货物贸易中的加工贸易，BPO贸易的发展存在着较高的进入门槛。也正是由于这个原因，目前的服务外包贸易主要集中在一些发达国家和新兴市场国家之间，世界上最不发达地区从中所得甚少。例如，2004年联合国贸发会议的调查显示，在欧洲500强企业离岸服务外包中，印度占33%，西欧占29%，中东欧占22%，而非洲的份额不足4%。

（2）对自然资源损耗低。

在货物贸易传统的资本与人力分工模式下，发展中国家为了发挥自身的人力资源优势和增加就业，往往在吸引外资的过程中付出了牺牲环境的代价。BPO贸易作为一种现代服务贸易形式，并不需要生产方消耗自然资源，对生态环境几乎不会造成任何影响。例如，美国的通用集团在印度聘用了多达2万人处理该集团从财会到电话营销在内的业务，工作主要通过国际互联网络完成。除去大量的电能消耗外，几乎对当地生态不会产生任何影响。

（3）重视对员工的培训和激励。

在传统的制造业加工贸易中，劳动力相对资本和技术处于次要的位置，低技术生产企业几乎不需要对员工进行专门的培训。而在劳动力供应相对充足的背景下，员工较低的进入门槛也导致了企业缺乏人文关怀的激励。但在服务外包型企业当中，服务外包业务的提供质量首先取决于员工的业务水平和积极性，生产设备与资本则相对处于次要位置。以技术含量较低的呼叫中心为例，硬件设施主要是基本的通信设备，而服务质量则取决于工作人员的外语水平和态度。因此，服务外包企业一般都对员工培训有较大的投入，而对员工积极性的重视也使得服务外包型企业更具有人文关怀的激励。

（4）更高的技术含量和更强的知识外溢效应。

BPO贸易主要集中于服务业中的智力密集型产业，例如软件开发、银行、保险、人力资源、管理等领域。发包企业往往为了集中企业核心竞争力而将相对属于低端的业务环节转移到外包企业。但即便如此，BPO作为现代服务业的有机构成，依然具有较传统加工贸易更高的技术含量。例如在软件开发外包中，对周边程序的外包依然可以提高外包企业员工的业务水平。其次，作为一种服务业，BPO贸易需要供应商与客户进行大量的业务沟通和交流，相对于制造业中的加工贸易形态，其具有更强的知识外溢效应。例如，20世纪90年代后期印度的软件外包公司为美国软件公司解决千年虫问题，从而掌握了大量美国软件公司的源代码程序。这一方面加深了企业间合作的深度，同时也使得印度企业获得了知识外溢的收益。

资料来源：根据《中国信息报》的部分内容改写。

本章小结

国际金融服务在国际竞争中起着决定性作用。一国金融服务水平的高低，标志着其经济发展水平的高低。金融服务业的发展水平，则往往取决于该国金融服务业与世界金融市场一体化的程度。因此，随着经济的发展，一国的金融服务业必将与国际金融市场产生日益紧密的联系。与发达国家相比，我国的金融服务业存在许多问题，这就需要采取措施提升我国国际金融服务行业的竞争力。

专业服务贸易是指国家之间专业服务的交换。专业服务贸易的形式有：过境交付、境外消费、商业存在和自然人流动。专业服务贸易的三个主要项目是会计服务、律师服务和医疗服务。我国的会计、律师、医疗服务行业市场也逐渐开放，但总体来说发展还较慢。

国际教育服务贸易作为国际贸易以服务贸易的形式在教育领域中的一种反映，属于服务贸易的一种，但它是一种特殊的服务贸易。当代教育服务贸易的特性主要有：它是伴随进口（吸收留学生）而出现的有偿服务的出口，它的过程具有较长的周期性，它的对象主要是个人和家庭，共同的语言教学是开展国际教育服务贸易的重要条件等。教育服务贸易不仅给一国带来了十分可观的经济效益，也带来了丰厚的非经济效应，如给输入国带来了出口国的政治、文化和价值观念等。

国际信息服务贸易随着信息技术的发展而迅速发展起来，在国际贸易中的份额和比重逐渐上升。在国际信息服务业中，国际服务外包越来越受到人们的关注，中国应发挥自身的比较优势，在承接国际外包领域中发挥更加重要的作用。

本章关键术语

金融服务贸易	专业服务贸易	过境交付	境外消费
商业存在	自然人流动	会计服务	律师服务
医疗服务	国际信息服务贸易	国际咨询服务贸易	服务外包

本章思考题

1. 什么是金融服务贸易？其主要内容包括哪些？
2. 简述国际金融服务贸易的发展现状。
3. 什么是专业服务贸易？其基本形式有哪些？
4. 当代信息服务贸易的特点是什么？

本书附录请从以下网址下载（免费）：
http://www.crup.com.cn

参考文献

1. Aaditya Mattoo, Robert M. Stern, Gianni Zanini. *A Handbook of International Trade in Services*. Oxford University Press, 2007.

2. Anthony B. Atkinson and Joseph E. Stiglitz, "A New View of Technological Change," *Economic Journal*, 1969, pp. 573 - 578.

3. Arrow, K. J., "The Economic Implication of Learning by Doing," *Review of Economic Studies*, 1962 (29): 155.

4. Jones, Ronald W., 1965. "The Structure of Simple General Equilibrium Models," *Journal of Political Economy* 73, December, pp. 557 - 572.

5. Jones, Ronald W., 1971. "A Three-Factor Model in Theory, Trade, and History," in Bhagwati, et al., eds., *Trade, Balance of Payments, and Growth: Essays in Honor of C. P. Kindleberger*, Amsterdam: North-Holland.

6. Krugman, P. R., *Rethinking International Trade*, Massachusetts Institute of Technology, 1990, 152 - 164.

7. Leea C. C., Chang C. P. "Tourism Development and Economic Growth: A Closer Look at Panels," *Tourism Management*, 2008, 29 (1): 180 - 192.

8. Leontief, W. W., 1951. *The Structure of American Economy, 1919—1939: An Empirical Application of Equilibrium Analysis*, Oxford University Press, New York.

9. Leontief, W. W., 1966. *Input-Output Economics*, Oxford University Press, New York, New York.

10. Lin, J. Y., "Development Strategy, Viability, and Economic Convergence," *Economic Development and Cultural Change*, 2003 (51): 277 - 308.

11. Marshall, A., *Principles of Economics*, London: MacMillan, 1920.

12. M. V. Posner, "International Trade and Technical Change," *Oxford Economic Papers*, 1961 13 (3): 323 - 341.

13. Raymond Vernon, "International Investment and International Trade in the Prod-

uct Cycle," *Quarterly Journal of Economics*, May 1966, 190 - 207.

14. Romer Paul, "Endogenous Technological Change," *Journal of Political Economy*, 98 (5): 71 - 102, 1990.

15. Romer Paul, "Increasing Returns and Long-run Growth," *Journal of Political Economy*, Vol. 94, No. 5, 1986, pp. 1002 - 37.

16. Ronald Findlay, Harry Grubert. "Factor Intensities, Technological Progress, and the Terms of Trade." *Oxford Economic Papers*, New Series, Vol. 11, No. 1, 111 - 121, Feb., 1959.

17. Schumacher, E. F., *Small is Beautiful: Economics as if People Matters*, New York: Harper and Row, 1973.

18. 阿尔弗雷德·马歇尔．经济学原理．北京：华夏出版社，2005.

19. 蔡四青．国际技术贸易与知识产权．北京：中国社会科学出版社，2007.

20. 陈双喜，魏巍，冯琳．国际服务贸易．大连：东北财经大学出版社，2009.

21. 陈霜华．国际服务贸易．上海：复旦大学出版社，2010.

22. 陈宪，程大中．国际服务贸易．上海：立信会计出版社，2008.

23. 陈宪．国际服务贸易——原理·政策·产业．上海：立信会计出版社，2005.

24. 川胡亮，潘厉．国际贸易、外国直接投资、经济增长对环境质量的影响——基于环境库兹涅茨曲线研究的回顾与展望．国际贸易问题，2007 (10)．

25. 丁平．中国服务贸易国际竞争力的影响因素分析与对策研究．世界经济研究，2007 (9)．

26. 丁勇，朱彤．中国服务贸易竞争力的国际比较研究．财经问题研究，2007 (3)．

27. 董小麟，庞小霞．我国旅游服务贸易竞争力的国际比较．国际贸易问题，2007 (2)．

28. 杜奇华．国际技术贸易．上海：复旦大学出版社，2008.

29. 范柏乃，毛晓苔．中国出口贸易对经济增长贡献率的实证研究．国际贸易问题，2007 (8)．

30. 冯宗宪，毛凤霞．国际服务贸易．西安：西安交通大学出版社，2008.

31. 哈罗德．动态经济学导论．北京：对外经济贸易大学出版社，2005.

32. 韩玉军．国际服务贸易．大连：东北财经大学出版社，2009.

33. 胡景岩．对服务贸易发展有关问题的思考．国际经济合作，2007 (4)．

34. 黄飞鸣．发展中国家发展之路——反思"自由贸易理论"．西华师范大学学报(哲学社会科学版)，2006 (12)．

35. 江波．服务产业发展对经济增长方式转变的促进作用．光明日报网络版，2007 (8)．

36. 蒋新苗，邱润根．国际技术转让合同适用最密切联系地法的依据．湖南师范大学社会科学学报，2004 (11)．

37. 李虹．国际经济合作．大连：东北财经大学出版社，2010.

38. 李平，梁俊启．我国不同部门服务贸易对经济增长的影响．国际贸易问题，2007

（12）.

39. 李伍荣 . 服务贸易促进外贸增长方式转变：机理及其实现 . 国际经贸探索，2007（4）.

40. 梁峰 . 中国旅游服务贸易发展研究 . 华东师范大学硕士论文，2010.

41. 林钰 . 国际技术贸易 . 上海：上海财经大学出版社，2006.

42. 刘东升 . 国际服务贸易 . 北京：中国金融出版社，2005.

43. 刘志伟 . 国际技术贸易教程 . 北京：对外经济贸易大学出版社，2006.

44. 卢峰 . 我国承接国际服务外包问题研究 . 经济研究，2007（9）.

45. 卢荣忠 . 国际经济合作 . 北京：高等教育出版社，2003.

46. 吕世平 . 国际服务贸易竞争论 . 北京：中国金融出版社，2009.

47. 马克思 . 资本论（选读本）. 北京：中国经济出版社，2001.

48. 裴瑱 . 服务外包中发包方选择接包方的影响因素分析 . 国际经贸探索，2007（10）.

49. 阮青 . 熊彼特的创新理论 . 学习时报，2006－01－16.

50. 邵渭洪，孙敏 . 国际服务贸易：理论与政策 . 上海：上海财经大学出版社，2010.

51. 沈大勇，金孝柏 . 国际服务贸易：研究文献综述 . 北京：人民出版社，2010.

52. 索洛 . 经济增长理论：一种解说 . 上海：上海三联书店，1994.

53. 万成林，佟家栋，张元萍 . 国际技术贸易理论与实务 . 天津：天津大学出版社，2005.

54. 汪建新 . 国际技术贸易 . 上海：格致出版社，2011.

55. 汪素芹 . 国际服务贸易 . 北京：机械工业出版社，2007.

56. 王爱虎，钟雨晨 . 中国吸引跨国外包的经济环境和政策研究 . 经济研究，2006（8）.

57. 王汉斌 . 国际技术贸易：理论与实务 . 哈尔滨：东北林业大学出版社，2005.

58. 王玉清，赵承璧 . 国际技术贸易 . 北京：清华大学出版社，2007.

59. 杨锦权 . 金融服务贸易开放度测度研究 . 中国社会科学院研究生院硕士论文，2008 .

60. 叶丽娜 . 离岸服务外包对我国产业升级的影响 . 宁波大学硕士论文，2009.

61. 张煜 . 国际生产体系下的外包产业效应研究 . 上海社会科学院硕士论文，2008.

62. 章宁，韩文英 . 我国软件及信息服务离岸外包业发展状况及影响因素研究 . 统计研究，2008（4）.

63. 赵书华 . 国际服务贸易研究 . 北京：中国商务出版社，2006.

64. 郑雄伟 . 2008 全球服务外包发展报告 . 中国发展门户网，2009.

65. 中华人民共和国商务部 . 中国服务贸易发展报告 . 北京：中国商务出版社，2006.

66. 庄慧明，黄建忠，陈洁 . 基于“钻石模型”的中国服务贸易竞争力实证分析 . 财贸经济，2009（3）.